辽宁省2014年普通高等学校本科教育教学改革研究项目
(UPRP20140836)阶段性成果

大连理工大学｜文科实验与教育丛书

文科实验教学中心建设的理论与实践

洪晓楠　主　编

武文颖　唐　建　任曙明　副主编

科学出版社

北　京

图书在版编目 (CIP) 数据

文科实验教学中心建设的理论与实践/洪晓楠主编. —北京：科学出版社，2015.1

（大连理工大学文科实验与教育丛书）

ISBN 978-7-03-042505-8

Ⅰ. ①文⋯ Ⅱ. ①洪⋯ Ⅲ. ①高等学校-文科（教育）-实验教学法-文集 Ⅳ. ①G642. 4-53

中国版本图书馆 CIP 数据核字（2014）第 263098 号

责任编辑：侯俊琳　朱萍萍　邵　华／责任校对：李　影
责任印制：徐晓晨／封面设计：无极书装

编辑部电话：010-64035853

E-mail：houjunlin@ mail. sciencep. com

科 学 出 版 社 出版
北京东黄城根北街 16 号
邮政编码：100717
http://www.sciencep.com

北京凌奇印刷有限责任公司 印刷
科学出版社发行　各地新华书店经销

*

2015 年 1 月第 一 版　开本：720×1000　1/16
2021 年 1 月第四次印刷　印张：19 1/2
字数：430 000
定价：98. 00 元
（如有印装质量问题，我社负责调换）

丛书编委会

总　序

　　教育部《关于做好 2008 年度高等学校本科教学质量与教学改革工程项目申报工作的通知》（教高司函〔2008〕82 号）指出：文科综合类实验教学中心应适应国家经济社会发展对人文社科类人才实践能力、应用能力、创新能力的要求，根据本校学科专业设置的实际情况和特点，整合、融合相关学科门类与专业的实验教学资源，建立体现本校学科专业特色，涵盖多科类、多专业的跨学科、综合型、现代化、开放共享的大文科类实验教学平台，形成与现代社会实际需要和发展紧密联系、紧密结合的实验实践环境和实验体系，统筹规划、集中管理、科学调配、高效使用实验教学资源，成为全校人文社科类实验教学的综合型基地。

　　2009 年 3 月成立的大连理工大学文科综合实验教学中心，是根据大连理工大学确定的建设国际知名高水平研究型大学、对本科生实施精英教育及培养精英人才的整体定位，经过多年探索，由人文与社会科学学部、管理与经济学部、建筑与艺术学院、外语学院各自独立、分散的实验室整合发展而成，依托人文与社会科学学部。大连理工大学文科综合实验教学中心 2009 年荣获辽宁省实验教学示范中心后，同年 11 月又荣获国家级文科综合类实验教学示范中心（建设单位），经过 3 年建设，2012 年 12 月，经教育部专家组评审，中心评估为优秀，成为由教育部挂牌命名的国家级实验教学示范中心，也是首批国家级文科综合实验教学示范中心。

　　本着沟通交流、成果共享、共同提高的原则，大连理工大学人文与社会科学学部特推出文科实验系列（含专著、教材）。本系列以文科实验教材为主，兼及对文科综合实验的理论研究与实践探讨成果的总结，其根本目的在于通过培育和扶植文科实验教材的出版，加强文科综合类实验教学中心的建设，以适应新时期文科人才培养的需要，加强文科各类学生的实践能力培养，推进人才培养模式改革。

大连理工大学人文与社会科学学部

2014 年 4 月 30 日

序

从 2005 年开始，高等学校国家级实验教学示范中心的建设已经是第九年了。如何加强高校文科学生的实践和实验能力，是国家级实验教学示范中心建设的一个重要方面。国家教育主管部门曾多次明确指出，文科类示范中心的建设要积极整合各类实验教学资源，扩大实验实践的活动范围，努力建设促进学生理论联系实际、推动实验实践与应用结合、有利于学生掌握专业技能、着重训练学生的实践操作能力和综合表达能力、培养学生的创新意识、促进学生个性化发展的综合性实验教学平台。几年来，我们文科综合类实验教学示范中心不断总结经验，积极改革创新，一直朝这个目标大步迈进，并取得了丰硕的成果。

虽然文科综合类实验教学示范中心成立较晚，但在大家的积极参与和共同努力下，改革、发展和提高很快，这的确非常不易。大文科包括很多学科类别，它们之间既有一定的联系，但又相互独立，甚至有较大的差别。所以要根据学校的实际情况和特点把相对独立的学科整合成一个大的学习实践平台，还要真正发挥整合的优势而不是走形式，无论从整合操作还是在实际管理上，都有很大的难度，的确需要我们在实践中不断改革和创新才能真正实现。综合平台的整合和建设，我个人认为可以有两种模式，一种是在可能的条件下物理整合，实体集中，这样方便管理，效率高，一般是大家的首选模式。缺点是，和各专业学科的联系可能削弱，要采取措施防止。另一种模式是，实体集中难度太大，可采取实体相对集中，以加强管理体系的系统整合与融合为主。缺点是管理难度高，整合容易流于形式。但只要真正改变观念，创新管理，目标也是完全可以实现的，而且还有和学科联系比较密切的优势。为了办好文科综合类实验教学示范中心，很多学校（如大连理工大学、辽宁大学等）的校长身先士卒，在实践中勇于改革，不断总结，取得了很多成功的经验。

要想真正做到整合有效资源，促进学科交叉，建好文科实践、实验平台，有几个问题需要先明确并认真研究解决。一是如何处理好文科理论教学和实验、实践、实训之间的关系；二是不同的院系专业真正地整合、融合；三是要切实解决好文科实验实践的投入问题，如果国家层面没有足够的经费投入，那么学校如何让地方和学校本身给文科更多的投入，并尽可能地制度化；四是文科和理工科不同，文科容易受政治、社会管理、经济现实政策的影响，如何保持学术和理论研究的科学性和独立性；五是要考虑和研究如何做到可持续发展。

谈到文科实验教学的深化改革和可持续发展，我们有必要回顾一下实验教学改革与示范中心建设的基本目标。主要有以下几个方面：一是树立以学生为本，知识传授、能力培养、素质提高协调发展的教育理念，树立以能力培养为核心的实验教学观念；二是建立有利于学生自主学习、培养学生实践能力和创新能力的实验教学体系；三是建设满足现代实验教学需要的高素质实验教学队伍；四是建设仪器设备先进、资源共享、开放服务的实验教学环境；五是建立现代化的高效运行的管理体制和创新机制，全面提高实验教学水平；六是为高等学校实验教学提供示范经验，带动高等学校实验室的建设和发展。

"十二五"期间，国家级实验教学示范中心在基本建设目标的基础上又进一步强调了以下几个方面：促进优质资源深度融合和充分共享；推动教学科研协同发展；推动学校企业联合培养人才的实验教学新模式；凝聚校内外各方力量，建立创新人才成长环境，支撑拔尖创新人才培养；引导学生在科学研究中学习，在社会实践中学习，努力提高学生勇于探索的创新精神和善于解决问题的实践能力。

我个人认为，从2005年国家级实验教学示范中心开始申报和建设到2012年示范中心验收，可以算作示范中心建设的第一阶段。在这一阶段，主要是提升观念，整合资源，深化教改，加强开放，建设队伍，建设实验教学的环境和条件。在下一阶段的实验教学改革中，则需要进一步深化实验教学改革，应当认真研究如何挖掘学生学习潜力、推动大学生自主学习和个性化培养、提升学生创新意识和创新精神的问题。正如上海纽约大学美方校长杰弗里·雷蒙在学校开幕式上所指出的，学校教育的目的不是要给学生我们的知识，也不是要告诉他们某个正确答案。创造者、发明者和领导者不可能靠背诵和记忆别人的答案来创造、发明和领导。他们必须学会为旧问题给出新的、更好的答案的能力。而文科和理工科又有很大不同，理工科主要面向自然科学，往往还有相对明确的答案，而文科主要面向人文社会科学和艺术，往往没有固定的答案，更需要鼓励学生自主学习，独立思考，学会批判式思维，综合性分析，敢于提出不同的见解，创造性地提出自己个性化的解决方案。只有这样才能真正培养出有创造意识的文科人才，才能把文科的实践教学改革不断深化并推向前进。

因此，文科类实验中心的建设应在整合各类实验教学资源的基础上，扩大实验实践的活动范围。要充分利用现代信息技术，采用实验、实训、模拟、仿真、见习等多种教学技术和方法，着重训练学生实践操作能力、综合表达能力和创新思维能力。进一步深化实验教学改革并向更有利于学生自主学习、独立思考、个性化培养的方向发展。例如，在学习和实践中给学生更多的自主选择的机会，与科研和应用更密切地结合，参加各种竞赛活动等。相应地，就需要进一步充分利用社会资源，吸收实际工作经验丰富、学术造诣高的高水平专业人才参与教学活动，加强与社会相关产业发展实际的紧密结合与合作交流，建设有利于学生创新实践的环境。

目前有以下几项需重视的具体工作：

（1）大力开展实验项目创新工作。要根据科技进步和社会经济发展的需要及时将新知识、新理论和新技术充实到教学内容中。

（2）推进实验教学改革，推进实验内容、实验模式和方法的改革及创新，促进学生自主学习和个性化培养，努力提高学生的实践动手能力、分析问题和解决问题能力。

（3）进一步扩大开放度。

（4）实验教学中心在积极探索的基础上，建立和完善多元实验和实践考核办法，其中包括基础实验考核办法、综合实验考核办法、创新设计和研究型实验考核办法等。

（5）进一步改进理论学习考试制度。要考虑理论学习考试制度如何体现出理解性、思考性、批判性，特别是实践后的思考、认识及解决问题的能力。

王兴邦

实验教学示范中心联席会秘书长

2013 年 9 月 27 日

目　录

国家级文科综合实验教学
示范中心建设的基本经验和主要任务^①

　　"十一五"期间，我国高等教育"质量工程"建设取得了丰硕的成果，高校实验教学及其组织形式——实验教学示范中心建设实现了跨越式发展。其中，国家级文科综合实验教学示范中心的建立和发展，以及高校文科综合实验教学的开展是最具创新意义的成果。

（一）国家级文科综合实验教学示范中心建设成果回顾

　　"十一五"期间，以教育部高等教育"质量工程"的实施为契机，我国高校文科综合实验教学示范中心的建设进入了快速发展时期，实现了高校文科综合实验教学由"自组织"状态向"有组织"状态的跨越。其中，最重要的标志性成果就是在教育部主管部门的指导下，部分高校以谋求"协同效应"为目的，顺应人才培养的客观需求，对原有文科类专业教学内容和方式、文科实验教学管理体制进行了大刀阔斧的改革，催生了我国第一批国家级文科综合实验教学示范中心（含建设单位）。经过一段时间的探索和发展，国家级文科综合实验教学示范中心的建设获得了长足的发展，取得了令人瞩目的成绩。

1. 实验室面积迅速扩大

　　在近三年的建设过程中，国家级文科综合实验教学示范中心的实验室总面积和生均实验室面积均呈逐年增长的态势。截至 2012 年末教育部验收，文科综合实验教学示范中心学科组的实验室总面积达到 240 892 米^2，生均实验室面积达到 1.20 米^2。其中，法学组生均实验室面积为 2.37 米^2，考古/心理、教育组

　　① 本文由辽宁大学文科综合实验中心肖升、罗雪春、张衡、梅雪、孙宇编写。

为 1.60 米^2，文综组为 0.93 米^2。各高校的具体情况如图 1-1～图 1-3 所示。

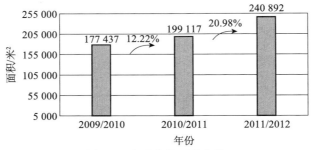

图 1-1　实验室总面积变化

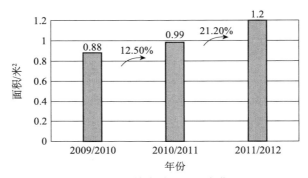

图 1-2　生均实验室面积变化

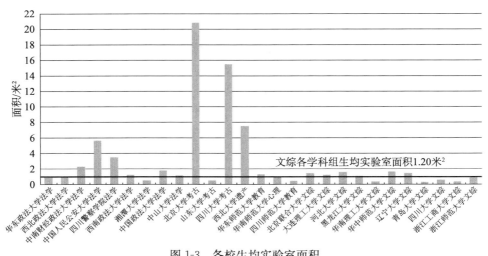

图 1-3　各校生均实验室面积

2. 设备数量快速增长

"十一五"期间，文综组仪器设备总金额的投入由 57 017 万元增长至 75 268

万元；仪器设备总台件由 48 892 台增长至 70 700 台；生均仪器设备值由 2831 元增长至 3737 元。设备总金额、总台件、生均仪器设备值的年增长率也逐年提高。各高校的具体情况如图 1-4～图 1-6 所示。

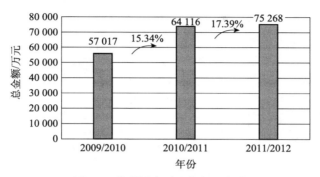

图 1-4　仪器设备总金额投入变化

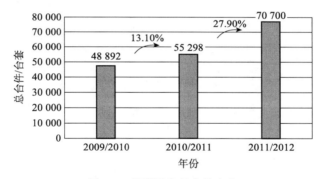

图 1-5　仪器设备总台件变化

3. 实验教学成效显著

"十一五"期间，文综组实验教师承担省部级以上教学改革项目，成果突出，形成了教学改革立项与实验教学相结合的教学方法。自批准立项以来，中心实验系列教职员工承担的国家级、省部级、校级实验教学研究项目共 278 项；学生实践创新能力增强，实验创新成果多，学生的基本素质、运用知识综合分析的能力、实践创新能力显著增强，不少学生在本科阶段就发表了论文。自批准立项以来，中心实验教师指导的本科生获得实践性研究成果共 6698 项，其中学生公开发表论文 2728 篇，获得省部级以上奖项 2603 项，获得专利 30 项，具体见表 1-1。

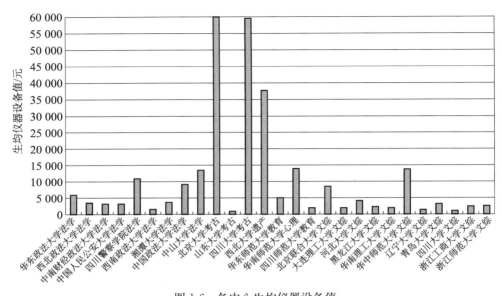

图 1-6　各中心生均仪器设备值

表 1-1　实验教学成果

项目	合计	教师获奖				学生成果				
		小计	国家级	省部级	其他	小计	论文	省部级奖项	专利	其他
数　量	6976	278	23	157	98	6698	2728	2603	30	1337

4. 师资队伍品质提高

"十一五"期间，文综组实验室专职人员学历结构比例分布如图 1-7 所示，其中博士占 44%，硕士占 34%。实验教师学历层次较高，队伍构成合理，能充分满足实验教学要求。从职称结构比例分布图（图 1-8）来看，正高级和副高级职称占总人数的 64%，中级职称占 32%，较高的职称结构也符合文科综合实验教学示范中心建设和发展的需要。

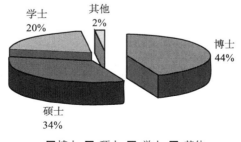

■博士 ■硕士 ■学士 □其他

图 1-7　实验室专职人员学历结构比例分布图

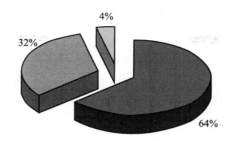

图 1-8 实验室专职人员职称结构比例分布图

5. 示范作用十分明显

"十一五"期间,文综组各中心发挥平台优势,整合学校文科各类资源,全方位提供社会服务。自批准立项以来,承担政府主管部门培训总量 172 966 人次,为社会其他行业提供服务 61 514 人次;中心积极开展对外交流,承办国内外交流 42 039 人次,接待来访 23 582 人次,具体如图 1-9 和图 1-10 所示。

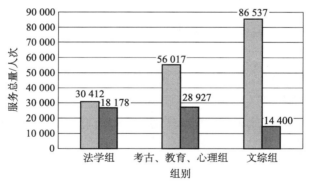

图 1-9 示范辐射作用——社会服务总量

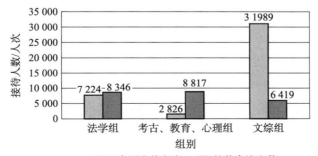

图 1-10 示范辐射作用——承办交流及接待人数

(二) 文科综合实验教学示范中心建设的基本经验

国家级文科综合实验教学及其示范中心的建设和发展，是我国高等教育"质量工程"建设中最具创新意义的成果。同时，它也是在没有成熟经验的基础上，由各个高校经过艰苦努力和探索创新的推动下发展起来的。总结其基本经验，对我国各高校文科综合实验教学及其组织形式、结构安排都具有重要的启发意义。

1. 秉持先进的教育理念

高等教育理念是关于高等教育价值以及价值实现途径的根本性判断与看法。其中，高等教育的价值主要是指高等教育的本质、性质、功能和发展规律。先进的高等教育理念是依据高等教育的自身价值，顺应人才培养的社会需求，不断提高高等教育质量与效益，实现高等教育事业的持续发展。经过数十年的探索和改革，我国形成了"把促进人的全面发展和适应社会需要作为衡量人才培养水平的根本标准……造就信念执著、品德优良、知识丰富、本领过硬的高素质人才"的教育理念。按照这一理念，高等教育必须"促进学生全面发展，优化知识结构，丰富社会实践……着力提高学习能力、实践能力、创新能力，提高综合素质"，把培养人的创造性和培养拔尖创新人才有机统一起来，建立"学思结合、知行统一"的人才培养模式。这一先进的教育理念突出了高等学校实验教学特别是文科实验教学的作用和地位，为文科实验教学的发展指明了基本方向。"十一五"时期我国文科综合实验教学及其组织形式——文科综合实验教学示范中心的探索、创新和发展，就是这一先进理念在改革实践中的生动体现。

2. 探索实验教学规律

在我国高校，文科综合实验教学的组织结构——文科综合实验教学示范中心的探索与实践是史无前例的。在"十一五"之前，各高校文科实验教学（包括实训、实习）基本上属于部分教学单位和教师的个体探索行为，具有自发性和随机性的特点。在教育部主管部门的指导下，各高校抓住机遇，通过整合教育资源、打破专业界限，构建了开放式的综合实验教学"平台"，成为学生专业能力、创新能力培养的基础力量，以及文科实验教学"协同效应"的基本条件，孕育了文科综合实验教学的"新相"。

3. 形成实验教学特色

"十一五"期间,国家级文科综合实验教学示范中心有 27 所院校,数量虽然有限,但其多样性、个性化特点却得到了彰显。基本特征是,将所在学校的发展历史、强势学科、人才培养模式、社会服务路径甚至社会认知认同等特点全面充分地展示出来。例如,北京联合大学国家级应用文科综合实验教学中心的特色之一是"人文化成、受益面广",通过对北京市学院路地区 19 所高校教学共同体学生开放选课,将辐射面扩展到了学院路地区其他院校;通过选修课程,对附近北京医学院附属中学等中学开放;通过"非物质文化遗产进校园"、改革开放 30 年北京社会生活变化的回顾等活动向社区居民开放;通过为北京市和区县档案系统培训专业技术人员,为相关行业服务;通过大量的人文实践,为"人文北京"建设做贡献。浙江师范大学国家级文科综合实验教学中心的科技馆成为浙江省大中小学生的科普教育基地,面向社会公众开放,正式开放以来,已接待全省中小学生和市民 30 000 余人次;每年寒暑假,科技馆将数十台(件)便于流动展出的仪器设备组装成"流动科技馆",由大学生们以社会实践的方式开赴上百社区、乡村,为数十万农村中小学生开展科技巡回展示和辅导,等等。这种百家争鸣、百花齐放的局面,恰恰是国家级文科综合实验中心富有巨大的生命力和创造力的真实体现。

(三) 中心建设面临的任务

国家级文科综合实验教学示范中心下一步发展的任务,除了进一步改善其自身生存发展环境之外,更重要的是在接受验收工作、明确自身差距的基础上,有针对性地加以改进、完善和提升。

1. 认真反思发展过程

已经接受了教育部评审,获得"国家级文科综合实验教学示范中心"称号的高校,应该借鉴学科组全体成员及其他院校的经验,结合专家组评审提出的意见建议,认真对自身的发展历程,特别是教育理念、功能定位、组织构架、改革目标和建设任务等关系到文科综合实验中心建设的问题进行总结和研究。它包括以下三项内容:

(1) 对自身建设发展的历程进行总结和研究,目的在于通过总结经验教训,加深对文科实验教学从无到有、由单一到综合、由低层次到高层次发展的内在规律及其正确的方法论的认识，把握在本校特定的环境条件下，推进文科综合实验教学及其组织形式——文科综合实验中心发展的特点，得出自身的基本经验。"十一五"期间，高校文科综合实验教学示范中心的建设确实取得了显著成果，但是客观地说，这些成果的取得具有一定的偶然性，获得国家级文科综合实验中心称号的学校并不是（或并不完全是）对高校文科实验教学发展的规律及其方法论有清晰认识的学校。正因为如此，剖析各个高校国家级文科综合实验教学示范中心发展历程，提炼出内在规律和特点，更显得弥足珍贵。

（2）对中心乃至学校文科实验教学的教育理念、功能定位、组织构架、改革目标和建设任务等方面的认真总结，不仅事关文科综合实验中心的发展，也关系到学校教学改革的成果。对于高校这个大系统而言，文科综合实验教学和文科综合实验教学示范中心仅仅是其子系统，其成果和教训也仅仅是高校这个大系统某一方面的探索表现。但是，作为子系统，其产生和发展、规律和特征、创新和创造均在一个侧面反映着高校这一系统改革和发展的规律与趋势，以及其生命力和创造力。例如，文科综合实验教学示范中心的出现展现了文科实验教学的"新相"，是文科实验教学的创新性成果。但是，一些高校在中心的组织架构方面，限于传统观念和原有体制，迟迟不能解决（或不肯承认）其地位、性质、功能、组织、师资等关键问题，严重制约了中心的持续发展动力和能力。

（3）国家级文科综合实验教学示范中心的"示范"含义至关重要。"十一五"时期建设的国家级文科综合实验教学示范中心对全国高校的示范作用是明显的。但是，由于诸多原因没有进入这个层面的高校，在文科综合实验教学方面（包括其中某一方面）未必落后于（甚至可能高于）"国家级"成员。一方面，将科学总结的文科综合实验中心建设的经验教训更完整、准确和精辟地传达给众多高校，指导、帮助全国高校大力推进这一改革，取得突破，是教育部"十一五"期间正确指导、大力推进实验教学及其示范中心的初衷所在，当然也是我们学科组及其成员的责任所系。另一方面，"十二五"期间，教育部对于提高高校教育教学质量和推进高校实验教学有了更新的理念、更高的要求和更好的激励方式，一大批实力强大、知名度很高的高校文科实验教学中心进入了国家级队伍，这意味着"十一五"期间的国家级实验教学示范中心面临着新的建设局面。

2. 积极调整发展战略

"十一五"期间，我国高校国家级文科综合实验教学示范中心建设取得了重大进展，并且这种发展有明显的外延式特征。这一时期国家级文科综合实验教学示范中心的发展主要表现在投资数量增长、建设规模扩大、应用空间拓展等方面，主要是适应教育部评审要求而表现出的外形扩张。这种发展在文科综合实验教学示范中心从无到有、从分散到集聚、从自组织过程向有组织过程转化这一阶段不仅是必要的，而且是必需的。然而，对任何高校而言，无论是缘于客观需要还是资源限制，文科综合实验教学示范中心都不可能始终坚持外延式发展为主的战略和模式，必须适时将其发展战略调整到以内涵式发展为主的轨道上来。内涵式发展强调的是结构优化、质量提高、实力增强，是一种相对的自然历史发展过程，发展更多是出自内在需求。内涵式发展道路主要通过内部的深入改革，激发活力，增强实力，提高竞争力，在量变引发质变的过程中，实现实质性的跨越式发展。内涵式发展是发展结构模式的一种类型，是以事物的内部因素作为动力和资源的发展模式。对于高校的文科综合实验中心来说，就是注重办学理念、组织功能、中心文化、教学科研、师资素质、人才培养工作质量和效益等方面的建设。

3. 快速完善功能结构

文科综合实验教学示范中心是高等学校这个大系统中的子系统，其首先要满足所在高校的需求，完成高校赋予的根本任务；同样，由于高等学校又是社会这个更大系统的子系统，其功能是满足社会对人才培养、科学研究、社会服务、文化传承创新的需求，高校及其子系统必须服从、服务于这一需求，并以其满足这一需求的程度、质量衡量其存在的意义和水平。按照这一逻辑，文科综合实验教学示范中心的功能必然具有以下特征：①以高等学校基本功能为根本的规范、标准，设定自身的功能及其结构；②由于各高校的特色不同，中心的功能及其结构也必然有所不同；③社会需求和高校状况是不断变化的，必然导致中心功能及其结构的发展变化。这也就说明，完善文科综合实验教学示范中心的功能及其结构是一个动态并永无止境的过程。正因为如此，国家级文科综合实验教学示范中心面临的一个重要任务就是要不断重新审视自身功能的设定，特别是通过教育部专家验收这样的全面的、根本性的反思，结合专家意见，对中心的功能设定进行全面甄别，发现问题和缺陷，快速予以完善、升级。应该说明的是，国家级文科综合实验教学示范中心对全国高校所具有的示范作用中，经常地、动态地深刻审视和完善升级中心功能及其结构具有重要地位。不言而喻，一个高校及其子系统先进、科学、完善的功能界定，表现了其对先进理念和教学规律的理解和把握程度、对社会需求的认识和适应状况，以及对学校自身特点、特色的表现和支撑能力。

4. 大力开展协同合作

在接受教育部的验收评估中，国家级文科综合实验教学示范中心已经展示了其取得的丰硕成果，揭示了中心发展的前景和趋势。在高校合作方面，有些高校文科综合实验中心通过与附近区域的高校达成协议，向教学共同体学生开放选课，或者根据教学需求共享文科实验教学资源，从而将辐射面扩展到了附近的其他院校；在校企合作方面，通过向社区居民开放、为政府和其他相关部门提供培训环境、建立校内的实验基地、面向社会公众开放等形式，大力开展协调合作。这一切都需要文科综合实验中心组织校内外资源、利用学校和社会的大量信息进行系统的研究、设计和运作，升级中心平台功能，实现更高程度的资源共享。

总之，国家级文科综合实验教学示范中心经过近几年的发展，其各自的实验操作平台及其技术条件有了很大程度的完善和提升，软硬件设备也得到了更新，多数中心不仅具备了整合校内文科实验教学资源，满足本校文科实验教学科研需求的能力，甚至一定程度上具备了培养学生创业就业能力的平台条件。这是一个重要的进步。是否可以设想，国内的高校文科综合实验中心特别是国家级的中心，充分利用现有条件并使其与社会公共网络、通信、信息平台有机结合起来，通过日益加速发展的信息网络技术，构建功能更完善、能力更强大的文科实验教学共享平台，获取更大的"协同效应"。这样，国家级文科综合实验中心将不再是各个高校的文科综合实验中心，而是中国高校文科综合实验平台。当然，建立起完善的这种平台需要长期的努力，但是"坚冰已经打破、道路已经开通"，规律的力量是不可抗拒的。

➤ 参考文献

韩建业，朱科蓉，杨积堂 . 2011. 人文综合，文理交融——北京联合大学应用文科综合实验教学中心核心
教学理念阐释之一 [J] . 实验技术与管理，（9）：1-3.

胡锦涛 . 2011. 在庆祝清华大学建校 100 周年大会上的讲话 [EB/OL] . www. gov. cn [2011-04-24] .

潘蕾 . 2011. 国家级文科综合实验教学示范中心的建设 [J] . 实验技术与管理，（8）：114-117.

王兴邦 . 2010. 认真总结，提升理念，凝练成果，突出特色，迎接国家级实验教学示范中心验收 [J] . 实
验技术与管理，27（4）：1-5.

肖升 . 2011. 国家级文科综合实验教学示范中心的建设现状与问题破解 [J] . 实验室研究与探索，（12）：
79-81.

肖升 . 2011. 文科综合实验教学示范中心建设的基本经验 [J] . 实验技术与管理，（10）：1-3.

徐平. 2010. 搭建文科综合实验平台 培养文科复合创新人才（续）[J]. 实验室研究与探索，(7)：1-5.

徐平. 2010. 搭建文科综合实验平台 培养文科复合创新人才 [J]. 实验室研究与探索，(6)：1-4.

张晓宁. 2009. 国家级实验教学示范中心建设状况 [J]. 实验室研究与探索，(10)：86-88.

朱科蓉，韩建业. 2011. 文科综合类实验教学示范中心的运行模式研究 [J]. 实验技术与管理，(9)：
    15-17.

大学与业界①关系

视角的普通本科生培养研究②

时至今日，由大学孤立地自我设定本科毕业生的"知识-能力"标识早已历史不再，业界的人才标准冲击和引导普通高校本科人才培养的大势已不可逆转。然而，笔者通过分析已有的理论研究成果，特别是对不同类型高校的实地考察发现，我国普通高校无论在顶层设计，还是在运行体制安排和教学实施方面，均存在着普通本科人才培养与业界人才标准不相匹配的情形，这种情形既降低了本科毕业生的就业力，直接影响着本科毕业生的就业水平和质量，也影响着大学学科及师资队伍的发展力，使之成为我国普通高校本科人才培养的一个非常普遍且亟待解决的问题。

（一）本科毕业生的评定

普通高校本科毕业生是否为人才的问题究竟谁说了算：是大学、教育行政管理部门，还是科学共同体、职业共同体或业界，抑或是学生？

1. 本科毕业生就业能力的高低最终由业界来评判

其一，从学生求学的现实目标分析。本科毕业生作为具有一定社会角色或对社会有用的人，除了首先是一个"人"外，同时必须是从属于某个业界的职业人。这是大多数本科毕业生都会直接进入一定职业圈和知识圈的内在要求。由此所决定，毕业生能否顺利进入业界，成为业界欢迎并能在其所属的职业共

---

① 此处的"业界"主要指两个领域：科学共同体和职业共同体。
② 本文由中南财经政法大学刑事司法学院教授、法学实验教学中心主任王均平编写。

同体中持续发展并非由大学说了算,最终得由业界说了算。故大学必须依据业界的人才标准设置自己的本科培养目标,以确保学生在校期间不仅能获取学校希望他们学习的知识,而且能习得业界所要求的职业能力,使之毕业即能上岗。

其二,从学生就业的现实需要分析。52.14%的学生将"缺乏社会经验"视为最困扰其就业的主要因素,他们所担心的求职问题依次是英语、工作经验、计算机水平、专业成绩,大多数毕业生也因此将"品德""实践"和"能力"依次排在"求职成功的重要因素"的前三位。显然,学生的这种选择性排序并非大学的制度安排,而是毕业生适应于业界选拔、聘任人才标准的实际需要。故大学必须依据业界的人才标准设计自己的教学内容,以确保学生在校期间不仅只学习专业理论知识,而且养成业界要求的职业素养并习得职业能力。

其三,从毕业生的社会人力资本市场竞争力分析。学生接受教育的广度与深度直接影响着其人力资本专用性程度(本科毕业生对市场的依赖程度)。一般而言,学生通过教学所获知识的宽度、厚度及跨学科知识迁移能力与其人力资本专用性程度成反比;学生的人力资本专用性程度与其市场竞争力成反比。大学本科生培养与人才市场需求间的这种关联显然产生于业界关于人才之知识和经验结构的要求,而不是脱离业界需求的大学"自说自话"的目标设计。故大学必须依据业界的人才标准设计自己的培养方案,以确保学生在校期间不仅只完成学业指标任务,而且切实掌握适应职业角色所需、能够提升其市场竞争力的可整合、可迁移知识的能力。

2. 本科毕业生的"知识-能力"水平最终由业界来评判

其一,从学生"知识-能力"的职业适应度分析。是否真正具备正确认知、合理解决业界实际问题的独特的"判断力""思考力""创造力"和"执行力",通常构成业界对其成员"知识-能力"水平评判的核心指标,也正是这些指标达成状态决定着本科毕业生在其所属业界的现实生存和未来发展,故大学必须依据业界的这些评判标准设计学生在校期间的知识获得、生成及其结构化过程,以确保学生能够得到比较充分的职业能力及自主学习和知识整合应用训练,最大限度地缩小其大学学习与职业圈实践之间的差距,畅通两者之间的接口和通路,拓展两者之间的联通界面。

其二,从毕业生关于"专业对口就业"的经验及态度分析。有近40%的毕业生不愿从事所学专业领域的工作,39%的毕业生对"求职时要求专业对口"持无所谓态度,"薪酬福利""专业对口"和"社会地位"已不构成其择业的主要标准。这种状态在一定程度上反映了学生对大学专业教学的非认同情形及其专业学习的不稳定性，并与业界对于大学课程设计之否定性评价相一致：59％的用人单位认为当前大学生的课程设置不合理。

其三，从学生在业界中面临的生存与发展问题分析。业界需要其成员正确认知、合理解决的问题大多为跨学科、跨专业的实际问题，通常不能利用单一知识和方法去解决。故"未来的卓越人才不应该在一个很窄的专业里面行走"，大学必须围绕毕业生所归属之业界的竞争与发展需要，围绕毕业生对于业界运行中实际发生的涉及多学科、多专业知识之应用性问题的满意解决，围绕毕业生对业界要求的良好适应及其未来职业生涯的可持续发展等目标规划、执行教学行为，确保毕业生成为社会需要、业界欢迎、学生自己满意的人才。

3. 本科毕业生发展空间的大小最终由业界来评判

其一，从本科毕业生未来职业生涯生存、发展的可能性空间分析。作为一个职业人，本科毕业生未来的生存状态和可持续发展水平最终取决于其供职和服务的职业共同体，取决于他们的"知识-能力"与业界人才标准间的契合度，取决于他们的知识、经验更新与业界发展需要间的适应度。其中一个非常关键的指标是本科毕业生是否拥有进步的职业理念和满足业界发展对其自学能力和创新能力的动态需要。

其二，从本科毕业生未来职业生涯之生存、发展的时序特点分析。本科毕业生都是社会未来的人才，其价值通常都要通过其未来的职业活动体现出来。因此，能否持续适应社会特别是所属业界未来发展的动态需要，能否持续为业界的未来发展做出较大贡献，能否持续为业界高度认同和放心聘用等就成为衡量本科毕业生在其未来职业生涯中能否获得成功，以及家庭、社会为之投入培养成本和业界为之投入聘用成本是否划算的最重要指标。这就要求"大学生应该具备宏观思维。除了专业学习外，要了解企业、社会的需求，以满足国家需求、引领社会进步为己任，学以致用，服务社会"。显然，如果本科毕业生没有相当水平的自学、创新能力是不可能实现这类预期目标的。然而，现阶段我国普通高校本科创新型人才培养的规模、水平和质量均令人忧虑。从学生学习情形看，有研究结果显示，一方面，普通高校本科生参与科研活动的愿望强烈，另一方面，学生参与科研活动、提升创新能力的实际水平却与之不相匹配。从教师教学情形看，学校期望通过教师的课堂教学培养本科生创造力的制度安排普遍落空，而且无论其教学过程还是结果均不容乐观。有研究结果显示，我国普通高校本科生的学习成绩基本上不能反映其智力水平、创新能力和科技成果水平，且其高智力水平与低创造力间呈现了显著的落差。

其三，从确保本科毕业生在其未来职业生涯中良好生存、发展对大学提出的基本要求分析。大学必须回应各种变革时代所带来的机遇和挑战，反思社会需要什么样的人才、什么专业的学生更加适应业界发展的需要，并据此完成自身通过持续的传承与变革而不断向前发展的进程。关于此，李培根教授将之浓缩为一个要求：一定要有企业参与，并将之描述为"教学模式开放"问题："教"对学生开放和"学"对实践或问题开放。只有当我们深刻理解了大学"教学模式开放"的这一本质后，不同的学校、不同的学科、不同的教师，自然就会有一些独到、创新的做法，自觉地坚持让学生和教师走出去，让学生有更多机会到社会或业界中去进行锻炼和实践，让教师与社会和业界实际紧密联系，不断更新自己的知识和经验，从而提升教学水平；同时欢迎业界或社会人士走上大学的讲台，使大学的讲坛上所讨论的"知识-能力"既关涉科学共同体关心的问题，又包括职业共同体关心的问题；既体现文化的传承，又蕴含知识的创新；既执行间接经验的教学，又实现直接经验的生成。

（二）本科毕业生应具备的"知识-能力"结构

普通高校对于本科毕业生的"知识-能力"结构，应当围绕业界普遍要求的人才之核心质素加以选择和设计。业界，无论是科学共同体还是职业共同体，对人才最基本的要求都是相对于本共同体而言可用、适用和好用。一个本科毕业生即使具有学校或任课教师所认同的许多"知识"，但他若不能成为提高某个科学共同体或职业共同体生存、发展力的人力资源，该共同体也不会将之作为"人才"加以招聘和重用。由此所决定，应用、复合、创新就成为业界所需人才之"知识-能力"结构的三个核心质素，而本科毕业生的"知识-能力"结构是否与之相合及两者间的相合度就成为评价该结构合理与否的最基本的标准，如图 2-1 所示。

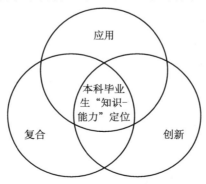

图 2-1　业界人才"知识-能力"三要素及本科毕业生"知识-能力"定位

1. "应用"是本科毕业生"知识-能力"的前提性质素

其一，现有研究成果多将"应用"归属于特定的知识范畴：一是将"应用"视作"理论"的相对范畴，强调研究生、本科、专科教育都可以培养应用型人才，主张把"应用"的概念置于确定的培养层次与科研类范畴。二是将"应用"视作"学术"的相对范畴，主张以理论转化为应用成果的"桥梁性"作为理解"应用"范畴的钥匙，把"应用客观规律为社会谋取直接利益（社会效益）"作为"应用"的界定要件。

其二，从"应用"与"创造"的关系分析。有人主张将"应用人才"分为创造应用型人才、知识应用型人才和技术应用型人才。显然，持这种观点者在整合"知识""应用""创造"等人才要素，科学界定"应用人才"方面进行了有益的思考。

其三，从学科知识体系架构与人才基本特质设计关系分析。"基础"与"应用"及"研究"与"应用"都是知识工程的关联范畴。除少数纯粹意义的学术研究外，我国普通高校的大多数学术研究及其成果都兼有研究和应用的性质。换言之，"应用问题"不仅构成"学术研究"的最基本对象，其本身就蕴含了"研究"的成分。因此，普通高校都应坚持以知识的应用作为其本科人才培养目标不可或缺的组成部分。事实上，我国普通高校中不能称作"应用型大学"的很少。可以说，没有应用型人才的培养，就没有普通高校。换言之，普通高校均应把"应用"作为本科人才"知识-能力"结构设计的核心质素。

2. "复合"是本科毕业生"知识-能力"的本体性质素

其一，从本科人才培养与业界发展之匹配度分析。跨学科已经成为科学研究的国际通则和标准范式。现代科学技术宽幅度、高频度交叉、融合的大势不仅使学科间的界限趋于模糊，也加快了社会职业专业化与综合化的高度整合，迫使科学共同体和职业共同体在树立、强化知识整体性理念的前提下，不断加快探索并积极应用知识间迁移融合的理论和技术。这些变化共同决定了跨学科架构成为高等教育改革重要的、必然的选择。对于大学而言，这种变化通常集中于知识基础本身的变化：一是最令人感兴趣的课程更多地产生于传统科目的交界处；二是由系统方法与还原法之间相平衡逐渐转向以系统方法为主。这一切都对本科毕业生"知识-能力"结构设计提出了更硬朗的"复合"要求。

其二，从学科建设应当采取的共性行为分析。业界生存与发展需要大学知识和技术支持的大多数需求都是综合的、不分学科的，且科学知识体系本身也是整合的、不分专业的，由此所决定，跨学科架构既是普通高校学科建设自觉适应业界发展需要的必要手段，也是大学自身发展的知识之本。然而，我国大学的学科划分及其载体（院、科、系的建制）都充分展示甚至过分体现了"学科""专业"的森严壁垒，它们人为地掩蔽或异化了科学知识本性和业界发展需求的综合性、整合性，导致大学僵化、狭隘的学科、专业设置与持续发展的业界知识需求间不断产生并加剧矛盾。这种情形导致普通高校在"适应业界需要的复合型人才"培养方面从观念到行为产生了相应的偏差和缺失，并因此成为本科人才培养瓶颈问题的导源。

其三，从学生知识结构形成和此视角的教学关系分析。知识间的相关性是知识能否相互融合的关键。相关性越大，其融合度越高。由于知识间的相关性既取决于两个及以上学科、专业之间的兼容程度，又取决于科学和技术的发展程度，科学、技术越发展，其综合性、融通性就越强。故学校为学生架构的"知识-能力"结构越具备相关性、整合性，学生的社会适应能力越强、发展潜力越大。因此，凡是真正能向学生负责、为社会担当、有大学智慧的高校都会自觉地从跨学科的视角设计自己的人才培养体系。特别需要强调的是，解决该问题的关键和难点不在学生而在教师，最需要拿出勇气的不是教师和学生而是大学。

3. "创新"是本科毕业生"知识-能力"的标识性质素

其一，从科学知识观①与教育教学观间关系分析。教师的科学知识观在一定程度上决定着人才培养的合目的性、合科学性，深刻影响着大学及教师对教学内容、方式及评价标准的选择。我国相当数量的普通高校和教师的科学知识观存在着影响创新型本科人才培养质量的问题：一是滞留于传统科学知识性质观，导致大学不仅难以恰当地解释业界知识需要的新发展，令人信服地完成其引导、促进业界建设与发展角色的使命和责任，而且使大学人形成一种偏离大学本性的知识取舍偏好——似乎只有那些抽象的、远离职场的、单一狭窄的知识才是教师所应关注并灌输给学生的知识，而那些业界所需的复合性强、技术含量高、应用性显著的知识则算不上有价值或不值得纳入大学课堂的知识。二是滞留于传统科学知识获得观，将本应由学生通过自己的创造性学习过程生成的"内生的""鲜活的""自己的"知识强制置换为复制、保存、再现教师、教

---

① 科学知识观主要包括科学知识性质观和获得观。科学知识性质观是指人们对科学知识的性质的总体看法和基本观点。科学知识获得观是指人们对科学知识的获取与习得的总体看法和基本观点。

材给定的"外加的""僵化的"知识。

其二，从学科平台建设与知识创新体系构建间关系分析，在大学内部促进跨学科协同创新始终是大学创新教育及管理的重要问题。近些年来，"实现不同学科、团队间的知识、资源共享与知识合作创造，以获得知识共享与协同创新效益"已经成为国际公认的一流大学共同的办学理念，在该理念指导下，传统的单一学科研究正逐渐被横向、交叉和边缘领域创新所取代，相对狭隘的学科边界正在被持续突破，新型的跨学科研究已成为大学科研体系的重要内容和大学知识生产范式的重要标识。这样的变迁不仅符合大学的知识本性，也符合业界的需要。普通高校要培养能够被业界认可的创新型人才，必须真正树立这种理念并切实构建与业界具有良好契合界面的跨学科"教学-研究"平台及知识创新体系，修正大学依然存在的人为的学科专业分化与单一专业学术孤立发展偏好，拓展大学"教学-研究"与业界发展间无缝契合的界面因素，实现大学"教学-研究"体系构建及运行的支配性机制由传统的学校内部依赖向适应业界跨学科路径依赖的本质转变。

其三，从培养目标设置与教学行为开展间关系分析，我国大多数普通高校的本科培养目标是围绕专业知识要素并遵循单一专业课程逻辑设置的。其本科人才培养模式往往从教师将其理解和掌控的科学的"知"经过课堂教学过程传递为学生的"识"的传统教学逻辑出发，很少从学生在业界中生存与发展实际需要的"职业生活"逻辑思考，并因此呈现强烈的文本设计与教学行动反差。一方面是学校的培养目标从文本上标榜自己要培养具有创造性的人才；另一方面却是学生整天被封闭在狭窄的校园教学活动空间，忙碌于单一僵化的书本知识翻录或复制，学生躬行于业界的知识生产及创造性应用场景极少，导致他们缺乏发现业界最需要而且最适合自己进行自主思考和创新突破的问题的兴趣和能力。其结果是学生在业界的现实世界里往往需要通过某种违背大学教育的活动获得其自我满足。

（三）科学的本科毕业生培养方式

1. 保证本科毕业生"知识-能力"结构具备必需的"应用"质素

其一，普通高校的本科人才培养总要与一定的社会行业紧密相连，行业依托是学校发展的资源优势，行业需求是学校发展的社会动力，行业支持是社会对学校发展的关键支持。正因为如此，教育部为了修正大学逐渐疏远行业的偏差，积极促进地方政府和行业管理部门与高校签订"部部共建""省部共建"等协议。但迄今真正实现了共建预期目标的高校甚少，大多数依然只停留于制度文本或"牌匾"形式。现阶段需要大学立即改变这种形式化的做派，切实加强与社会、业界的联系，富有实效地为学生创造、提供"业界真实生活情境"中的学习与实践的条件和机会，帮助他们最大限度地拓展与外界的关系，尤其是与社会、业界和国际间关系的开放度。这不仅可以将业界普遍要求的"应用"质素融入毕业生的"知识-能力"结构，为其成长为"应用-复合-创新"型人才提供应用理论及职业能力支持，也可以有效提升普通高校的可持续发展与综合创新能力，优化业界后继人才资源配置和技术创新。

其二，长期以来，我国教育行政部门制定的评估指标体系多以"大一统"的标准推行于所有学校和学科，过于强调国家层面的一般标准而旁落了本科人才培养必须依循的业界层面的核心标准和学校层面的特色标准。特别是在忽视业界人才标准的制度下，本科人才培养过程普遍忽视以职业素养和职业能力培养为核心的学生个性化、特色化发展支持，其教育产品也因缺乏业界普遍要求的"应用"质素而遭遇就业困境。由此而论，尽管本科人才培养必须依托学术性的学科平台和理论性的知识平台，但并不意味着本科人才培养产品只是学术型人才。相反，作为本科毕业生"知识-能力"前提性质素的"应用"理所当然地蕴含了学术、技术、职业的应用。因此，普通高校为本科生构建的学术性的学科平台和理论性的知识平台均应服务于能够帮助学生良好生存及发展于业界的素质、知识、技术等应用能力的培养，并以"应用"为主线构建学生的知识、能力和素质结构，切实培养学生运用知识创造性地发现、解决业界和学术问题的能力。换言之，大学必须围绕学生未来归属的业界良好生存与发展的需要，围绕学生对业界实务中涉及多学科、多专业知识的应用性问题的满意解决，围绕学生对业界要求的良好适应及其未来职业生涯的可持续发展等目标规划、执行教学行为，将学生培养成社会需要、业界欢迎、学生自己满意的人才。

其三，有研究结果显示，不同类型大学的毕业生的业界适应力有显著差异，艺术类专业和高职院校学生的业界适应能力明显强于211院校、普通院校和独立学院的学生。该结果的基本导因之一是职业类院校和艺术类专业多注重围绕"应用"进行复合、创新型人才培养，以确保学校培养目标与业界评价标准间具有较高的适配度，毕业生具有良好的业界适应力。这无疑能给我们以有益启示：普通高校本科人才培养亟待解决的关键问题之一是正确认识和有效实施理论素养与职业能力一体化教育，彻底改变重理论、轻实践，重知识积淀、轻动手操作的教学认知及行为偏好，培养学生既能坐而论道、又善起而践行，既能具体应用，又善创造出新的能力。正如费希特所说"并不是理论能力使实践能力成为可能，相反地，是实践能力才使理论能力成为可能"，实施理论素养与职业能力一体化教育的关键是坚持"理论-实验"一体化教学，以帮助学生在解决业界实际问题的过程中不断深化理论知识的理解，并发现新知识，促进科学和技术的发展。这就需要创新并推行一流的学生与一流的教师同炉冶炼、相倚孵化的应用型本科人才培养机制。

2. 保证本科毕业生"知识-能力"结构具备必需的"复合"质素

其一，作为本科毕业生"知识-能力"结构必备质素的"复合"的实质是知识构成具备多元化和技术能力具有融通性。迄今，我国大学一直强调专才教育，专业、课程划分过细、知识口径褊狭，各学科、专业间难以实现业界所要求的知识整合和迁移，以致学生的知识面狭窄，业界适应及创新能力较弱。世界一流大学采取了截然不同的发展路径，在他们的大学校园中日益盛行跨学科科研与教学的规则和方法，并通过加快跨学科研究组织与行动的制度转换，促使其教师打破传统学科的界限组织、实施自己的教学行为，以培养能够满足业界需要的复合型人才。这样的做法给我们以启示：大学必须坚持以业界所需人才的标准设计并切实保障其人才培养过程的跨学科运行，引导学生理解、掌握完整而系统的跨学科知识，帮助学生建构具备业界所需要的"复合"质素的"知识-能力"结构，使之能够有效应对并创造性地解决业界运行的实际问题，保持其职业生涯发展的顺畅度和可持续性。

其二，有调查显示，高校学生对大学最不满意项目的80%集中于大学人才培养的顶层设计、执行过程及其实际效果。结合上文关于学生就业认知的调查数据，毕业生理解、评价自身"知识-能力"水平的参照系并非学校、系科在其培养方案上书写的"目标"或教师通过考试所设置的课程学习评价标准，而是业界评价、聘用人才的标准："应用-复合-创新"的整体性标准。由此所决定，普通高校应当变革其教育理念和教学模式，积极促进"大学-业界"间标准和知识的交互转移，坚持围绕业界标准设计本科人才的"知识-能力"结构，使之具备适应业界需要的"复合"质素，为毕业生成为业界欢迎的"应用-复合-创新"型人才提供本体性的知识支持。

其三，我国大学复合型人才培养的关键问题是课程体系的跨学科设计及整合式运行。在当今的业界发展进程中，学科边界流变趋势强劲，几乎所有的传统学科、专业边界区都在不断衍生新的学科或专业。业界的这种现代运行模式决定着大学的人才培养必须通过"学校-业界"一体化顶层设计和相应的教学执行持续推进跨学科课程体系建设，使学生真正能够通过这样的教育设计和教学运行成为适应业界发展需要的"应用-复合-创新"型人才。关于此，世界一流大学已先行一步，并通过数十年的发展拉开了与我国大学人才培养间的显著差距。从教师及其教学看，此处倡行的课程体系跨学科架构及整合式运行与目前我国大学推行的所谓"二学位""双学位"和"主副修"等体制具有本质的区别。两者间的区别在于本文所说的"跨学科""复合型"的基本点在于教师首先完成自身的跨学科知识发散迁移、融会贯通、整合应用过程，并以此为前提设计能够真正把学生培养成"应用-复合-创新"型人才的教学指标和"大学-业界""教师-学生"共同的教学课程、内容和方法体系，通过实质化的复合型教学培养学生跨学科知识迁移及整合应用能力，使学生及其所归属的业界相互受益。从学生成人成才实践看，如果让不同专业的学生在一起为某一个课题或项目协同工作，他们由此而进行的相互学习、交流所得到的知识空间和知识开放程度恐怕远大于选修一两门外专业的课。对大学生而言，这是打破学科壁垒，保证其"知识-能力"结构能够更有效地具备"复合"质素的一种很好的途径。

3. 保证本科毕业生"知识-能力"结构具备必需的"创新"质素

其一，"从目前通行的人才培养模式分析，中国还没有一所大学能够按照培养科学技术发明创造人才的模式办学，都是些人云亦云……。这样的模式不可能培养出顶尖帅才。所谓优秀学生就是要有创新。没有创新，死记硬背，考试成绩再好也不是优秀学生。我们国家应该解决这个问题"。由于传统的知识观、人才观和教育观依然是我国高等教育的主导观念，大学教学评价也一如既往地以学生能够全面、准确地记忆、复制教师所讲、教材所写的知识为主，排斥学生的个人独特见解和源自学生多样化的"自主性"和"创造性"知识开发。在这种教学评价方式下，学生往往只能将教师所讲、教材所写的知识当做不容或毋庸置疑的"真理"，或者误将工具性、假设性的知识当做具有终极意义的真理来看待。此类偏差的根子在于异化了"创新"过程的本质。从本质上讲，创新过程就是实践过程。创新始于实践，终于实践，实践贯穿于创新活动的始终。没有实践和实践能力，就没有创新和创新能力。即使是所谓的"纯学术"，不通过反复的应用研究和研究应用过程，没有业界发展所依赖的"应用""复合"前提下的知识整合创新是不可能修成"正果"的。因此，大学应以"应用"为基线、以"复合"为本体设计本科生培养目标、课程体系和教学模式，加快"标准化学习"模式向"个体化学习"模式转型的进程，让学生的创造力孕育、成长于"创造性地认知、解决业界发展中遇到的各种实际问题和共性技术与前瞻性技术"的创新过程和结果之中。

其二，古今中外，能力本位始终是人才观的重要内涵。大学整合业界的标准培养学生的创新能力，不可能脱离"应用""复合"的质素而达成。事实上，对于服务、生产于业界并与之同呼吸、共命运之本科毕业生的能力而言，首要的也是最基本的评判标准理所当然是能否创造性地识别、解决及预测业界生存与发展的实际问题及其能力的可用、适用、好用、耐用度。同时，业界所遭遇的几乎所有生存与发展的实际问题都不可能只涉及单一学科和狭窄专业领域的单科知识，它们总是以具体的、实在的和跨学科的实质样态存在着。由此而论，脱离了"应用""复合"质素的创造能力无异于无本之木、无源之水，学生创新能力的培养和发育亦不例外。因此，大学应当为学生的创新能力培养提供必需的和适宜的跨学科学习机制，使学生能够自主地在大学内部跨学科研究、教学团队和知识集群平台上进行知识共享、转移、整合、转化等知识创造或生产活动，向相关学科及其团队学习，吸纳其他学科的科学证据、应用问题、理论逻辑等方面的显性与隐性知识，并积极应用这些知识提高自己的创造力，获得持续的"知识-能力"竞争优势。

其三，博耶曾告诫大学：我们最主要的敌人是割裂，在社会中我们失去了文化的内聚力和共性，在大学内部是系科制、严重的职业主义和知识的分割。作为此类观点的一种实践话语，世界一流大学的创新型人才培养经验已然昭告我们，"大学-业界"共同设计业界需求导向战略的交叉学科"研究-教学"平台是培养创新型人才的深厚土壤，它能够为创新型人才的发育、成长提供良好的、自由的环境。然而，我国普通高校却依然故我地坚守着"以大学为单一主体、以传统的单一专业及系科分类为知识载体构架本科人才培养之学科支持平台"的基本范式。实践证明，这种狭隘、僵化、割裂的学科平台构架既不适宜培养业界需要的"应用-复合-创新"型人才，更难以支持大学实现其宏大的学术理想。我国不少大学对此已有认识，并开始倡行交叉学科研究、启动交叉学科建设、形成本校交叉学科之学科群，有的学校已经建立了独立的交叉学科研究中心或研究院，并为之提供相应的政策和制度支持。但迄今，这些尝试中真正成功的并不多，甚至一些得到国家支持所建立的跨学科研究中心中，名不符实者并不少见。在这些中心里，既没有跨学科、跨专业的课题研究，也没有产出有实质价值的跨学科研究成果或孵化出新兴学科和思想大家、学术大师、教育典范，更没有培养出适应于业界发展需要的"应用-复合-创新"型人才。究其原因，我国大学培养创新型人才的关键问题是其前提及基础的合理选择和科学整合。如前所述，大学培养的本科人才的"知识-能力"结构应当具备业界要求的

"应用""复合"和"创新"质素。也就是说，大学欲培养出满足业界需求的本科毕业生，就必须以"应用"为前提性质素、以"复合"为本体性质素、以"创新"为代表性质素设计、培养自己的本科人才，并达成最基本也是最低的本科人才培养共识：彻底摒弃普通高校普遍存在的自议、自编、自审、自印、自用、自评的自说自话且"几十年一贯制"的超稳单科知识体系；禁止强制性的刻板知识灌输和空洞的间接经验传递；致力于培养学生主动分析问题、自主发现及生产知识的能力；确保毕业生真正具备"应用-复合-创新"型人才的特质。

➤ **参考文献** --------------------------------

费希特．2005．论学者的使命 人的使命［M］．梁志学，沈真译．北京：商务印书馆：15．

洪蕾，张燕，沈奇，等．2012．理论实践一体化课程的设计与实施［J］．海南大学学报自然科学版，30（3）：273-276．

黄超，王雅林．2012．大学跨学科合作关系的界面规则与治理机制［J］．高教探索，（3）：11-13．

李培根．2008．高校教育改革应在更开放环境中进行［EB/OL］．http：//edu．people．com．cn/GB/8473923．html［2008-12-08］．

联合国教育、科学及文化组织国际教育发展委员会．1996．学会生存——教育世界的今天和明天［M］．华东师范大学比较教育研究所译．北京：教育科学出版社．

刘健，王春，李奎山．2005．应用型人才的层次及其实践环节的培养［J］．黑龙江高教研究，（8）：126-128．

默迪特．2006．英国巴斯大学校长默迪特在2002年中外大学校长论坛讲话//丁小明．大学本科应用型人才培养研究［D］．广西师范大学硕士学位论文：3．

潘柳燕．2001．复合型人才及其培养模式刍议［J］．广西高教研究，（6）：51-53．

钱学森．2009．中国大学为何创新力不足？［J］青年教师，（12）：14-16．

孙广勇．2007．追问"应用型大学"［J］．广东培正学院学报，（2）：6-8．

汤方霄．2011．交叉学科视野下的本科人才培养研究［D］．兰州大学硕士学位论文：29-33．

王汉清，况志华，王庆生，等．2005．大学生创新能力总体状况调查分析［J］．高等教育研究，26（9）：88-93．

王建华．2011．跨学科性与大学转型［J］．教育发展研究，（1）：62-68．

王英杰．1993．美国高等教育的发展与改革［M］．北京：人民教育出版社：99-101．

王钟箐，胡强，陈琳．2009．应用型本科人才培养方案的探索与构建［J］．教育与教学研究，（10）：56-58．

吴阿林．2006．应用型人才的层次结构及其指标体系的研究［J］．黑龙江高教研究，（11）：121-124．

杨叔子，张福润．2001．创新之根在实践［J］．高等工程教育研究，（2）：11-13．

于江．2011．科学知识观的转型及其对科学教学的意义［D］．沈阳师范大学硕士学位论文：17-20．

张文晋，张彦通．2011．当前行业特色型大学发展面临的问题及对策［J］．北京航空航天大学学报（社会科学版），（1）：104-106．

赵小云 . 2011. 大学生生涯适应力研究——结构、特点及其与相关因素的关系［D］. 南京师范大学博士学位论文 .（5）: 99-100.

周敏 . 2006. 独立学院本科应用型人才培养模式研究［D］. 武汉: 武汉理工大学硕士学位论文 .

Aboelela S W, Larson E, Bakken S, et al. 2007. Defining interdisciplinary research: conclusions from a critical review of the literature［J］. Health Research and Educational Trust,（2）: 329-346.

Shapiro B. 2002. The research university: an undergraduate challenge［J］. Menzies oration on Higher Education,（23）: 2-7.

National Academy of Sciences, National Academy of Engineering, Institute of Medicine. 2004. Facilitating Interdisciplinary Research［R］. http://www.nap.edu/catalog/11153.html［2013-06-23］.

国家级实验教学
示范中心可持续发展的思考①

2012年8月，教育部下发《关于开展"十一五"国家级实验教学示范中心（建设单位）验收工作的通知》（教高司函〔2012〕114号），决定对"十一五"期间立项建设的501个国家级实验教学示范中心（建设单位）（以下简称示范中心）开展验收工作，要求"以验收促进示范中心加强建设、凝练特色、推广应用"。2013年5月22日，教育部对"十一五"国家级实验教学示范中心（建设单位）验收结论进行公示，500个示范中心通过验收，1个示范中心暂缓通过。示范中心通过验收后，如何继续加强建设，发挥效益，实现可持续发展，是我们必须要思考的问题。

（一）各级领导继续重视

1. 教育部要制定示范中心可持续发展的政策

2012年3月15日，教育部下发《关于开展"十二五"高等学校实验教学示范中心建设工作的通知》（教高司函〔2012〕33号），决定面向中央部门所属高等学校建设100个学科专业国家级实验教学示范中心。2012年12月3日，教育部又下发《关于进一步开展"十二五"高等学校实验教学示范中心建设工作的通知》（教高司函〔2012〕197号），决定面向地方和军队所属高等学校建设120个专业类国家级实验教学示范中心。但对"十一五"期间已经建成通过验收的国家级示范中心的进一步发展没有文件政策。希望教育部能够尽快出台指导性

---

① 本文由浙江师范大学文科综合实验教学中心潘蕾编写。

意见，或者有针对性地设立一些项目，资助示范中心进一步开展实验教学改革，发挥示范辐射作用。

2. 教育厅要将国家级示范中心纳入省内示范中心整体建设体系

"十一五"期间，为推动高等学校加强学生实践能力和创新能力的培养，加快实验教学改革和实验室建设，促进优质资源整合和共享，提升办学水平和教育质量，各省（自治区、直辖市）、高校根据教育部的精神，积极开展实验教学示范中心建设工作，初步形成国家级、省级、校级实验教学示范体系。浙江省在"十一五"期间立项建设了 215 个省级示范中心，极大地推动了本科实验教学改革和实验室建设。

"十二五"期间，各省在继续开展示范中心建设的同时，要将通过验收的国家级示范中心一并进行考虑。浙江省已经明确，"十二五"期间，在已有的省级示范中心中遴选 100 个给予重点建设，通过验收的国家级示范中心进入重点建设行列，给予经费支持，从而保证了示范中心可持续发展的动力。

3. 学校要一如既往地支持示范中心建设

国家级示范中心作为"国"字号的项目，各高校在申报过程中都非常重视，立项后对示范中心的建设更是在人、才、物等方面都给予大力支持，共同的目标就是通过验收。但是在验收通过后应该怎么办这方面思考得较少。示范中心的验收，应该是一个阶段的结束，另一个阶段的开始，所以学校要建立长效机制，进一步加强示范中心建设，继续加大经费投入力度，进一步提升实验室硬件环境条件，以不断适应课程体系优化的新要求。要积极引导示范中心开展实验教学改革，保持其具有的先进的教育理念和教学体系，先进的实验教学队伍和管理体制，先进的仪器设备和安全的运行环境，显著的实验教学效果和鲜明的特色，使示范中心能够更好地服务于学校的教学科研、学科建设、人才培养等工作。

（二）不断强化内涵建设

示范中心的内涵建设要坚持"科学规划、共享资源、突出重点、提高效益、持续发展"的指导思想，积极优化整合各类实验教学资源，注重通识教育与专业教育相结合、课内教学与课外实践相结合、教学资源与科研资源相结合，制定旨在培养学生科学思维能力、实践探索能力和创新能力的实验教学实施方案。

1. 树立先进的实验教学理念

先进的理念是中心可持续发展的前提。要实现真正的实验教学和管理水平的突破，最根本的还是理念和观念的突破，从而带来思路、体制、机制和管理的突破，才能真正建设满足高水平创新人才培养所需要的高水平实验教学示范中心，实现示范中心的可持续发展。

2. 开发全新的实验项目和实验课程

围绕培养目标，整合优化公共模块和专业模块课程，开发若干融多个知识点、多种实验方法于一体，具有自身特色的经典实验项目，加大综合设计型实验、研究创新型实验比例，使实验教学内容体系既具有基础性、系统性和先进性，又具有层次性、递进性和交叉性。

1）加大课程建设力度

要打通学科、打通专业设计综合性实验课程，注重引导教师科研成果反哺教学，有意识地利用地方经济社会资源开发课程，形成丰富多样的课程门类，培育若干个特色课程、品牌课程。

2）适当对接公共课程与专业课程

强化课程的梯度建设，满足大学生综合素养能力培养的多层次需求。通过外联、内生，着力培育若干有名师、名人领衔，有品位、内涵、吸引力、影响力的特色课程和品牌课程，并通过品牌课程群的建设，带动公共模块实验课程形成集群效应，促进专业模块实验课程形成联合效应，实现中心课程发展的良性态势。

3）建立组合式、订餐式课程模式

整合课程为课程包、课程链、课程群，发挥"1+1＞2"的集群效应，不断适应和满足大学生的多元需求。尝试打通专业、打通文理，利用多方资源形成丰富的多门类课程，并综合多门课程资源开发生成全新课程，进而形成系列化、模块化、"套餐式"课程形态，让学生可根据自身的需求，选择多门课程组合而成的课程包，实现素养能力个性化、"订餐式"培养。

4）加大校本教材编写力度

继续探索、完善一套符合文科实验教学规律的编写体例与模式，出版能满足学生素养、能力发展需要、促进学生全面发展的系列校本实验教材。

3. 改革实验教学方法和手段

强化教学方法和手段的改革创新，积极推进学生自主学习、合作学习、研究性学习，在"情境体验式、技能操作式、应用实践式"等教学实践经验基础上，总结提炼具有自身特色的实验教学模式。实验教学方法和手段的改革，主要是加大信息技术的应用。

1）强化信息平台构建

继续做好网络课程平台建设，逐渐培育若干具有一定影响力的精品网络文科实验课程；继续加强网络资源平台建设，形成对实体教学的有效补充和支撑；继续做好各类信息平台的构建和完善，提升大中心、大平台的信息化管理水平；拓展教学网站的功能，逐步建立兄弟院校之间的信息交流与资源共享机制；开发若干具有自主知识产权的软件和专利技术，形成一定的影响力。

2）加强虚拟实验建设

虚拟仿真实验教学依托虚拟现实、多媒体、人机交互、数据库和网络通信等技术，构建高度仿真的虚拟实验环境和实验对象，学生在虚拟环境中开展实验，达到教学大纲所要求的教学效果。

虚拟仿真实验教学可以实现真实实验不具备或难以完成的教学功能，在涉及高危或极端的环境、不可及或不可逆的操作，高成本、高消耗、大型或综合训练等情况时，提供可靠、安全和经济的实验项目。

2013年8月13日，教育部下发《关于开展国家级虚拟仿真实验教学中心建设工作的通知》（教高司函〔2013〕94号），提出虚拟仿真实验室建设应充分体现"虚实结合、相互补充、能实不虚"的原则。要发挥学校学科专业优势，充分整合学校信息化实验教学资源，以培养学生综合设计和创新能力为出发点，创造性地建设与应用高水平软件共享虚拟实验、仪器共享虚拟实验和远程控制虚拟实验等教学资源，提高教学能力，拓展实践领域，丰富教学内容，降低成本和风险，开展绿色实验教学。

4. 加强实验队伍建设

以人为本，合理规划，按照"专、兼、聘"相结合的建设思路，通过调整、培训和引进等方式，不断强化实验室技术队伍建设。

（1）转变观念，重视实验人员的培养，充分发挥实验队伍在培养高素质创新型人才和产出高水平科研成果方面的作用，形成一支教育理念先进、学术水平高、教学科研能力强、实践经验丰富、勇于创新的实验教学和管理队伍。

（2）建立激励机制，完善考核体系。通过采取定编设岗、公开招聘、竞争上岗、按绩考核等措施，完善实验教学队伍的聘用与考核；制定一套完整、科学、系统、全面的实验队伍考核办法，充分调动实验队伍的工作积极性。在绩效工资改革过程中保证实验教学的权重地位；有针对性地出台相关政策，加大引导力度，让更多高水平教师参与实验教学工作。

（3）内培与外引相结合，不断提高整体业务素质。完善实验人员培训进修计划，积极创造条件，有计划地安排实验人员外出培训与进修学习，鼓励和支持实验人员参加学术交流活动，不断提高实验人员的专业素质和业务水平。每年选留优秀研究生毕业生充实实验队伍，并采取固定编制和流动编制相结合的方式，吸引校内外高水平教师或业内精英从事实验教学工作，选留、引进一批高水平的实验人才。

5. 推进特色化工程

特色是一个事物或一种事物显著区别于其他事物的风格、形式，是由事物赖以产生和发展的特定的具体环境因素所决定的，是其所属事物独有的。每个国家级示范中心在建设过程中都凝练形成了各自的特色，但特色的显著程度却各不相同，有的示范中心特色非常明显，但也有的示范中心特色过于通俗，赖以支撑的材料过于单薄，因此在后续的发展中需进一步强化特色，形成中心自己的真正特色。

例如，浙江师范大学文科综合实验教学中心凝练的三个特色：第一，依据"433"体系，在人文社科研究与实践教学良性互动中培养高素质人才；第二，依托学生社团、创新创业活动，对接第二课堂，提升文科资源的使用效率与集成优势；第三，依托科技馆，开展面向社会、面向全校的科学素养教育。"十二五"期间，要形成三个特色优势：坚持以"'433'体系——素养能力一体化"为核心的实验教学体系，以公共模块建设为重点，培育和形成若干特色课程和品牌课程，在文科人才培养中，形成特色优势；以中非商贸实训平台建设为增长点，服务学校非洲研究品牌和国家非洲战略，服务中非商贸人才培养，形成特色优势；通过完善精品学生社团进入实验室的开放模式，在培养大学生创新创业能力方面形成特色优势。

（三）发挥示范辐射作用

1. "请进来"与"走出去"相结合，在学术交流中提升影响力

要积极开展对外学术交流，参加各级各类示范中心建设研讨交流活动及学术活动，组织到外校参观考察活动；要积极承办全国国家级实验教学示范中心建设研讨会，自主、联合主办学术会议。

2. 承训与接访相结合，在有效使用中提升辐射力

要努力承担各级各类培训任务，特别是教育部、财政部、省教育厅、地方政府等单位委托的培训；此外，还要接待省内外同行专家、兄弟单位的参观考察。

3. 开放与共享相结合，在创新实践中提升服务力

要创新机制和方法，努力提高实验资源的开放广度和深度，通过技术创新和分步试点，逐步推行实验室全天候开放；探索面向校内外开放的新途径、新方法，积极开展共建、共享、共荣的多种合作，有效提升自身服务能力和服务水平，在全国形成一定的辐射和示范效应。

（四）结语

示范中心要根据学校特色和自身优势，以培养学生实践能力和创新能力为根本目标，以内涵建设为重点，以质量提升为核心，优化课程，强化特色，注重创新，争创一流，完善管理运行机制，深化实验教学改革，加强实验队伍建设，扩大开放共享力度，发挥示范辐射作用，真正实现示范中心的可持续发展。

➤ 参考文献

教育部. 关于对"十一五"国家级实验教学示范中心（建设单位）验收结论的公示［Z］, 高等学校实验教学示范中心网站.

教育部. 关于进一步开展"十二五"高等学校实验教学示范中心建设工作的通知［Z］, 教高司函〔2012〕197号.

教育部. 关于开展"十二五"高等学校实验教学示范中心建设工作的通知［Z］, 教高司函〔2012〕33号.

教育部．关于开展"十一五"国家级实验教学示范中心（建设单位）验收工作的通知［Z］，教高司函
〔2012〕114号．

教育部．关于开展国家级虚拟仿真实验教学中心建设工作的通知［Z］，教高司函〔2013〕94号．

潘蕾．2011．国家级文科综合实验教学示范中心的建设［J］．实验技术与管理，28（8）：114-117．

潘蕾．2012．素能一体化文科实验教学体系的探索与实践［J］．浙江师范大学学报（社会科学版），37
（4）：112-115．

田运生，刘维华，王景春．2012．综合性设计性实验项目建设的探索与实践［J］．实验技术与管理，29
（2）：126-129．

王煌．2009．高水平建设实验教学示范中心，全面提升人才培养质量［J］．中国高等教育，（6）：17-19．

王杰，刘晓鸿，冯璐，等．2011．实验教学示范中心建设实践与体会［J］．实验技术与管理，28（3）：
313-316．

吴敏华，李志平．2011．实验教学示范中心建设与实验课程体系构建［J］．实验技术与管理，28（10）：
105-108．

袁九生．2011．浅谈文科实验教学方法的改革和创新［J］．理论纵横，（10）：100-101．

跨学科多专业
协同实践教学的探索[①]

实践教学是人才培养过程中的重要教学环节，在培养学生的实践能力与创新精神方面具有特别重要的作用。随着社会对应用型、复合型人才的需求增加，我国高等学校越来越重视人才培养中的实践教学环节，不仅增加了实践教学的学时比例，而且在实践教学经费投入和实践教学环境建设方面也不断提高和加强。但各高校在学生实践能力培养与实践教学环节落实的过程中，基本上是各专业自成体系，各学科专业之间的实践教学缺乏交叉互动。因此，我们需要进一步探讨跨学科多专业协同开展的实践教学模式。

（一）跨学科多专业协同实践教学的背景

1. 协同创新成为提高我国高等教育质量的重要政策

协同"是指协调两个或者两个以上的不同资源或者个体，协同一致地完成某一目标的过程或能力"。2012 年，在全面提高高等教育质量工作会上，教育部、财政部联合颁发了《关于实施高等学校创新能力提升计划的意见》（以下简称"2011 计划"），明确提出要积极推动协同创新，探索建立校校协同、校所协同、校企（行）协同、校地（区域）协同、国际合作协同等新模式。"2011 计划"是从科技创新的角度提出的，是针对当前我国高校传统封闭的、孤立的创新模式而提出的科技体制改革举措，旨在突破高校内外部机制体制壁垒、释放人才、资源等创新要素活力。在此计划推动下，很多高校与科研机构、企业开

① 本文由北京联合大学应用文理学院朱科蓉、王彤编写。

展深度合作，建立协同创新战略联盟。教育部于 2013 年 4 月公布了首批 2012 年度的 14 个 "2011 协同创新中心"。同样，将 "协同" 理念引入高校人才培养，也有助于打破高校自我封闭、互相隔离的壁垒。这种封闭与隔离既存在于高校与社会之间，也存在于高校内部各学科专业之间。

2. 真实社会问题的解决需要跨学科多专业的合作

高校的人才培养有自己的学科专业体系，但真实社会问题的解决往往需要跨学科多专业的协同。这就要求高校在人才培养过程中，不仅要让学生掌握多学科的理论知识，而且要让不同学科专业的学生共同参与到实践中，在实践中既提高学生各自的专业应用能力，又培养学生从不同的专业视角来看待问题和解决问题的能力，提升协作能力和团队精神，为学生就业后迅速融入真实的工作环境奠定基础。作为地方本科高校，其主要任务是为地方社会经济发展提供人才和成果支持。因此，如何解决高校自我封闭的人才培养模式与服务社会、解决地方问题之间的差距，成为当前我国地方本科高校重点思考的问题。我们曾提倡产学合作教育，即高校与相关行业企业合作，共同培养人才，同时服务行业企业。但目前实施的产学合作教育，强调的是高校与企业 "点对点式" 合作，即一个学科或一个专业与企业合作。这种模式已不能满足社会和高校发展的需要，产学各方间没有形成良性互动，不能较好地产生协同倍增效应，不能满足产学合作教育的长期深入开展，不利于学校复合应用型人才的培养，因此迫切需要创建一种能够有效对接高校学科专业群与区域产业集群的新的产学合作教育模式。

3. 高校各学科专业自成体系的人才培养模式需要新的改革思路

高校每个专业都有严格的自成体系的培养方案，学生只能通过相关的选修课程才能接触到其他学科的理论知识，但对于其他学科专业在实践中如何应用知识却无从体验。目前，国内复合型人才的培养，更多的是聚集在理论教学环节和知识层面的复合，而在实践动手环节，在解决实际问题的过程中，对于一个学生能否掌握不同学科专业的应用能力，或不同学科专业学生能否发挥各自的专业应用能力来共同解决问题，则考虑甚少。正基于此，我们提出了跨学科多专业协同实践教学的改革思路，即各专业在构建单专业、系统性、模块化、递进式纵向实践教学体系的基础上，还要进一步构建跨学科、多专业、集成化、融合式横向实践教学体系。单专业纵向实践教学体系主要培养学生掌握本专业基本技能和应用能力，主要通过第一课堂来实施，如课程实践、集中实践、综合实践等。跨学科多专业横向实践教学体系则主要培养不同学科专业学生发挥各自专业应用能力来共同解决实际问题的能力，既要通过第一课堂来实施，更要通过第二课堂来实施。

（二）跨学科多专业协同实践教学的探索

从 20 世纪 80 年代始，北京联合大学就提出了应用型办学道路，特别注重培养学生的实践能力。多次通过人才培养方案修订，不断完善实践教学体系，各专业基本形成了从基础到专业、再到综合的系统性、模块化、递进式纵向实践教学体系。为了将学科专业群与产业集群对接，同时也为了培养不同学科专业学生共同解决真实问题的能力，北京联合大学从 2009 年开始在部分文科和理科专业中探索跨学科多专业协同实践教学的改革思路。

1. 在人才培养方案中开设"人文北京建设综合实践课程"

北京联合大学在修订 2011 版人才培养方案时，在部分文科和理科专业中开设了"人文北京建设综合实践课程"，该课程安排在第 4 学期的暑期集中实践周，学分为 3 学分，历时 3 周。要求每个专业围绕"人文北京"建设中的真实问题，牵头一个真实项目，除了本专业部分学生参与这个项目外，还要吸收其他专业学生来参与。例如，近期以北京市海淀区"三山五园"文化园区项目为依托，北京联合大学历史学、新闻学、档案学、法学、英语等人文社科类学科专业，以及地理信息系统、人文地理与城乡规划、信息与通信工程、计算机科学与技术等理工科类学科专业，既从各自的专业角度开展实践教学，又以任务为导向，团结协作。与国内高职院校开展的多专业综合实践教学，以及本科层次经管类院校实施的跨专业仿真综合实习相比，北京联合大学开发的"人文北京建设综合实践课程"具有两个特点：一是实现了多个学科、多个专业协同开展实践教学，高职院校和经管类院校主要是在一个专业大类或一个学科门类各专业之间实行综合实践教学；二是以真实项目为依托，经管类院校的跨专业综合实习是建立在教学软件基础上的仿真实践，学生无法接触到真实的社会问题。

2. 跨学科多专业协同毕业设计（论文）

毕业设计（论文）是学生综合运用所学专业知识去分析问题、解决问题的重要环节。但国内高校本科生毕业设计（论文）的质量使其陷入"鸡肋"的尴尬处境。为了改变这种状况，国内有的高校已经开始在毕业论文环节进行改革，并提出了多专业协同毕业设计的改革思路。"广东工业大学材料与能源学院分别组织工业设计、材料成型及控制工程、金属材料、高分子材料、信息与控制工程、机械制造及其自动化、计算机应用技术等专业的部分教师联合指导毕业设计的探索性实践，取得了较好的教学效果。"辽宁工程技术大学在建筑学、建筑工程、给水排水工程、建筑环境与设备工程、建筑电气工程等专业的应届毕业生中挑选了 13 名学生，要求学生模拟建筑设计院的设计，将各个专业学生的毕业设计汇总在一起组成一套完整的"辽宁工程技术大学综合教学实验楼"施工图设计，要求争取达到指导施工的水平。这些学校实现了同一学科多个相关专业之间协同开展毕业设计，但没有实现跨学科的多专业协同毕业设计。北京联合大学自 2010 年起开始借鉴台湾技职院校实务专题的做法，在专升本专业中用实务专题代替毕业论文。起初的实务专题主要由各专业单独实施，目前正在探索不同学科的不同专业共同实施实务专题。例如，档案学和新闻学专业的学生共同研究新闻系档案管理中存在的问题，并进行规范管理。

3. 跨学科多专业协同开展学生自主创新实验项目

北京联合大学依托国家级实验教学示范中心，每年面向全校开展学生自主创新实验项目立项工作。学生自主创新实验项目完全由学生自主设计、自主完成和自主管理，而且要求一个项目由不同学科专业的学生共同完成。例如，"胜芳历史文化资源旅游开发"这个创新性实验项目，就组织了历史学、新闻学、档案学、广告学、英语、资源环境与城乡规划管理等多个学科专业学生共同完成，分别负责历史文化资源挖掘、旅游景点规划设计、营销策划、宣传报道等工作，项目成果包括调研报告、宣传手册等。又如，"中小学普法漫画设计"项目，则是由法学、广告学专业学生共同完成的，其中法学专业学生负责提供普法宣传内容，广告学专业负责漫画设计。通过这种跨学科多专业协同的学生自主创新实验项目，极大地提高了学生的自主创新能力和团结协作精神。

4. 跨学科多专业协同参与学科竞赛

"学科竞赛是面向大学生开展的课外科技活动，是培养学生创新精神和实践能力的有效载体，是激发潜能和创造力的最好手段，对培养和提高学生的创新思维、创新能力、团队合作精神、解决实际问题和实践动手能力具有非常重要的作用。"传统的学科竞赛都是各专业单个学生或自行组队参与，北京联合大学在开展学科竞赛的过程中，注重学生协同创新能力的培养，鼓励不同专业学生深度合作。例如，在文科计算机竞赛中，由历史学专业学生刘佳月、广告学专业学生毕龙君、汉语言文学专业学生赵嘉明共同完成的《文物中的鸟》作品，获得了第四届大学生（文科）计算机设计大赛全国二等奖。这次大赛获奖的一个重要原因就是作品很有创意，历史学专业学生对作品的内容很熟悉，对文物中的鸟进行过系统研究；广告学专业学生主要从设计的角度，对作品的整体表现形式进行了创新；汉语言文学专业的学生则在作品内容的具体表现形式上进行创新，以诗歌的形式来呈现关于文物中的鸟的相关文字资料。三个专业学生的思想火花碰撞在一起，真正实现了协同创新。又如，人文知识竞赛，学校也是以小组团队的形式来组织比赛，鼓励不同专业学生组队，这样可从专业知识上进行扩展和互补，形成创新合力。2011年，由汉语言文学专业、新闻学专业、历史学专业和特殊教育专业组成的参赛团队，获得北京市大学生人文知识竞赛三等奖。

5. 跨学科多专业创新实验班

为给学有余力的学生创造文理融通的学习空间和形成自主学习的氛围，北京联合大学进一步探索开展跨学科多专业创新实验班改革。该实验班的招生对象为优秀的一年级本科生，不分学科专业。实验班的学生培养主要通过课程教学与项目实践结合的方式。其中，项目实践要求不同学科专业学生以团队的形式参与各种实践项目，具体包括挑战杯全国大学生课外学术科技作品竞赛和创业计划大赛、学校举办的各种学科竞赛、本科生科研项目、教师的科研项目等。学校将给每个团队配备专门指导教师，并资助一定的项目经费。不同学科专业的学生通过进入实验班，并参加不同形式的项目实践，可进一步增强不同学科专业学生之间的融合。

（三）跨学科多专业协同实践教学的保障机制

跨学科多专业协同实践教学的实施需要多方面的保障机制，要有一个平台，能对跨学科多专业协同实践教学活动进行设计、组织和协调；要有一个教师团队，这个团队包含不同学科专业而且愿意为这种突破自身专业界限的实践教学活动付出时间和精力的教师；要有一批真实的实践项目，能够让不同学科专业的学生真正参与真实社会问题的解决；要有一套完善的考核评价体系，能对教师和学生参与这种实践教学起到很好的激励和科学的评价作用。

1. 要有一个平台

传统的实践教学都是各专业自成体系、自行开展的，不需要与其他学科专业的教师和学生进行协作配合，实践教学的实施流程也比较固定和成熟。但跨学科多专业协同开展实践教学活动则是一个新鲜事物，需要进行专门的设计和筹划，在组织实施过程中还要进行不断的协调。这就需要一个平台，或者说一个专门的机构来负责这些工作。北京联合大学的跨学科多专业协同实践教学主要是依托国家级实验教学示范中心来开展的。该中心不仅为学生开展实践教学提供了实验场所和环境设备，更对跨学科多专业协同实践教学活动进行设计、组织和协调。中心要协同各学科专业教师设计开发出适合不同学科专业学生共同参与的实践项目，并根据项目的需要，组织不同学科专业的教师和学生来参与，在实施过程中加强协调和沟通。

2. 要有一个教师团队

虽然跨学科多专业实践教学活动由国家级实验教学示范中心来进行设计、组织和协调，但实践教学的具体指导和实施工作仍然由各学科专业的教师来完成。因此，调动各学科专业教师的积极性，组建一支热心改革、认真负责的教师团队至关重要。多数教师习惯了从事本学科专业内的实践指导工作，而与其他学科专业教师一起来指导不同学科专业的学生实践则缺乏经验。由于对项目流程、学生状况都不熟悉，这就需要指导跨学科多专业实践教学的教师付出更多的努力，加强钻研，不断提高组织指导能力。

3. 要有真实可行的实践项目

跨学科多专业实践教学是以真实的实践项目为载体的。只有让学生参与解决真实的社会问题，而不是一些虚拟的问题，才能真正提高学生的实践能力。因此，能否有一批真实可行的实践项目，是跨学科多专业实践教学实施的难点。我们可以从产学研合作项目、教师的科研项目中分解出一些子项目，作为学生的实践教学项目，但还需要进一步进行设计和分工。

4. 要有合理的考核评价机制

科学合理的考核评价机制是激励教师和学生参与这种实践教学的重要保障。如果考核评价机制不合理，教师可以奉献一两次指导工作，但很难保持其长久的自觉指导热情。因此，我们在工作量计算和项目经费资助方面，给予跨学科多专业实践教学项目一定的倾斜政策。学生的考核也很重要,因为学生来自不同的学科专业,又是以团队形式来参与这种教学活动,因此要将过程考核与任务完成情况考核相结合,教师考核与学生考核相结合,团队考核与个人考核相结合。

跨学科多专业协同实践教学是一种新模式,是对传统的单专业自成体系实践教学模式的创新与扩展,对打破高校内部各学科专业之间的隔离,促进各学科专业交叉融合具有重要意义,是培养不同学科专业学生发挥各自专业应用能力来共同解决实际问题能力的重要途径。作为一种新模式,还需要进一步探索与完善。

► **参考文献**

郭嘉仪 . 2011. 经管类跨专业综合实验教学管理机制的探索 [J]. 实验室研究与探索,(8):387-389.

蒋雄 . 2013 - 04 - 23. "2011 协同创新中心"认定结果公布 [N]. 中国纺织报,第 3 版.

廖毅娟,肖小婷,章争荣,等 . 2008. 多专业协同毕业设计的探索与实践 [J]. 广东工业大学学报(社会科学版),(7):183.

孟凡康,王显军,王珏 . 2010. 建筑工程类多专业协同本科毕业设计实践——建环篇 [J]. 土木建筑教育改革理论与实践,(12):215.

苗艳丽 . 2004. 关于充分发挥实验室效益,实现实验资源共享受的几点思考 [J]. 技术经济,(10):31-33.

沈小平 . 2010. 高职院校多专业融合综合实训模式研究 [J]. 金华职业技术学院学报,(5):1-4.

张宝秀,朱科蓉 . 2003. "文科综合"的内涵与文科综合实践课程体系建设 [J]. 实验技术与管理,(1):20.

朱科蓉,王彤 . 2012. 台湾技职院校实务专题的特点及其对大陆高职专升本教育的启示 [J]. 职业技术教育,(1):90-93.

基于学生创新精神和实践能力培养的
理工科大学文科综合实验教学改革与实践①

五

大连理工大学文科综合实验教学中心成立于 2009 年 3 月，是根据大连理工大学确定的建设国际知名的高水平研究型大学的目标定位，贯彻"大综合，建平台；依学科，促教改；强渗透，重实训"的实验教学理念，由人文与社会科学学部、管理与经济学部、建筑与艺术学院、外国语学院各自独立、分散的实验室整合发展而成的。中心为校级实验教学中心，依托于人文与社会科学学部。

大连理工大学文科综合实验教学中心于 2009 年荣获辽宁省实验教学示范中心后，同年 11 月又荣获国家级文科综合类实验教学示范中心（建设单位），经过 3 年的建设，2012 年 12 月，经教育部专家组评审，中心评估为优秀，成为由教育部挂牌命名的国家级实验教学示范中心，也是首批国家级文科综合实验教学示范中心。中心目前开设实验课程 59 门，实验项目 250 个，囊括了经、管、文、法、哲、艺术、外语等 16 个文科专业，每学年服务本校专业数 68 个、服务本校学生 11 905 人、实验人时总数 54 万人学时。经过 5 年的实验教学改革实践，逐步形成了"基于学生创新精神和实践能力培养的理工科大学文科综合实验教学改革与实践"的教学成果。

该教学成果主要围绕国家级教学示范中心的建设目标，按照创新型人才培养要求，改革理工科大学文科综合实验教学体系、教学内容、教学方法手段等，形成优质资源融合，教学科研结合，学校与社会联合培养人才的实验教学新模式，主要解决强化大学生实践能力、创新能力培养的问题，提升高等学校办学水平和教育质量。该教学成果获得 2012 年辽宁省优秀教学成果一等奖。

① 本文由大连理工大学文科综合实验教学中心洪晓楠、武文颖、唐建、任曙明、李延喜、张令荣、徐威编写，为大连理工大学 2012 年教育教学改革基金面上项目"依托我校文科实验教学中心的广播电视新闻实验教学改革与实践"（MS201263）的阶段性研究成果。

自 2009 年开始，大连理工大学加大实验资源整合力度，投入资金 1160 万元用于对八角楼的装修改造，全力打造一个创新明显、设备精良、手段先进、管理科学，体现学科新领域的跨学科、综合型、开放共享的现代化的文科综合实验教学中心。装修改造后的现代化文科综合实验教学大楼共 6 层，总面积 14 259 米²，全部用于文科实验和实训实践教学。

5 年来，大连理工大学累计投入 1055 万元用于购买设备。目前实验中心有仪器设备 3133 台套、仪器设备总值 2333 万元。实验中心仪器设备精良、数量充足，能够满足基础型、综合型、设计型和创新型实验需求，实验室为学生的创新型实验和课外科技活动免费开放。

目前，大连理工大学文科综合实验教学中心下设经济与管理、新闻与传播、艺术与设计、人文与法律四个分中心（图 5-1）。

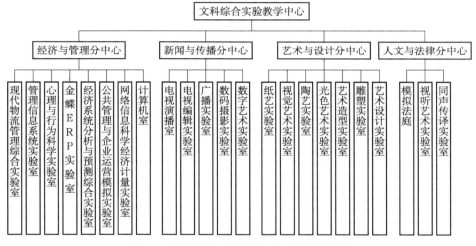

图 5-1　文科综合实验教学中心特色实验室

该中心具体包括现代物流管理综合实验室、管理信息系统实验室、心理与行为科学实验室、金蝶 ERP 实验室、经济系统分析与预测综合实验室、公共管理与企业运营模拟实验室，网络-信息-科学-经济计量实验室、计算机室，电视演播室、电视编辑实验室、广播实验室、数码摄影实验室、数字艺术实验室，纸艺实验室、视觉艺术实验室、陶艺实验室、光色艺术实验室、艺术造型实验室、雕塑实验室、艺术设计实验室，模拟法庭、视听艺术实验室、同声传译实验室等 23 个特色实验室。各实验室统一管理、统一制订发展规划，经费分配统筹兼顾，资源共享。

该中心已经发展成为面向信息管理与信息系统、物流管理、工商管理、国际经济与贸易（英语强化）、金融学（英语强化）、广播电视新闻学、公共事业管理、法学、艺术设计、雕塑、英语、日语、翻译等 16 个文科类专业，同时辐射全校所有理工科专业本科生提升人文艺术素养的校内实验教学平台。

依托文科综合实验教学中心这个载体，教学团队以大文科为背景，以创新精神和实践能力培养为核心，形成优质资源融合，教学科研结合，学校与社会联合培养人才的实验教学新模式，内容涵盖教育条件、课程体系、教育过程、资源整合共享、学生发展、教师发展、示范辐射等多方面，全面推进创新实践型精英人才教育培养的实施。在文科人才培养中确立了以学科群建设为基础，以现代科技与人文素质培养深度融合为特色，集知识、能力、素质为一体的"实验育人"创新实验教学理念，形成了适用于高水平研究型大学人才培养的创新与实践互动（innovation-practice-interaction，IPI）的人才培养模式，从根本上改变了"一张纸、一支笔、一杯茶"的传统人才培养模式，在国内外产生了较大的影响。

（一）教学成果基本内容

1. 立题意义

在科学技术迅猛发展的今天，多学科交叉融合、综合化的趋势日益明显，经济发展对高校人才培养提出学科复合交叉的要求，对具有创新精神的复合应用型人才需求也在不断提高。党的十七大以后，中共中央提出建设创新型国家，使得创新型人才的培养变得尤为紧要。这部分人才要求在动手能力、实践能力、创新能力等方面有更高的标准，而实验、实训、实践则是创新型人才培养的关键环节。

2. 指导思想

《高等教育法》第五条规定：高等教育的任务是培养具有创新精神和创新能力的高级专门人才。第三次全国教育工作会议精神和中共中央国务院指出要"深化教育改革全面推进素质教育，以培养学生创新精神与实践能力"。《国家中长期教育改革和发展规划纲要（2010—2020 年)》明确提出优化学科专业、类型、层次结构，促进多学科交叉和融合，着力提高学生学习能力、实践能力和创新能力。为深入贯彻落实《教育部关于全面提高高等教育质量的若干意见》（教高〔2012〕4 号）和《教育部等部门关于进一步加强高校实践育人的若干意见》（教思政〔2012〕1 号）文件精神，根据大连理工大学确定的建设国际知名的高水平研究型大学的目标定位，大连理工大学文科综合实验教学中心将"坚持和落实科学发展观，以学生为本，以创新人才培养为核心，实施开放式实验教学，促进学生知识、能力、思维和素质的全面协调发展"作为实验教学改革的指导思想。

3. 教学成果主要研究和实践内容

1）构建创新型文科综合实验实践教学体系

大连理工大学文科综合实验教学中心于 2008 年 10 月成立文科综合实验教学中心建设与管理协调工作组，经过国内外高校同行调研、社会调研和行业调研后，建设专家组的专家们就提出了要按照大文科、大综合的思路进行深层次的整合，按照厚基础、宽口径、强适应的要求，以强化学生实践能力为重点，中心对相近实验室进行整合，撤并"小而全"的实验室，合并整合成 23 个特色实验室，建立了目标清晰、载体明确、考核科学的实验教学体系（图 5-2）。

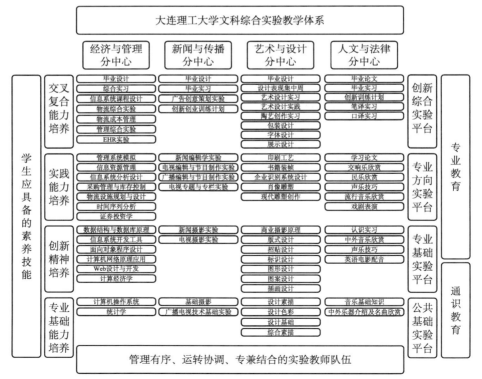

图 5-2　大连理工大学文科综合实验教学新体系

同时，中心教学团队结合人文社科相关专业人才的社会需求，深入探讨文科专业人才能力结构中专业基础技能、创新精神、实践能力、交叉复合能力等目标层次要求，基于 2009 年大连理工大学本科培养计划修订的契机，重新构建了重在培养学生创新精神和实践能力的理工科大学文科各专业实验实践教学内容新体系。

文科综合实验教学新体系将本科培养计划中的实验课程、实习实践内容放在"公共基础实验平台-专业基础实验平台-专业方向实验平台-综合创新实验平台"四个实验平台中。四大实验平台以经、管、文、法、哲等多学科为依托，加强文、理、工等学科交融互补，构筑模拟化、仿真化、实训化实验教学环境，打造精品实验、特色实验，以学生创新精神和实践能力培养为核心，加强创新性实验训练，从而真正将"人才服务社会"的观念落到实处。

2）建设系统性、模块化、递进式纵向实验教学课程

自 2009 年始，随着文科综合实验教学中心建设的逐步深入，每年调整本科培养计划时，各个专业也开始增加实验课程和实验教学环节的数量和学时数，中心教学团队基于"以应用能力与素质培养为主线，模块化任务为教学单元，三年递进式分步实施"的系统化集成式课程设计思路，将原来分散在单科课程中的实习实践按照能力培养要求系统集成，设计成模块化的实验教学课程，由相互关联、环环相扣、逐步升级的多个模块构成，将三年中专业基础课和专业课的学习，分阶段实现理论与实践相结合，这样就使得创新精神与实践能力培养层层递进，主线清晰连贯（图 5-3～图 5-6）。

例如，根据这种专业纵向综合实践教学课程建设思想，在对广播电视新闻专业的本科培养计划的修订中，增加了一门"跨媒体实验课"，这门课跨度为 3 个学期，设计成模块化的实验教学课程，充分发挥学生的主体作用，由学生自主选择实验项目，自己设计实验选题，实现按需灵活选择与优化组合，进行具有研发性、创新性的实验活动，并以完成多样化作品的形式进行考核，有利于培养学生的创新精神和实践应用能力。

3）建设跨专业、集成化、融合式横向综合实训课程

中心教学团队综合考虑专业之间的交叉性，构建了多专业交叉融合的文科综合实训实践内容体系。搭建多学科交叉融合的实训实践平台，组建多学科、多专业同学交叉组合的项目团队，探索基于任务驱动、项目驱动的实训实践内容体系的构建，实现文科、理工科类多专业交叉融合，创新文科综合实训实践内容体系，培养学生的综合实践能力和创新能力。

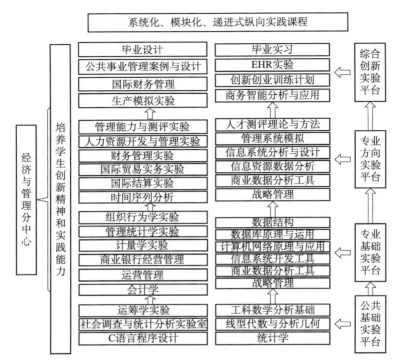

图 5-3　经济与管理分中心递进式纵向实验教学课程

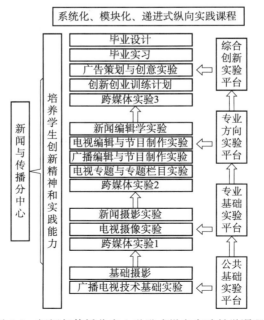

图 5-4　新闻与传播分中心递进式纵向实验教学课程

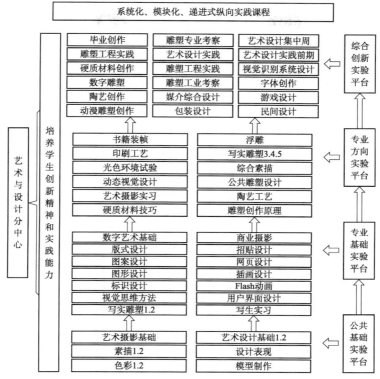

图 5-5　艺术与设计分中心递进式纵向实验教学课程

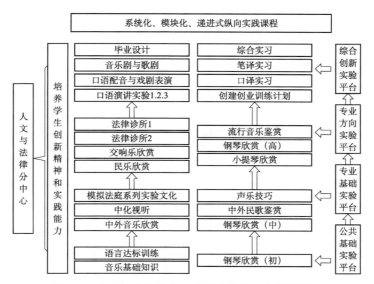

图 5-6　人文与法律分中心递进式纵向实验教学课程

例如，中心的传媒与影视艺术创新实践班，择优招收全校一年级有兴趣参加的学生，中心组织的综合集成实训教学项目——校园原创剧综合集成项目，以广电专业学生为主要创作力量，吸纳了全校包括化工、机械、艺术设计等众多专业学生的共同参与，学生先后拍摄的《普通邂逅》《窗外电影》《最后的冠军》《雷子》《缘来如此》等电影在大连23所高校巡演，被媒体连续追踪报道，好评连连。目前，中心建设的综合集成实训课程教学项目有校园原创剧综合集成项目、广告设计与创意综合集成项目、物流综合集成项目、多元文化艺术教育综合集成项目、非物质化遗产数字化综合集成项目等（图5-7）。这类横向综合实训课程的实施，有利于文理科学生跨专业知识和能力的融通，以及团队精神与协作能力及创新和实践能力的培养（图5-8）。

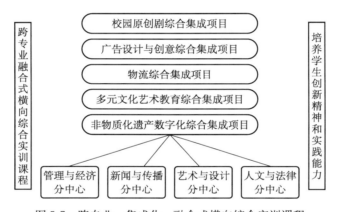

图 5-7　跨专业、集成化、融合式横向综合实训课程

图 5-8　四部校园原创电影宣传海报

4）加强网络化和信息化建设，构建基于网络环境的信息交互平台

中心网站（http://wklab.dlut.edu.cn）集信息平台、管理平台、服务平

台等多种功能于一体。网站上有数字化实验学习资源，供学生自主学习使用。同时，中心建有文科综合实验教学中心网上选课系统和开放实验室查询系统（http：//wklab. dlut. edu. cn/sylogin. html），建成网络化实验教学和实验室管理信息平台（图 5-9、图 5-10）。

图 5-9　大连理工大学文科综合实验教学中心网站

图 5-10　大连理工大学实验信息管理平台

利用开放实验室查询系统，可以方便地查询实验中心设备分布情况、实验室使用情况，学生和教师能更好地安排实验教学内容。中心设有专人负责网站的维护、网上数据发布、处理实验预约、实验室使用申请等工作，做到中心信息及时上网、网上信息及时处理。

物流管理专业在分析国内外相关教学软件的基础上，根据当前高校生产管理教学实际需求，研发了交互式体验学习的生产物流管理综合实践教学平台。该实验系统以生产计划与控制为核心，能够模拟机车、机床、柴油机等不同类型企业生产全过程，根据不同行业生产数据库要求，实现业务流程可配置，从而体现不同类型生产管理的差异和特征；系统集成了实际生产管理中的物料需求、计划分解、工序计划、库存收发料、班组派工、设备管理等内容，营造一个仿真的企业生产环境，学生通过扮演企业内部计划调度员、计划员、工艺员、生产班组长等不同业务角色，虚拟参与各部门协同工作，处理日常各类业务内容和熟悉工作流程；同时考虑到实际教学需求，系统还提供多种辅助教学资源和学习测试功能，能够对学生的操作过程进行记录，用来检测学生是否真正参与到系统实践中去，并对学生的实践成果进行评价（图 5-11）。

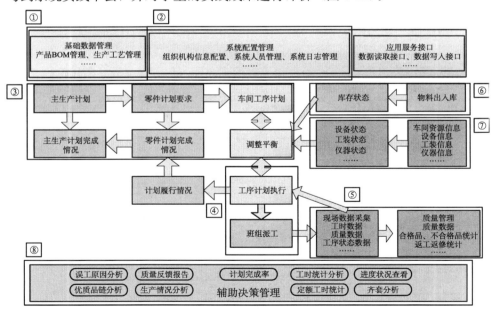

图 5-11　教学系统平台的八大子系统功能架构

①基础数据管理；②系统配置管理；③计划管理；④现场作业管理；

⑤质量管理；⑥库存管理；⑦辅助决策管理系统；⑧设备管理

艺术与设计分中心教学团队借助网站平台，率先在国内创建了"设计小站"等产学研教学成果共享平台，实现信息技术与艺术设计教学的深层次融合，面向全国各高校乃至国外院校中艺术设计专业的教师和广大学生，从开课信息、教学过程、设计成果等层面提供与产学研教学活动相关的信息资源服务，把产学研的优势转化成实实在在的教学效果。为了国内外师生之间全天候的立体化网络交流与互动，艺术设计课教学团队使用 Skype 等网络实时通信软件，通过远距离可视化教学、视频设计讲评、现场教学录像等多种类媒体的教学与交流方式，率先实现了网络信息化技术与设计课程国际化开放资源的深层次融合，并申请注册了教学官方博客、微博和专属 QQ 群，第一时间将教学动态和成果对外公开发表。中外学生通过网络平台关注教学、发表见解、学生互评、师生互动等环节，有效地构建了工作坊教学体系的资源共享平台。

5) 改革实验教学方法，探索多元化的实验教学手段

（1）模拟仿真实验教学。本着培养拥有高度实践能力和全面发展的应用经济学人才的理念，外贸和金融两个专业的教学团队积极建设了经济系统分析与预测综合实验室，创建了贴近实际的模拟、虚拟、仿真实验环境，为学生提供了良好的实践动手环节。经济系统分析与预测综合实验室购买了由对外经贸大学和世格软件联合开发的 Sim Trade 外贸实习平台、外贸单证教学系统、外贸单证教学系统、世格考试系统。这些全方位、多元化的外贸教学模拟系统模拟了B2B 电子商务中心，归纳了整个外贸行业流程与惯例，在互联网上建立了几近真实的国际贸易虚拟环境，直接切入当事人所面对的工作，让学生亲身体验国际贸易的风险和乐趣。此外，还购买了由国泰安公司开发的全球综合金融信息分析系统、国泰安虚拟交易所和商业银行综合业务教学系统。其中，全球综合金融信息分析系统以目前国内最快的行情刷新速度接入上证交易所高速 Level Ⅱ数据，以及全球 60 多个国家和地区的股票、债券、期货、外汇、金融衍生品等上万种金融产品的实时或延时行情，使学生可以快捷地获取精确、详细、全面、深入的市场数据和信息，从而进行实时模拟交易。

（2）体验式实验教学。该方法强调在具体、仿真的学习情境中通过体验来学习知识，使学生在有限的时间内获取最大的收获。这种体验式教学方法通过营造一个仿真的企业环境，模拟企业实际运行状况，让学生足不出校就可以了解从企业接收订单到产品完工一系列生产环节的全过程，调动学生学习的积极性和主动性，拓宽学生实践渠道。

物流管理专业研发的生产物流管理综合实践教学平台，通过预置制造企业

标准业务流程，学生以业务流程为驱动实现生产过程的模拟。通过实验教学软件让学生模拟企业的实际操作过程，加深理论知识与企业车间现场生产过程的对应与结合，帮助学生体验企业经营、技术、物资、生产等各管理环节，理解企业的各项管理职能、过程和活动，使学生得到全面系统、富有深度的企业生产计划与过程控制方面的实务训练。这种面向工程的拓展实践使学生在学校提前熟悉和接触企业生产管理系统，为学生的未来就业增加了竞争的筹码。

（3）引导式实验教学。经济与管理分中心的情景模拟加体验教学、新闻与传播分中心的实战演练加影像展播、艺术与设计分中心的设计演练加成果展示、人文与法律分中心的案例教学加浸入式教学等教学手段的运用，都是强调以学生为中心，学生在教师指引和组织下进行有目的、有任务的学习，提高学生学习兴趣。

中心陶艺实验教学中首次应用并实践了"结合工艺技术特征的主题式创作引导、结合不同材料特征的命题式创作引导、结合不同专业特征的选题式创作引导以及成果展示"等多元教学手段，充分发挥陶艺由自然科学和社会科学多学科交叉组成的特征优势，以及材料创新、观念创新、技术创新、形式创新等多元创新优势（图 5-12）。

图 5-12　陶艺课的系列《通知》海报

（4）工作坊教学方式。艺术与设计分中心教学团队结合城市、社会、环境问题进行科学选题与实际调研分析，根据研究成果进行概念设计与实体建构，强化团队协作与多元互动，注重设计体验与成果展示。形成了国际化背景下"多元选题、调研分析、概念设计、团队合作、实体建构、成果展示"六个阶段全新的设计课程教学模式，注重培养学生社会调查与分析、团队协作与交流、动手操作与创新思维的综合能力。

艺术与设计分中心实验教学实施过程中注重以工作坊教学为主，形成了社会调研、主题讨论、专题讲座、师生对话、公开讲评、网络课堂、设计沙龙、兴趣阅读等全方位的教学方式。在各个环节都注重聘请校外专家、业主等参与互动交流。各教学阶段环环相扣、循序渐进，教学内涵丰富，特色鲜明，与主干课程和相关课程有机衔接，系统完善，可操作性强（图5-13）。

图5-13　中澳工作坊系列教学活动

6）"学研结合"的本科生创新能力培养，把科研成果带入实验课堂

统筹相关教学科研实验室资源，促进教学科研互动，实现科研成果向实验教学内容的有效转化，使学生了解科技最新发展和学术前沿动态，激发科研兴趣，启迪科研思维，掌握科研方法，培养科研道德，提升科学研究和科技创新的能力。

将教师承担的科研与工程项目转化到本科实验教学内容中，引导学生进行研究性学习、自主性学习和合作性学习。学生通过这些实验项目把掌握的理论知识融会贯通地运用到实际中，在实践中变"死学"为"活学"，激发了学生的求知欲望，增强了学生学习的兴趣和动力。同时，鼓励学生积极参与大学生创新性实验计划项目，激发学生的科研兴趣，提高学生的科研能力及创新能力。同时，中心教学团队还设立了从本科生中选拔优秀学生参与教师科研团队的科研工作，并定期组织学术沙龙鼓励和培养他们的科研创新能力。

中心依托大连理工大学的国家重点学科——管理科学与工程，将科研成果转化为实验课程，成立了网络-信息-科学-经济计量实验室，开设了科学计量分析系列实验。大连理工大学长江学者讲座教授陈超美开发了 Citespace 软件，让学生学习知识图谱的绘制和解读，追踪国际学术前沿热点，提高他们的学术研究能力（图 5-14）。

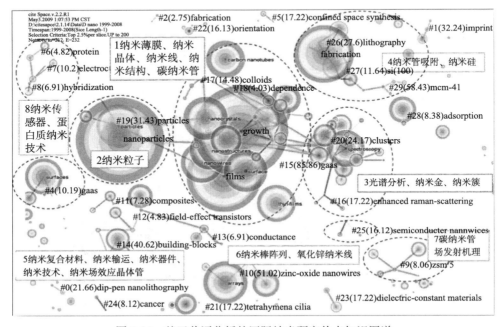

图 5-14　基于共词分析的国际纳米研究热点知识图谱

7）构建产学研平台，开展实习基地建设，实现校企互动

做好校企联合、产学结合是培养创新实践型人才的必然需要。中心教学团队积极探索高校与社会协同培养人才的新机制，校企联合培养创新型人才新模式，突出专业能力培养的区域特色，促进专业实验与科学研究、工程训练、社会应用相结合。2011 年 11 月，中心先后与新华社、北大方正、中央人民广播电台、辽宁人民广播电台、辽宁电视台、大连广播电台、大连电视台、大连商品交易所、大连银行、经易期货经纪公司、广发证券公司、淄博鑫能能源集团、大连海华资产评估有限公司、中准会计师事务所有限公司、辽宁成大股份有限公司、大连市证券期货协会、宏源证券有限公司、渤海期货有限公司等多家知名企业建立长期合作关系，为学生提供实习机会，让学生们尽早适应社会。

艺术与设计分中心教学团队先后与国内多家生产企业、科研机构及设计公司合作建立了实践教学基地，又先后与日本（2007～2013 年）、韩国（2009 年、2010 年）、澳大利亚（2011 年、2012 年）、美国（2013 年）等国家的高校或国

际知名企业进行了联合办学及设计工作坊（WORKSHOP）等教学活动。建立
了以"对用户与市场需求调查分析，概念设计与原型创新结合，国际化教学团
队与企业研发部门协作，成果展示与国际交流同步"为核心的国际化产学研模
式，解决了设计专业教育所面临的教学方法陈旧、国际先进理念缺失、选题内
容空泛、师资队伍单一、理论与实践脱节等主要矛盾与问题（图 5-15）。

图 5-15　中韩设计工作坊（WORKSHOP）教学活动

8）通过各级各类竞赛项目，培养学生的协同创新能力和创新应用能力

为增强学生课外实践能力，培养学生的协同创新能力和创新应用能力，中
心积极举办各类案例大赛、新闻采写与影像展演、版面设计大赛、模拟法庭竞
赛、PAD 互动版面创意大赛，并鼓励学生参与全国"挑战杯"大赛、"攀登杯"
科技竞赛、高等数学竞赛、战略模拟大赛、证券仿真炒股大赛、全国大学生广
告设计大赛、演讲大赛、语言文字基本功大赛、辩论大赛、英语竞赛、数学建
模竞赛、艺术展演、景观设计比赛等活动。2009 年以来学生参加各类竞赛 111
次，其中省级以上竞赛 90 次，获得各类奖励 582 项，取得了优异的成绩。

例如，由管理、经济、机械、土木、人文、外语等 11 个院系的 24 名学生所
组成的大连理工大学赛扶团队（DUTSIFE），从专业知识上进行扩展和互补，
形成创新合力，获得了 2010 年赛扶国际大学生创新公益大赛全国一等奖，并荣
获优秀团队奖。

同时，中心鼓励教师指导大学生创新实践项目，与学生合作撰写高质量的
学术论文。2009～2013 年，教师指导学生发表论文共计 56 篇，其中 CSSCI 论

文达到 14 篇。

9）通过"引进来，走出去"打造一支创新能力强的国际化高水平的师资队伍

在教师培养过程中，通过实施"引进来、走出去"战略提高教师团队的综合素质。

实施"引进来"战略。例如，艺术与设计分中心通过启动青年教师国际化培养机制，引进了 7 名海外留学并取得硕士与博士学位的青年教师。"引进来"还包括建设与各专业业内人士的交流平台，举行专业人士与教师的交流研讨，同时邀请经验丰富的企业管理者、资深媒体人、优秀设计师、律师、音乐家为学生开设讲座、课程和音乐演出，促进业界与教师队伍的交流和沟通，增强教师对实际情况的了解。

经济与管理分中心教学团队积极贯彻"名企领导请进来"政策，并为之建立相关制度章程，建设一支业务精良、技术过硬、结构合理和相对稳定的外聘教师队伍。很多知名企业的高级管理人员和业务骨干来中心讲解业务知识、交流与分享从业心得与经验，培养了学生的实践操作能力，使学生零距离地贴近企业来真实感受和体验外贸金融工作流程。

实施"走出去"战略。通过支持教师出国进修、参加国内培训、企业挂职或社会调研等方式，实施"优秀教师走出去"战略，拓宽教师国际化视野，提高教师的专业水平和授课质量，以及创新精神和实践能力，为培养国际化人才提供基础。同时，建立了教师出国参加设计工作坊（WORKSHOP）教学活动的机制，保证了师资队伍的国际化水准，有效地提升了师资队伍的教学水平。

（二）教学成果应用情况

经过多年的实验教学改革实践，大连理工大学文科综合实验教学中心在实验教学体系、实验课程、实验教学内容、学生自主实验、创新性实验教学、实验室建设和管理等方面取得显著成效，逐步形成了"基于学生创新精神和实践能力培养的理工科大学文科综合实验教学改革与实践"的教学成果。

1. 成果应用范围、应用程度

1）推进了本校文科专业的实验教学改革和建设，面向全校本科学生，不仅文科生受益，理工科生也受益

大连理工大学文科综合实验教学中心面向两个学部、两个学院 16 个文科专

业、5个辅修专业、6个双学位的文科专业，以及全校55个理工科专业学生开放，实验课程已开设59门，实验项目250项，实验学生数每年达54万人学时，充分满足了本校文科专业的实验教学需要，极大地提高了学生的创新精神和实践能力。

中心为理工科学生开出了21门文化素质类课程（含实验），学生通过跨专业选修、文化素质课选修、小学期开放实验选修，实现个性化学习需求，学生人数每年计11 905人，为提升理工科学生的人文底蕴和综合素质做出了贡献。

2）促进了学校本科人才培养质量的提高，学生的实验素质和综合创新能力得到明显提高，教学效果获得学生广泛好评

教学成果的实施，优化了学生的知识结构，提高了学生的专业能力和综合素质。实验教学中心专业覆盖面广，实验开出率高，教学效果好，学生实验兴趣浓厚，对实验教学评价总体优良。2009～2013年，中心学生参加的大学生创新实验共计581项；参加国际、国家级、省市级等各类竞赛764人次，获各类各级奖项582项，荣获国家专利10项，其中国际奖项31项，国家奖项219项。例如，中心学生荣获2010年赛扶国际大学生创新公益大赛一等奖6项；2010～2013年国际大学生数学建模竞赛一等奖11项；2011年国际大学生雪雕比赛一等奖1项；2012年全国大学生语言文字基本功大赛一等奖3项；公开发表论文56篇，其中发表CSSCI论文达到14篇。来自后续专业课任课教师、学校教学质量评价系统、不同院系的，以及研究生培养部门或用人单位的反馈意见表明，在中心实施的实践教学对学生综合能力的培养起到了重要作用。

2. 实施效果

1）服务地方经济文化建设，在实践中提高了学生的创新精神和实践能力

经济与管理分中心的师生利用自身所长，将实验中学到的物流、电子商务等知识和技术应用于社会合作项目。中心教师与学生参与政府、企事业课题项目共计137项，其中参与的葫芦岛市小虹螺山风景区旅游规划、国际物流仓储仿真系统模型及算法开发等应用性成果被政府、企事业单位采纳。

艺术与设计分中心的师生发挥自身艺术专长的优势，将设计类实验教学成果服务于地方，与大连金世家青铜艺术有限公司合作10年，一起开发合作雕塑成型项目。2011年，艺术专业师生协助加工完成重庆杨关公烈士陵园雕塑创作工作。2012年，艺术专业师生与大连圣象雕塑公司合作完成鄂尔多斯群马主题雕塑制作。2013年，艺术专业师生与大连顺盈装饰有限公司完成大连理工大学

刘长春体育馆主题雕塑制作。

新闻与传播分中心常年与新华网、北大方正、中央人民广播电台、辽宁人民广播电台、辽宁电视台、大连广播电台、大连电视台等保持良好合作关系，学生去实习实践，教师参与新闻及专题策划，每年师生公开发表新闻报道逾百篇/条。

从 2009 年至今，文科综合实验教学中心接受政府主管部门委托培训各级公务员 3196 人次，为社会行业服务培训人员 2360 人次。

2）教师积极探索实验教学改革的热情得到激发，精益求精打造理工特色的实验和实践课程，锻造了一支素质精良、教学水平高、研究能力强的教学创新团队

2009～2013 年，中心的专兼职人员，在学科建设、教学改革、科学研究和人才培养的过程中，不断开拓进取，在教学改革与科学研究中取得了丰硕成果。2009～2013 年，中心多次得到学校领导的表扬和学生的好评，1 人获省级教学名师。中心教师 5 年来共承担各类科研项目 519 项，其中，国家级项目 26 项，省部级项目 203 项；共承担了各级各类教学改革项目 214 项，其中省级教学改革项目 5 项。获得省级教学成果奖 9 项、校级教学成果奖 41 项，国家级精品课程 4 门、省级精品课程 4 门，国家级教学团队 1 个、省级教学团队 3 个；发表教学科研论文 547 篇，其中实验技术人员发表论文 117 篇，出版教材 19 部，自编实验教学讲义 30 本。

中心的发展，有力支撑了专业建设。建筑学专业通过了全国高等学校建筑学专业教育优秀评估，城市规划专业通过了全国高等学校城市规划专业教育评估。2012 年 12 月，经教育部专家评估优秀，成为由教育部挂牌命名的国家级实验教学示范中心，也是首批国家级文科综合实验教学示范中心，标志着基于学生创新精神和实践能力培养的文科综合实验教学改革与实践获得了成功。

3）立足辽宁，引领东北，辐射全国，面向世界

（1）接待领导来访。教育部高等教育司副司长刘桔、教育部高等教育司实验室处处长李平、财政部科教文司教育处处长林皎，光明日报社、高等教育出版社、中国教育报社、科学出版社、中国工程教育认证协会领导等先后视察中心，对中心形成的基于学生创新精神和实践能力培养的文科综合实验教学改革与实践成果给予了高度评价。

（2）承办、协办多个国际国内会议。2013 年 9 月 26～28 日，由高等学校实验教学示范中心文科综合组主办，由中心承办的全国第三届国家级文科综合类实验教学示范中心发展理论与实践研讨会在大连理工大学召开。共有 23 所高校

的 80 余名文科综合类、法学类、考古、心理、教育、文学类国家级实验教学示范中心、学校相关职能部门负责人和专家参会。国家级实验教学示范中心联席会秘书长王兴邦教授认为，通过全国第三届国家级文科综合实验教学示范中心发展与实践研讨，文综组成员进一步开拓了文科综合实验教学示范中心建设的思路，为国家级文科综合实验教学示范中心更好地承担示范责任和发挥辐射作用及未来的可持续发展打下了坚实的基础。中心还结合学科建设，承办国际会议 8 次（747 人次）、国内会议 23 次（1657 人次），自主组织竞赛活动 13 次（1321 人次），接受委托承办竞赛 5 次。

（3）示范辐射。文科综合实验教学中心建成并实施教学改革方案之后，很多大学主管实验室建设的领导和准备建设文科实验中心学校的相关同志，多次到中心学习指导。5 年来，中心共接待来访 667 人次。2009 年来，中心接待美国科罗拉多矿业学院（Colorado School of Mines）、北得克萨斯州大学（University of North Texas），英国布鲁内尔大学（Brunel University）、华威大学（University of Warwick），荷兰国家科技政策研究中心（Rathenau Institute），意大利米兰理工大学（Politecnicodi Milano），澳大利亚海天学者等数十所国外院校来访 198 人次，复旦大学、哈尔滨工业大学、四川大学、东北大学、天津师范大学、山西大学、福州大学、三峡大学、鲁迅美术学院、内蒙古师范大学、辽东学院、辽宁科技学院、景德镇陶瓷学院、宜兴工艺美术名人汤鸣皋一行、大连大学、大连民族学院等四十余所国内院校来访 469 人次。参观人员对中心的实验教学改革成果和先进的管理机制给予了高度评价。

此外，中心生产管理实践教学系统平台已于 2011 年 1 月起分别在大连理工大学物流管理专业与大连海洋大学工业工程专业的生产管理实践教学中得到应用，取得了良好的应用效果。

（4）国际影响。2010～2012 年，中心艺术设计师生连续 3 年作为中国院校的代表，参加了在日本举办的国际设计周——国际院校设计作品展和设计教育教学国际研讨会。受到了与会国际专家和学者们的高度评价。日本千叶大学副校长、设计系主任、日本设计学会委员渡边诚教授于 2013 年 6 月走访大连理工大学，与中心探讨了教学领域的深入合作，初步达成校际之间的学术交流协议。

2007 年起，先后与日本（2007～2013 年）、韩国（2009 年、2010 年）、澳大利亚（2011 年、2012 年）、美国（2013 年）等国家的高校或国际知名企业进行了联合办学及 WORKSHOP 设计工作坊等教学活动。同时，借助学校的国际交流平台，每年选派 5～7 名本科生赴国外著名高校进行联合培养。

2013 年，陶艺作品（师生合作）《朴素的细节》参加了第 4 届世界陶艺新秀大赛（世界陶艺杂志主编大会），并入围决赛。2013 年，陈健老师的陶艺作品《结晶》于德国柏林 THEIS 陶瓷博物馆展出一年。

4）新华网、《中国科学报》、《大连日报》等国内多家新闻媒体和相关刊物对大连理工大学教学成果进行了追踪报道，产生了广泛的社会影响

通过 5 年的建设，中心的建设成果已被新华网以"大连理工大学文科综合实验教学中心建设纪实"、《大连日报》以"文科生告别'光说不练'动手做实验'文武兼修'"、《中国科学报》以"精英教育：研究型大学的时代使命"为题进行报道，科学网、新浪微博、中国在线、春秋中文网、大学信息网、第一职教传媒、杨凌新闻、凤凰快博、大工新闻网等媒体转载，已经产生了广泛的影响。

中心的国际化产学研教学项目引起了国际设计期刊 *Carstyle*，以及日本电视台、互联网等媒体的关注和报道。

2011 年，陈健老师的陶艺装置作品《魔术剧场》参加了 2011 年大连当代艺术联名展——岚途驿栈海州街 15 号艺术空间，《大连日报》进行了半版的深度报道。

（三）教学成果特色

1. "大综合，建平台"—— 整合全校文科实验资源，经管文法哲等学科实验齐全，统一规划，统一管理，构建培养学生实践动手能力和创新思维的实验平台

中心是对大连理工大学文科专业实验教学资源有机整合和高效利用而建立的、覆盖大连理工大学文科专业的大文科类实验教学平台。中心以实验课程体系的四大课程群搭建了四个子实验平台：经济与管理、新闻与传播、艺术与设计及人文与法律。中心以此搭建开放共享的综合实验平台，开设特色实验项目，各平台之间也较好地体现了学科的融通整合。例如，校园原创高清电影实验吸引了来自广播电视新闻学、化工、机械、艺术设计、计算机等专业学生的积极参与，他们自编自导的校园原创高清电影《雷子》《最后的冠军》参加了大连市高校独立影像节的展演，反响热烈，体现了在跨专业大综合中把实验成果转化为文化产品的理念。

2. "依学科，促教改"——依托学校各学科优势，长期坚持教学与科研相结合，及时将科研成果转化为实验实践教学资源

大连理工大学管理科学与工程学科是国家一级重点学科、工商管理学科是

国家重点培育学科，这些学科不仅具有先进的实验设备，而且承担了大量的国家级科研课题和重大工程项目。中心鼓励教师将科研项目带进实验室，将科研成果转化为教学内容，从而拓展了课堂实验教学的内容，学生参与教师科研项目计137项，其中40项转化为实验项目，对学生扎实的实验技能的训练起到了促进作用。还有多个项目的应用性成果被政府、企事业单位采纳，受到社会各界的广泛好评。学生通过参与科研全过程，形成科学研究的理念、思维与方法，为日后成为各行各业领军人物打下了良好基础。

3. "强渗透，重实训"——做到文理渗透、中西融会、博专结合、学研一体和科学精神与人文精神相互渗透、交融互补，培养学生的综合能力

中心依托大连理工大学理工科优势学科及人才资源，在文科各专业协调发展的同时，打破学科壁垒，加强文、理、工等学科交融互补，理工科学生可以得到人文思维和人文精神训练，文科学生还可以得到科学思维、科学精神的训练，实现培养文理渗透、中西融会、博专结合、学研一体的科学精神与人文精神相互渗透、交融互补的知识、能力、素质协调发展，拥有实践技能、创新意识和能力的精英型人才的目标。

例如，中心光色艺术实验室就是建立在理工与人文学科的交叉平台上，是将建筑声学、光色技术运用到建筑、环境艺术设计领域的尝试，实现了建筑学、设计艺术学的优势互补。艺术造型实验室中，模型制作课程的开设建立在工业设计专业理工科招生与理工、人文学科交叉培养模式的基础上。

（四）成果创新

1. 成果理论创新——对文科综合的理论创新

文科综合，就是将不同的人文社科类学科专业组合在一起。从认识世界的历史过程来看，人类的知识体系越来越细化，相应地，知识的组织体系——学科也越来越细分，但世界是一个复杂的、多元的巨系统，需要人们多方位、多角度运用多个学科的知识来认识它，所以出现了学科不断综合、交叉的趋势。人文社会科学学者致力于研究复杂的人类文化和社会发展问题，各个学科的研究对象都是人类社会的一个侧面，彼此之间存在着千丝万缕的联系，无法截然分开，所以更需要进行综合性的研究和认识。高校在理论教学、实践教学以及

教学管理中，都可以将不同的人文社会科学专业组合在一起，即进行人文社会科学专业的综合或者集成。

文科综合，特别是跨学科门类的文科综合，都不应是各个文科学科专业的简单相加、拼凑，而应形成一个有机的整体，综合在一起的学科专业集合体应是一个内在联系紧密、资源充分共享、特色优势互补的学科专业群。文科综合应形成交叉学科优势，更有效地研究和解决复杂的人类文化及社会发展问题，更有针对性地培养具有创新精神和实践能力的复合型人才。

文科综合，不仅仅是文科学科专业的组织机构、实验室等资源的物理集合，更应该是从理论认识、思维方法的高度和角度看待"综合"，改变思想观念，提升认识水平，把综合体的各个组成部分作为一个整体加以考察，深化对各个学科、专业之间相互联系和关系的认识，形成一种新的整体性认识。文科综合的成果应该是深化了认识、变换了视角、提升了平台、丰富了资源、提高了质量、扩大了影响，从而起到很好的示范引领作用。

2. 成果实践创新—— 对文科综合的实践创新

与理工科实验室相比，文科类实验室建设时间较短，投入资金有限，建设标准不完善，建设模式不成熟。而作为 2009 年教育部评审出的 11 个文科综合类实验教学示范中心建设单位和 2012 年教育部评审挂牌的国家级实验教学示范中心，大连理工大学文科综合实验教学中心在培养学生创新精神与实践能力方面的许多改革和实践都具有示范性和先进性。

（1）按照创新型人才培养要求，改革理工科大学文科综合实验教学体系、教学内容、教学方法手段等，形成优质资源融合、教学科研结合、学校与社会联合培养人才的实验教学新模式，主要解决强化大学生实践能力、创新能力培养的问题，提升了高等学校办学水平和教育质量。

（2）形成了适用于高水平研究型大学人才培养的创新与实践互动的人才培养模式。

（3）按照大文科、大综合的思路，厚基础、宽口径、强适应的要求，中心按照"整合资源、流程再造、功能集约、资源优化、统一管理、开放充分、运行高效、特色鲜明"的理念对相近实验室进行整合，撤并建设和设置"小而全"的实验室，合并整合成 23 个特色实验室。

（4）现代化文科综合实验教学大楼配套设施完善，房间洁净明亮，教学环境优良。实验教学环境建设为学生创新精神和实践能力培养提供了环境保障。

（5）较早构建创新型文科综合实验教学体系。下设经济与管理、新闻与传播、艺术与设计、人文与法律四个分中心，打造"公共基础实验平台-专业基础实验平台-专业方向实验平台-综合创新实验平台"四个渐进实验平台，建设和实施四个分中心纵向递进式实验课程和五类跨专业融合式横向综合实训课程。

（6）"学研结合"的本科生创新能力培养，把科研成果带入实验课堂，确立了从本科生中选拔优秀学生参与教师科研团队的科研工作，并定期组织学术沙龙鼓励和培养他们的科研创新能力。

（7）建立了以"对用户与市场需求调查分析，概念设计与原型创新结合，国际化教学团队与企业研发部门协作，成果展示与国际交流同步"为核心的国际化产学研模式。

（8）在国内率先实现了艺术设计教学从"命题式教学方法"到"工作坊教学方法"的转型。开创了由国际化师资团队、多元式教学内容、互动式教学方法、系统性教学过程、开放式教学环境等要素有机构成的艺术设计课程教学的新模式。

（9）将生产管理实践教学平台与现代物流综合实验室项目整合，以"带有加工作业的现代物流配送中心"为实验课程的模拟对象和组织核心，开展"案例仿真分析"为主线的实验教学模式研究，强调"先进物流管理与制造过程管理相衔接、面向企业用人需求"的培养特色，研究生产物流管理综合实验教学方法，形成国内领先的具有示范作用的生产物流管理综合实验平台。

（10）中心面向两个学部、两个学院16个文科专业、5个辅修专业、6个双学位的文科专业以及全校55个理工科专业学生开放，实验课程已开设59门，实验项目250项，实验学生数每年达54万人学时，面向全校本科学生，不仅文科生受益，理工科生也受益。

（五）成果推广价值

"基于学生创新精神和实践能力培养的理工科大学文科综合实验教学改革与实践"的成果涵盖了教育条件、课程体系、教育过程、资源整合共享、学生发展、教师发展、示范辐射等多方面，在实践中取得了良好的效果。不仅对于理工科大学，而且对于一些文科院校如何整合实验资源，充分发挥各自学校的优势，做到文理渗透、中西融会、博专结合、学研一体和科学精神与人文精神相互渗透、交融互补，都有很好的借鉴意义。通过文科综合实验教学示范中心，促进优质资源建设与共享，培养学生的实践能力和创新精神，具有极其重要的示范效应。经过实践检验，已经在国内外产生了重要的影响，可以面向全国予以推广，全面推进创新实践型精英人才教育培养的实施。

参考文献

韩建业，朱科蓉，杨积堂 . 2011. 人文综合，文理交融——北京联合大学应用文科综合实验教学中心核心教学理念阐释之一 [J]. 实验技术与管理，9 (09)：128-129.

韩伟，刘勇 . 2012. 高等学校经管类实验室建设与管理模式改革研究——基于华南理工大学文科综合实验教学中心的案例研究 [J]. 中国管理信息化，04 (4)：128-129.

孔鹏 . 2012. 高校文科综合实验教学中心开放实验教学的研究 [J]. 实验技术与管理，(6)：1-4.

康传红 . 2010. 文科综合实验教学中心的建设与实践 [J]. 实验室研究与探索，7 (07)：241-243.

林家莲 . 2011. 文科综合实验教学示范中心的建设与实践 [J]. 实验室研究与探索，5 (05)：122-125.

牛爱芳，钟丽，朱科荣，等 . 2013. 以文科复合应用型人才培养为核心加强应用文科综合实验教学中心建设 [J]. 实验室研究与探索，(03)：224-224.

彭新一 . 2011. 文科综合实验教学体系构建研究——华南理工大学文科综合实验教学中心案例 [J]. 实验研究与探索，9 (09)：137-139.

肖升 . 2011. 文科综合实验教学示范中心的建设现状与问题破解——基于协同理论的思考 [J]. 实验室研究与探索，12 (12)：171-173.

杨积堂，张宝秀 . 2011. 文科跨专业综合集成实验教学模式创新与探索——以北京联合大学应用文科综合实验教学中心为例 [J]. 实验技术与管理，9 (09)：145-147.

朱科蓉，韩建业 . 2012. 文科综合实验教学中心的示范作用——以北京联合大学应用文科综合实验教学中心为例 [J]. 现代教育管理，5 (05)：56-59.

文科综合实验教学中心教学理念与实践特色——以大连理工大学为例①

根据经济和社会发展的需要，大连理工大学调整本科专业结构、优化人才培养模式，积极推进课程体系、教学内容、教学方法和手段的改革，始终坚持"加强基础，拓宽知识，培养能力，激励个性，提高素质，全面发展"的指导方针，构建合理的课程结构体系，把培养基础扎实、适应性强，具有创新能力、竞争能力和实践能力的精英人才作为本科教学的目标。加强实验教学中心建设和实践教学环节的改革是学校教育教学改革的重点，并形成了加强实践教学，注重能力培养，以学生基本实践能力训练为基础，以创新意识、创新精神和创新能力培养为突破口，以人文精神和科学精神相融合的知识、能力、素质协调发展的实验教学理念。

大连理工大学文科综合实验教学中心依据学校的实验教学理念，依托大连理工大学多学科及人才资源优势，结合文科专业发展现状和水平，加强学科的交叉融合，适应国家与地方经济建设的现实需求，坚持办质量教育之路，办特色教育之路，以培养综合素质高和创新能力强的精英型人才为目标，引领东北、辐射全国、面向世界，把中心建设成为一流的国家级文科综合实验教学中心。

（一）文科综合实验教学中心实验教学理念特色

充分适应现代经济社会发展的新趋势，大连理工大学文科综合实验教学中心打破学科壁垒，加强学科间的相互渗透，走"文科综合创新"的发展道路，

① 本文由大连理工大学文科综合实验教学中心武文颖、邹雷编写，为大连理工大学 2012 年教育教学改革基金面上项目"依托我校文科实验教学中心的广播电视新闻实验教学改革与实践"（MS201263）的阶段性研究成果。

构筑模拟化、仿真化、实训化的实验教学环境，加强创新型实验训练，注重大学生科技创新能力的培养，从而逐渐形成了文科综合实验教学中心"大综合，建平台；依学科，促教改；强渗透，重实训"的实验教学理念。

1. 大综合，建平台

除理工类学科之外，大连理工大学经管文法哲等学科齐全，本中心整合全校文科实验资源，统一规划，统一管理，构建了围绕培养学生实践动手能力和创新思维的实验平台。

根据大连理工大学建设国际知名高水平研究型大学、对本科生实施精英教育及培养精英人才的整体定位，以培养基础扎实、适应性强，具有创新能力、竞争能力和实践能力的精英人才作为本科教学的目标，围绕培养学生实践动手能力和创新思维构建基础实验、专业基础实验、专业实验、综合创新实验的四个层次实验平台。基础实验平台以培养学生的动手能力为主要目的，以课程实验为主要形式，以实验验证和深化课程讲授的重要理论为主要内容，培养学生熟练的实验操作技能和严谨、规范的实验习惯，帮助学生强化专业意识和建立初步的文科实验概念。专业基础实验和专业实验平台在完成针对专业方向特色的实验基础上，主要以毕业设计、参与科技与创新活动为主，侧重加强学生综合创新能力的培养，使他们获得从事本学科领域科学研究与解决复杂社会经济问题的能力。综合创新实验平台以课程设计，综合性、设计性实验为主，辅以各类学科竞赛，培养学生的设计、综合及初步的创新实践能力；通过逐层递进的方式，深化学生对各自所学专业概念的认知。同时，通过提高基础型、综合型、创新型实验教学的比例，引导学生通过探究验证自己的猜想，切实加强学生实验能力和创新能力的培养。

2. 依学科，促教改

依托学校各学科优势，长期坚持教学与科研相结合，及时将科研成果转化为实验、实践教学资源。

大连理工大学管理科学与工程学科是国家一级重点学科、工商管理学科是国家重点培育学科，这些学科不仅具有先进的实验设备，而且承担了大量的国家级科研课题和重大实际工程项目。为此，学校应以国家重点学科为依托，精选一批典型的科研项目和成果，凝练为学科前沿实验，由具有较高学术造诣的教授团队全方位展示科研过程：讲述项目的背景、立项和实施的过程、所依托的装备条件和遇到的问题、解决问题的思维方法，与学生讨论交流。通过前沿实验课，不仅使学生热爱所学专业，而且广泛接触、了解学科前沿实验领域的发展，是专业学习和创新实践活动的启蒙教育。

同时，大连理工大学文科综合实验教学中心还充分发挥学科优势，通过创新实践班使本科学生多方位地参与到高水平的科学研究实验项目中。例如，本科生刘浩、白楠等参与到原毅军教授的国家软科学研究计划项目"中国现代服务业与就业问题研究"的实验中。洪晓楠教授将教育部基金项目"推动社会主义文化大发展大繁荣，提高国家文化软实力研究"的成果转化为教学实验，指导孙爱民同学通过实验调查在《科学时代》上发表《关于我国老年电视节目的几点思考》的文章。李延喜教授带领学生利用自主开发的实验教学软件——证券仿真教学软件，采集相关数据，为完成国家自然科学基础项目——基于管理者行为特征的盈余管理约束模型奠定了基础。通过让学生广泛了解学科的发展动态并亲自参与科研工作，培养学生的科研素养、创新精神和创新实践能力。

3. 强渗透，重实训

做到文理渗透、中西融会、博专结合、学研一体和科学精神与人文精神相互渗透、交融互补，培养学生的综合能力。

大连理工大学本科生培养方案按"院系招生，大类培养"，实施以"基于通识教育的宽口径专业"为特征的培养模式。学生入学时不分专业，要求在修完全校通识教育课程、文科大类基础课程的基础上再按照经、管、文、法、哲等专业完成专业课程、个性课程和第二课堂要求的学分。符合"理论基础厚，专业口径宽，实践能力强，综合素质高，具有国际视野和创新精神"的培养目标要求。中心依托各学院的学科优势，将本土文化的国内教学与跨文化的国际教学相结合。例如，艺术类实验教学与国际艺术设计教育接轨，及时把艺术设计的新动态反映到教学中，强调设计教学的多元化、时代性和国际性。

大连理工大学文科综合实验教学中心整合多学科的科研与教学资源，以实验实训教学改革作为切入点，实现实训教学由分散管理向集成管理的转变，以及由注重培养单一专业能力向跨专业交叉融合的综合实训实验的转变，实验平台建设也由单独设计向综合规划的方向发展，实验室功能从单一向度向综合向度转变，全面实现实验资源的共享，为学生打造一个自主学习、亲身验证、科学求索、快乐创造的学习平台。该平台的建立，不仅理工科学生受益，文科学生更受益。将艺术设计与建筑学、材料学、物理学等相关的学科相结合，实现学科知识交叉。例如，艺术科学实验室就是建立在理工与人文学科的交叉平台上，是将建筑声学、光色技术运用到建筑设计、环境艺术设计领域的尝试，实现了建筑学、设计艺术学的优势互补。数字艺术实验室是艺术与科学相结合的尝试，是将人的艺术思维与计算机技术相结合的创作实验。艺术造型实验室中，模型制作课程是与工业设计相关的课程。此课程的开设建立在工业设计专业理工科招生与理工、人文学科交叉培养模式的基础之上。艺术系数字艺术综合实验不仅吸引了艺术专业的学生，而且吸收了来自计算机系、广播电视新闻学专业、汉语言文学专业以及相关院系学生的积极参与，他们自编自导的高清晰度数字电影《雷子》《最后的冠军》参加了大连市高校独立影像节的展演，并在学校进行公开演出，在学生中引起了强烈的反响，真正体现了通过不同专业学生共同参与实验、在跨专业交叉融合的综合实训中把实验成果转化为文化产品的理念，达到了培养精英人才的目的。

（二）文科综合实验教学中心实验教学实践特色

1. 复合型实验教学体系

实验教学体系建设从人才培养体系整体出发，建立以能力培养为核心，分层次、多模块、相互衔接的文科实验教学体系。

大连理工大学文科实验教学体系通过多学科基础知识交叉渗透，整合校内大文科实验资源及相关学科内容，优化资源配置，从知识结构、实践能力、创新意识着手，突出基础知识的连续性和基本技能的应用性，在此基础上，初步形成了"公共基础实验平台-专业基础实验平台-专业实验平台-综合创新实验平台"四种实验教学相结合的复合型实验教学体系，开设了公共基础实验、专业基础实验、专业实验和综合创新实验四类实验课程，加速学生知识向技能转化，促进学生素质、知识、技能协调发展，真正做到"人才为社会服务"。

（1）公共基础实验。主要包括学生心理咨询与测评系列实验、案例分析系列实验、管理创新系列实验、广播编辑与节目制作系列实验、经济学科基础系列实验、艺术科学实验、艺术类素质教育系列实验、法庭模拟与仿真系列实验——主要面向全校交叉专业开放实验室。

（2）专业基础实验。主要包括信息管理综合系列实验、财政与公共经济系列实验、科学计量分析系列实验、公共管理系列实验、电视编辑与节目制作系列实验、电脑编辑节目制作系列实验、国际贸易实训系列实验、数字艺术综合实验、法律诊所（一）——主要面向文科二、三年级大学生。

（3）专业实验。主要包括物流管理仿真系列实验、电子商务系列实验、电

视摄像系列实验、金融实训系列实验、艺术造型综合实验、法律诊所
（二）——主要面向文科三、四年级大学生。

（4）综合创新实验。主要包括数据资源系列实验、新闻摄影实验、企业运
营模拟系列实验、法律鉴定系列实验等——主要面向全校理工类大学生以及文
科四年级大学生进行专业综合创新实验。

为全面提高文科学生的实践能力，实验教学中心利用"公共基础实验平台-
专业基础实验平台-专业实验平台-综合创新实验平台"四种实验教学平台，针
对不同的专业要求，开展包括基础技能、综合技能和创新技能的实验课程，其
中基础型实验占 47.6%，综合型实验占 38.1%，创新型实验占 14.3%。

2. 多样化实验教学方法

针对目前大学生普遍存在的主动性差、过分依赖教师等不良学习习惯，大
连理工大学文科综合实验教学中心在实验教学中不断探索，改变以往"填鸭式"
的教学方式，采用启发引导式、讨论式的教学方式等。例如，在课前首先提出
问题，以引导学生的求知兴趣，在实验过程中突出学生的主体地位和教师的主
导作用，不断提出新问题，引导学生思考和提出自己解决问题的方案，帮助学
生建立正确认识问题的方法、思维方法、研究方法和学习方法，使学生由"要
我学"变为"我要学"，逐步激发出学生的创造性思维。

1）讨论式互动教学方法

讨论式互动教学方法贯穿于实验教学的全过程。实验前，指导教师讲解有
关实验要求和实验原理，通过讨论式互动方法，充分调动学生的积极性，使学
生更好地理解和掌握实验要求与实验原理；实验过程中，进行设计方案的讨论，
比较不同学生设计方案的优劣；对实验结果进行讨论，有利于学生对实验结果
的分析和比较。

2）示范设计教学方法

对部分综合型实验项目，由教师设计制作出实验样板，包括已调试好的硬
件和软件，实验样板的软硬件设计为学生自主独立设计提供了很好的参考，使
学生更好地理解设计课题的功能及性能指标要求，并在"模仿"的基础上达到
创新，符合认知过程和教学规律。

3）基于项目研究的教学方法

学生以小组为单位，对创新型实验项目，在给定任务和要求的情况下，从资料
收集、方案拟订到撰写实验报告，由学生自主完成。这种面向任务的教学方法给予

学生最大的发挥空间，培养了学生分析问题与解决问题的能力和团队合作精神。

4）开放式教学方法

开放式教学有利于满足学生个性化需求。实验中心做到实验时间开放、内容开放、机器设备开放。开放式实验实行导师制，老师和学生双向选择，使学生的实践能力和综合素质得到很好的锻炼和提高。

3. 多元化实验教学手段

1）现代教育技术手段的应用

大连理工大学校教务处相关精品课程网站上提供了丰富的网上教学资源。精品课网站提供课程大纲、电子课件、电子教案、网上习题等内容。课程大纲介绍本课程的教学目的和要求；电子课件即课堂讲课的 PowerPoint 多媒体课件；电子教案则指出了实验课程中的重点和难点，并对其进行讲解；网上习题是教材习题的补充，习题还提供了参考答案；中心的实验教学网站有相关实验室简介、人员职责分工、实验大纲、指导书、实验课通知、预约、制度和精品课教学等内容。

2）双语教学

根据学校提出的国际化办学的方针，2010～2013 年，大连理工大学文科综合实验教学中心有 5 位兼职教师，承担了"人力资源管理""电子商务管理""财务会计""管理系统模拟""旅游与酒店管理"课程的双语授课的教学任务。通过教学实践，双语授课的教学取得了良好的效果，得到了学生、老师和专家顾问组的高度评价。

3）多媒体课件、电子教案的应用

大连理工大学文科综合实验教学中心精心设计与制作的多门课程的 Power-Point 多媒体课件讲稿，图文并茂，生动形象，使学生更好地理解实验原理、仪器操作等，提高了教学效率。在使用多媒体课件的同时，也使用传统的板书，避免"讲解员式"的讲课效果，使课堂气氛生动、活泼和富有启发性。

4）模拟实验和虚拟实验

通过模拟现场或运用软件虚拟现场，结合进行基础和技能训练。尤其是结合当今文科各专业发展的前沿，综合应用多媒体、网络、虚拟软件等多种信息手段，实现实验课程的全新设计及应用，将所学的理论与实际联系起来，做到既能操作又能提供分析信息，提高学生的综合素质。

5）案例实验教学方法

大连理工大学文科综合实验教学中心制作了案例素材库，内容丰富，类型全面，资料新颖。中心还主编了系列案例教学教材。这种实验教学方法能有效地提升学生的兴趣，培养学生运用知识来分析、判断、解决具体问题的能力，实现知识向技能的转化。

6）科研实践

文科综合实验教学中心依托大连理工大学文科各专业强大的科研优势和现代化的科研基地，为创新人才的培养提供各类实践平台，鼓励学生在教师的指导下，参与教师科研项目或自主开展科学研究，来激发学生的学习兴趣。

实践形式包括技能实验教学课、本科学生自主创新型实验课题、本科科研相关毕业论文、专题学术讲座等。按照团队合作水平＋实验作品最终水平＋个人独立贡献给分。不同的专业对这三项给予不同的比例分配。

建立以集中实习为主、分散实习为辅的开放性实习模式。引导和鼓励学生按照实习教学计划的要求，结合自己的就业意向、专业特长和兴趣爱好，自主联系核实的实习单位，自行组建小分队进行生产实习。尊重实习单位指导老师的评价，给予不同等级的考核评价。在此原则下，不同的专业根据自己的情况再细化。

毕业设计（论文）：按照学校的教学要求，鼓励教师结合科研和实验室建设等实际任务，确定毕业设计（论文）的题目，鼓励教师把最新的科研成果转化为毕业设计（论文）的教学资源，直到学生进行文献阅读、社会调研、科学研究，鼓励学生跨专业选择毕业设计（论文）题目，经过开题、写作指导、答辩三个环节，给出不同等级的考核评价。

大连理工大学文科综合实验教学中心积极推动由科学研究、调研报告及其他各类科技活动组成的大学生创新实验体系，引导学生尽早进入科研实验室和项目组，接受科学研究的锻炼和学术氛围的熏陶，鼓励学生做教师的科研助手，提高学生发现问题、分析问题和解决问题的能力。

➤ 参考文献

巩新龙 . 2010. 理工科环境下文科实验教学的探索［J］. 实验室研究与探索，29（4）：95-98.
刘春生，李磊，张恭孝 . 2009. 文科实验教学中心建设模式的探索［J］. 中国现代教育装备，（2）：106-107.

国家级文科综合实验教学示范中心的师资队伍建设——基于协同论的思考①

师资队伍是高校教学单位的主体力量，是完成教学科研任务的生力军，高质量的教学和科研要有高水平的师资队伍作保障。国家级文科综合实验中心作为在高等学校教学改革的新生的、具有创新意义的新型教学单位，其建设和发展也要有一批学术带头人，也要有一支具有现代观念的高水平、高素质、稳定的文科类学科的实验教学教师团队，要具有自己的师资队伍。然而，由于文科综合实验中心作为高等学校文科类学科实验教学的组织形式，在改革之前是没有先例的，其师资队伍及其建立和发展的内在规律也必须进行全方位的探讨，以期科学地建立起与文科综合实验中心这种实验教学的"新相"相匹配的师资队伍。

（一）文科综合实验中心师资队伍建设的特殊性

历史的起点与逻辑的起点是统一的。按照协同论的基本观点，任何"新相"的产生，其内在的规律都可以从对其"自组织阶段"和由"自组织阶段"向"有组织阶段""相变"过程的科学分析中得以揭示。高校文科类实验教学活动是各个高校文科类学科在教学改革大潮中出现的，起初它是自发的、零星的、无序的，其组织形式及其师资队伍，也是"自组织"状态下自动自发形成的。国家级文科综合实验中心的建立，标志着高等学校文科类学科实验教学组织形式由"自组织状态"转变为"有组织状态"，发生了"相变"，相应地，它也需

① 本文由辽宁大学文科综合实验中心梅雪、肖升编写。第一作者梅雪是辽宁大学文科综合实验中心教师，助理实验师，研究方向为旅游管理、文科实验教学。

要与之相适应的师资队伍作为支撑，以实现其功能。

国家级文科综合实验中心需要怎样的师资队伍？在没有先例可循的条件下，这支队伍应该怎样建立呢？依据是什么？从协同论的视角进行分析，回答这些问题还需要从文科类实验教学的"自组织阶段"寻求答案。

众所周知，高校的实验教学在现代大学教育制度产生时即已存在，延续至今已有几百年的历史了。不过这些实验教学活动主要集中在理工农医等学科，文科类学科的实验教学则起步较晚，特别在我国，多年来诸多文科类学科的教学活动的典型教学方式是"一块黑板＋一支粉笔"。造成这一现象的原因是多方面的，除了教学理念、人才需求及培养模式和教学条件等方面的原因外，从客观上说，是由于理工农医等学科和文科的各个学科的研究对象有本质的区别：前者研究的是作为自然现象存在的"物"，比较容易利用一些专门的仪器设备，人为地变革、控制或模拟研究对象，排除外界的影响，突出主要因素，使某一些事物（或过程）发生或再现，从而去认识自然现象、自然性质、自然规律，这些学科的教学、研究更依赖于"验证"；而后者研究的则是"社会"，其决定和影响因素复杂而综合，其发展变化的规律很难通过人为地变革、控制或模拟研究对象来揭示，对社会现象及其规律的认识，更多地需要分析、归纳、演绎和思辨。这也就是为什么作为高等教育中文科类学科的实验教学带有更强的实训、实操性质，而不是谋求事物（或过程）发生或再现的根本原因所在。

与上述现象相伴，文科类学科的实验教学，在其"自组织阶段"，其师资队伍的构成也与理工农医类学科实验教学的师资队伍有明显的不同：它不是由实验员构成的，而主要是由讲授专业课的主讲教师构成的。这一现象的产生，确实与文科类学科实验教学起步晚、没有对实验教学师资队伍长期的培养和积累、教学和人才培养模式陈旧等因素有关，但究其根本，仍然可以归结为理工农医类学科和文科类学科的性质、特点的明显不同。由于社会现象和过程是无法脱离社会现实在实验室中制造或完整充分再现的，所以社会科学的研究和学科发展只能在前人研究的基础上，通过对现实生活中出现的大量社会现象进行研究，寻找其内在的、本质的、必然的联系（即其内在规律），提出观点和思想，提升为理论，并应用于指导实践，以实践的成果作为检验的唯一标准。文科类的教学活动，就是将这些研究成果及其方法传授给学生。从这个意义上说，文科类各学科的教学科研活动甚至比理工农医类学科更应该受到重视和依赖实验教学，其教师都承担着正确指导学生参与社会实践、从社会实践中学会发现问题、揭示规律、解决问题、创新思想的观点和方法。也就是说，高校的文科类各学科的专业和课程都应该是理论教学与实验教学的统一，其专业课教师，特别是主讲教师都必须（起码是应该）既是专业理论主讲教师，同时也是出色的专业课实验教师。只有文科类学科的专业课授课教师，基于对整个学科和所授课程的理解和把握，根据学科和课程的知识体系和内容来设计、主持、评价和判断实验教学活动，才能使高校的文科类各学科实验教学活动具有并实现其应有的意义。所以，高校文科类各学科的教学方式必须是理论教学与实践教学的统一，或者说，理论教学和实验教学是其两翼，缺一不可。与之相适应，其师资队伍的成员也必须是集二任于一身，必须具备这双重能力才可以胜任教师之职。至于由社会对人才的需求、培养学生创新能力和创业就业能力、研究综合性社会问题等动因激发出来的实验教学、研究活动，更需要有广阔的视野、前卫的观念、扎实的专业理论知识和有丰富的实践经验，能够将理论知识和实践经验结合起来的专业教师。这就是在文科类各学科实验教学的"自组织阶段"其师资队伍都是由专业课主讲教师构成的根本原因所在。

上述论证的结论是，高校文科类各学科实验教学的师资队伍是由主讲教师构成的，也就是说，各学科、各专业、各门课程的主讲教师，同时是其实验教学的教师，高校文科综合实验中心的师资队伍主要是由他们构成的。如果将这一结论转化为对高校师资队伍管理体制的描述，那就是：以教师系列和实验（教辅）系列划分高校文科类各学科师资队伍是值得商榷的（理工农医类各学科何尝不是如此?），如果仍坚持这样的管理制度，文科综合实验中心就无法建立起适应培养适应社会需要和高等教育改革要求的师资队伍。笔者认为，改革的基本思路是，废除高校文科类各学科所谓"实验系列"和"实验教师"制度由专业课教师构成实验教学的师资（专业课教师的教学生涯可以从实验教学阶段起步），将教学和实验的师资系列二者合一，使教师真正成为教学内容的策划者、学习情境的营造者、学习方向的引领者、疑难问题的点拨者、学习过程的把握者、学习效果的评价者，进而保证教学和师资质量的真正提升。

（二）中心实验师资队伍建设面临的问题及其原因

实践是检验真理的唯一标准，而成功的实践恰恰因为其符合了事物本身的客观规律。据对"十一五"期间国家级文科综合实验中心各项数据的统计，高校文科类各学科实验教学的师资队伍均主要是由专业课的主讲教师构成的，99％以上的文科学科实验课程的实验课程都是专业课的主讲教师设计和承担的，见表 7-1。

表 7-1　某高校文科综合实验中心师资队伍构成情况表

教师分类	数量/人		职称比例/%		
	专职	兼职	高级	副高级	中级
专业教师		111	25.2	36.9	37.8
实验教师（实验员）	3			33.3	33.3

这一现象可以充分证明高校文科类各学科实验教学及其组织形式发展变化内在规律的客观性和不可抗拒性，以及本文上述观点的正确性。

但是，我们也应当看到，文科综合实验中心的师资队伍还存在许多问题，这些问题使其滞后于文科类实验教学的发展，从而不能支撑相应的"新相"，无法更好地体现文科综合实验中心应有的功能。目前，文科综合实验中心师资队伍的问题主要体现在以下几个方面。

首先，现有的文科实验教学师资队伍由专业课教师拼凑而成。由于文科综合实验中心是尚处在探索阶段的"新相"，导致一些学校的实验师资队伍在组建时也仅仅是简单地移用各学院各学科的师资队伍，这些教师大部分具有丰富的理论水平和实践经验，但是却没有开设文科实验课程的经验，甚至也没有进行过实验教学，一些教师是"被授予"实验师资的。以已经被评为国家级文科综合实验中心的学校为例，其中心多数是通过对本校文科类学院的实验室进行整合而成立的，其实验师资队伍也仅仅是将各学院的专业课教师简单拼凑起来形成的，其中一些教师并没有开设和指导过实验课程，而是为了申报的需要"被授予"实验师资。这样的师资既缺乏经过正规培训而形成的实验教学的素质和能力，也无法表现其具有相应的实验教学经验和水平，尚难以称之为合格的文科实验师资，如此形成的"师资队伍"能否胜任实验教学任务，当然是值得怀疑的。

其次，专业课教师对开设实验课没有积极性，导致实验师资队伍被架空。在社会科学类各学科教学活动中，与单纯的课堂讲授式的理论课教学活动相比较，实验课程教学的工作显得更为庞杂和烦琐，更加耗费时间和精力。实验教师除了要承担学生实验课的讲授和指导工作（包括学生实验辅导、实验教学辅助准备等），还要进行实验教学内容和项目的设计与开发，以及探索文科实验室的建设和发展等工作。这些工作带有鲜明的创新性和探索性，本应通过制定和执行相应的激励机制予以保护和支持。然而，在现实生活中，诸多高校是在沿用传统的有关实验教学的制度政策对文科实验教学进行管理，从而使文科实验教学在工作量确定、待遇报酬、成果认定等方面远不如进行课堂讲授式的理论课教学，这就严重制约了文科的专业课教师从事实验教学或开设新的实验课程的积极性。长此以往，本来就没有形成独立师资队伍的文科综合实验中心更加不具备独立组建师资队伍的能力，而使原有"被授予"的实验师资也必然形同虚设。

最后，"协同效应"无法真正形成和彻底展现。对任何建立文科综合实验中心的高校而言，谋求"协同效应"是其建立的初衷和主要目标之一，而这种"协同效应"不仅仅表现在打破学科界限共用实验室上，更重要的是可以教授诸多专业的学生共同需要一些实验课程，培养学生普遍需要的部分实践能力和通过文科综合实验中心这个大平台将社会科学各学科知识整合起来传授给学生，指导学生形成认识和解决社会问题的知识结构和素质能力。然而，目前由于中心没有独立的师资队伍，无法独立开设实验课程，特别是也无法与专业课教师开设的实验课程相互衔接，学生只能选修本专业的理论课程和实验课程，而不能跨专业选修实验课。这就大大限制了文科学生探索实践创新的积极性，也违背了文科实验教学的主旨，不利于中心功能的实现。

上述问题说明，文科综合实验中心这种实验教学"新相"的建立并不意味着"相变"完成，多数高校在文科实验师资队伍的构建上并没有与中心建设同步发生相应的"相变"，充其量只是在实验教师配置方面起一定的协调作用。由于这一根本缺陷，文科综合实验中心难以形成长期的发展规划，文科实验师资难以真正得到科学地整合，难以发挥师资团队的作用以培养复合型人才，也难以真正实现协同效应的目标，难以实现向更高层次地递进。

笔者认为，造成上述问题的主要原因有以下两个方面。

（1）传统的高等教育特别是高校文科学科的教育理念和与之相适应的管理体制没有真正打破。一些高校的决策层管理者特别是顶层决策者及其教师对文科综合实验教学这种新生事物持漠视态度，不是研究这种新生事物发展的内在规律和对其培养扶持的改革思路，而是试图将其纳入原有体制框架之下进行管理，或者对其冷眼旁观，任由其"花开花落"。表现在文科实验教学及其综合实验中心师资队伍建设方面非常典型的几个现象是：一些高校对文科实验师资队伍建设的投入不够，没有文科实验师资队伍建设的专项经费，对于文科实验教师攻读学位、参加进修、考察调研等方面支持政策少；实验课程学时计算标准（从而课时费的报酬标准）与讲授课程差距过大，实验课教学的课时量要乘上0.6～0.8不等的系数使其低于讲授课时量；科研成果的认定上，很少有高校将实验类学术期刊（尽管是国家顶级、国际知名的实验类研究学术期刊）纳入评价体系；在职称评定工作上的政策规定是实验系列的高级职称由仅限定为副高水平，在岗位津贴的发放上也低于同级别的教师。另外，日常的文科实验中心管理工作不被计入教学工作量，还需要坚守坐班制度等。这些制度规定，不仅实际上将实验系列教师划为师资队伍中的"二等公民"，而且人为地贬低了实验教学在高校教育活动中的地位，势必严重挫伤文科专业课教师从事实验教学活动的积极性，直接影响了文科实验师资队伍的形成和稳定，限制了其整体教学、科研水平的提高，进而对文科实验师资队伍整体和教师个人创新能力的提高、持续发展的动力都有很大的负面影响。

（2）中心的独立教学单位的性质、地位和功能不明确。文科综合实验中心的教学单位性质、地位不明确，其功能和结构就必然背离教学单位的要求。道理很简单，不是教学单位，当然就不要求建立和发展师资队伍；地位不独立，就不可能有自己的功能设计并按其进行包括培养和建立师资队伍在内的一系列规划；而功能不明确，中心的师资队伍也就没有方向和目标、没有方法和路径、没有标准和规格，进而也就不可能组建起真正的文科实验教学师资队伍，不可能系统地设计和开展文科实验教学活动，更不可能对全校文科类学科综合性的实验教学活动进行通盘研究和规划。其结果必然是中心既无法吸引有教学科研能力的师资力量进入中心工作，无法形成自己的师资队伍，也不能激励学校文科类各学科、各专业教师进入和开展文科实验教学活动。这样的结局，不仅违背了文科综合实验中心这种"新相"形成的规律，在一定程度上还会助推"逆相变"的发生。

（三）中心实验师资队伍建设面临问题的破解对策

问题和解决问题的方法是同时产生的。文科综合实验示范中心的师资队伍建设过程中呈现出来的问题以及产生问题的原因，事实上已经提出了以下破解方案。

第一，清晰地界定文科综合实验中心的性质、地位和功能。这是要回答中心是否需要师资队伍，也就是中心师资队伍有无的问题。中心的性质是什么？是不是一个高校的教学单位？这似乎是一个再简单不过的问题，而且教育部相关的主管机构已经给予了明确的答案——所谓"文科综合实验中心"全称是"文科综合实验教学中心"，当然它是教学单位。笔者质疑的是，如此简单清晰的界定，为什么在一些高校却成了一个难以解决的问题？为什么偏偏在一些高校要将这样的一个教学单位在组织架构上隶属于行政单位，而且坚持数年不改？同样道理，文科综合实验中心在高校是否有独立地位（与各学院相似）和自身功能，决定了其能否在高校中认真根据教育发展规律和自身特点建立符合要求的组织机构、师资队伍结构等内在的关键问题，从而为实验师资队伍建立和发展奠定坚实的基础。

第二，正确认识文科综合实验中心师资队伍的特殊性。这是要回答中心师资队伍的构成问题。根据上文所述，高校文科类各学科实验教学的师资队伍是由主讲教师构成的，这是文科综合实验中心师资队伍区别于其他的特殊性。高校文科综合实验中心的师资队伍由三部分组成：首先是专业课的主讲教师，他们负责各自文科类课程的理论部分和实验部分的设计和承担，这也是该队伍的主体和最主要的力量；其次是文科综合实验中心教师，他们负责部分文科通识课的开设和讲授，为该师资队伍的次要部分；最后是实验员，不能参与授课，但是配合专业课主讲教师和文科综合实验中心教师进行实验课的准备和配合工作，此类人员只需少量即可。随着高校文科综合实验中心的发展，实验员可以逐渐强化为文科综合实验中心教师进行通识课授课，进而取消实验员岗位。

第三，建立文科综合实验中心师资队伍的激励机制。这是要回答中心师资队伍的激励问题。综合前文所述，文科实验师资队伍建设面临的问题及原因，各高校应制定并落实稳定文科实验教师队伍的政策。一是职称评聘政策。打破原有制度，为文科实验教师提供与其他教师同样的职称晋升机会，做到"实验教学与科研工作、教学成果"一视同仁，应开设正高级系列实验岗位，具有硕士学位以上的文科实验教师，有资格参与正高级职称的评定。二是培训进修政策。高校要为文科实验教师提供在职进修的机会或者提供去国内外高校进修学习的机会。通过培训进修，强化文科实验教师的实验教学意识，提高工作的积极性主动性。三是完善津贴分配政策。应充分考虑到文科实验室工作的特殊性及工作的繁杂性，不仅考虑到文科实验教学的工作量，还应考虑到实验室建设的工作量，实验研究和设计、仪器设备维修等工作量。最大限度地调动文科实验教师，特别是学术带头人和骨干教师的积极性。例如，某高校文科综合实验中心在建立文科实验师资队伍体系时，本着"稳定、吸引、培养"的原则，做出有利于实验师资团队建设和发展的制度安排。拟启用实验教学改革专项基金和教材专项基金，同时实行主讲教师制度、高级职称评审、进修制度和合同制辅助性岗位。力争实现"实验教学与理论教学、实验教师与理论教师"两个同等对待，并鼓励高水平理论教师参与实验教学。

第四，吸引高层次的专业教师人员进入文科综合实验中心的教学师资队伍。这是要回答中心师资队伍的质量问题。传统观念对文科实验教师不重视，实验教师待遇低，实验室工作烦琐复杂，使得教师工作积极性不高。而文科综合实验中心教师除了承担文科通识课实验部分的教学外，还需要进行文科实验教学的研究和探索、实验室的建设和发展等工作。另外，大多数文科综合实验中心没有独立的教学单位地位这一现状，也使很多有志于从事文科实验教学的教师望而却步。基于以上种种情况，在组建文科实验师资团队时，就应该有针对性地选拔。从现有的文科类专业课授课教师中选拔一批视野广阔、观念前卫、理论知识和实践经验丰富的教师作为专职或兼职文科实验中心教师；同时培养一批应届硕士、博士毕业生，引进他们中有志于从事文科实验教学的人作为专职文科实验教师。

第五，打破边界，开阔视野，培养和吸引校外资源。这是要回答中心师资队伍持续发展的问题。要广泛开展文科综合实验师资队伍的校际、国际间的学术交流与合作，并与社会各界精英交流、互通有无，以促进和保持文科类学科的发展跟上时代的步伐。文科综合实验中心在这方面有着得天独厚的资源和优势，利用好这种资源去开展交流合作，既是文科类学科发展的需要，也是培养和提高中心师资队伍的素质、造就研究型人才的需要，从而为构成更大的文科实验平台创造条件，使文科综合实验中心向更大范围、更广领域、更宽视角发展。

总之，文科综合实验中心师资队伍的建设要取得长足的发展，就必须协同好内部各子系统之间的关系，即只有将这些对策切实落到实处，才能使文科实验师资队伍建设内部的子系统相互协调配合，产生有利于"新相"形成的协同效果。

➤ 参考文献 ···

陈大鹏.2000.必须重视高校实验师资队伍建设［J］.实验技术与管理，17（5）：64-66.

陈雅兰，李必强，胡继灵.2005.原始性创新的协同理论观［J］.科学与科学技术管理，（1）：59-62.

郭治安，等.1998.协同学入门［M］.成都：四川人民出版社.

赫尔曼·哈肯.1989.高等协同学［M］.郭治安译.北京：科学出版社.

赫尔曼·哈肯.2005.协同学——大自然构成的奥秘［M］.凌复华译.上海：上海译文出版社.

李佳玮，刘志东，郝存江，等.2010.新形势下高校实验教师队伍建设的问题及对策研究［J］.实验技术
  与管理，27（2）：150-152.

罗东，兰文中.2008.对建设与研究型大学相适应的实验室队伍的思考［J］.实验技术与管理，25（3）：
  154-158.

聂珍媛，夏金兰，邱冠周.2001.对新时期实验师资队伍结构与素质要求的思辨［J］.现代大学教育，
  （3）：104-105.

王喜祥.2009.基于协同论的现代管理研究［J］.现代商贸工业，（8）：42-43.

肖升，梅雪.2013.国家级文科综合实验教学示范中心的组织架构——基于协同论的思考［J］.实验技术

与管理，（2）：126-130.

肖升 . 2011. 国家级文科综合实验教学示范中心的建设现状与问题破解［J］. 实验室研究与探索，（12）：79-81.

肖升 . 2011. 文科综合实验教学示范中心建设的基本经验［J］. 实验技术与管理，（10）：1-3.

徐平 . 2010. 搭建文科综合实验平台 培养文科复合创新人才（续）［J］. 实验室研究与探索，（7）：1-5.

徐平 . 2010. 搭建文科综合实验平台 培养文科复合创新人才［J］. 实验室研究与探索，（6）：1-4.

张家政 . 2000. 高校实验技术人员素质培养和队伍建设初探［J］. 实验技术与管理，17（3）：29-33.

赵庆双 . 2000. 加强实验室队伍建设，为创建世界一流的实验基地服务［J］. 实验技术与管理，17（3）：26-28.

周晓梅，刘跃华，鲜晓东，等 . 2005. 创新教育与实验教学师资队伍建设［J］. 实验室研究与探索，（6）：205-207.

高校文科综合实验教学中心建设研究述评①

我国的文科实践教学一直以来都处于理论教学的附属地位，课堂的理论传授和书本阅读在很长时间内是文科专业学生获得知识的最主要途径，而实验与实践教学则被当做理工科学科的专属。这一现状极大地限制了文科人才的培养朝实践、创新、综合的方向深化，以满足当今社会发展的需求。由于人文科学各专业之间天然地存在着千丝万缕的联系，相关性强，所以文科学生的学习应该是跨专业的综合，具有批判精神和创新思维，让学生在实践中去整合建构自己的知识体系。文科综合实验教学示范中心的设想被提出来，正是为了打破文科教学重理论、轻实践的局限认识，探索出一套适合高校的文科实验资源集成、管理与教学的新型体系，培养出能够适应社会的实践型人才。

目前，国内已经有十几所高校获批建设了国家级文科综合实验示范教学中心，如北京联合大学应用文科综合实验教学中心、四川大学文科综合实验教学中心、辽宁大学文科综合实验中心、华中师范大学文科综合实验教学示范中心等，伴随着这些高校示范中心的建设，许多国内学者投入到文科综合实验领域的研究中来，相关的核心期刊文献多达50余篇，有的总结示范中心运行的经验，有的提出了不错的设想，大体可以概括为以下三个方面：①文理科实验教学的比照。②为何要进行跨专业的文科类实验整合。③如何进行融合集成，将具有差异的文科专业整合在一起。其中，第三点"如何整合"被学者们讨论得最多，对于示范中心的建设也最为重要，它可以细分为"不同文科专业的结合""教学内容体系""行政管理体制""实验中心的日常管理和开放"及"实验室硬件建设问题"等五点。本文主要按照以上分点的逻辑对相关文献进行梳理、叙

① 本文由福州大学人文社会科学学院何少颖、方沛、任志洪编写。

述和评论。

（一）文理科实验教学的比照

1. 文理科都需要实验

倪丽娟、陈辉认为，文科实验结果不确定，理工科则具有稳定性，例如，经济实验与文学实验在不同国家、不同地点、不同时间，同样的实验主体得到的实验结果就不一定相同。理工科的实验对象大多是没有意识的、变化较少的客观物体，实验活动更多是验证性的。而在人文学科中，一方面其研究对象扎根于由无数有意识的个体组成的开放性社会，如在社会学、经济学、心理学等学科内部运用不同的视角和原理能够给出不同的解释，影响一个事件的因素很多，这些解释只有对应于特定的情境才具有一定的效力；另一方面文科要更多地涉及本土化问题，脱离了特定国情和社会实践的文科知识过于浅显简单而无法解答社会问题。因此，文理科都需要实验，只是它们的实验教学特点不同，"文科实验教学实践性强，理工科则实施性强"。

因此，实验应该成为文科日常教学的主体。实验室的建立，有助于提高学生实训的机会。例如，姚玲提到，对于财经类实践性很强的专业，由于银行、企业涉及商业秘密等原因，一般不愿接受学生到单位实习，所以很难找到实习单位，专业实验室采用模拟仿真实验教学则解决了这一问题。类似的，心理学需要观察测量的实验空间、外语专业需要用于训练的多媒体互动软件等。

2. 文科对理工科实验建设的借鉴

"理工科实验室经过长期的积累和发展，对教学、科研培养的思路比较清晰，它的功能有比较明确的定位。而文科实验课是个新事物，目前国内尚无成熟的经验可借鉴。"虽然文科对实验的需求巨大，但是由于我国的文科教学基础薄弱，不同文科专业实验需求和实践教学发展水平参差不齐。目前的现状是，"文科实验教学普遍缺乏一套有别于工科专业、体现文科特点的实验教学管理体系"。文科实验室建设思路和管理体制更多的是借鉴理工科的做法。例如，刘二虎等提出我国现在的文科实验教学过度借鉴理工科的层次化、模块化实验教学概念，对实验课程层次的设定以及实验模块的划分将带有一定的盲目性。

学者们普遍认为文科实验教学和实验室建设在发展初期必须从理工科实验建设的一些优势的、文理共通的方面入手发掘，取其精华去其糟粕。例如，杨志安等谈到"建设指标在体制与管理、实验队伍建设、管理规章制度、仪器设备、环境与安全方面与理工科保持一致，但是在实验教学体系、教学内容、教学方法、教学模式、教学改革等方面寻找一条适合于文科实验教学改革和实验室建设方式"。各高校绝不应该长期停留在生搬硬套理工科模式、互相模仿的阶段。

3. 评价

国内学者对文理科实验的差异进行了详细的比照，提出了许多建设性的观点，特别是关于"文科实验同样需要实验"的观点，对于提升文科实验的地位具有十分重要的论证意义。对于学者们关注的人文科学知识的情境性和实验的特性，笔者将其总结为文科实验教学的建设存在的两个"本土化"问题：一是各文科专业的实验实践教学内容的本土化，应该扎根于社会现实，根据实际情况发展出属于我国国情的一系列研究方法、研究对象和理论等；二是在实验室建设上，从理工科的标准到文科标准的本土化，也就是文科实验室的设计、管理体系以及教学理念应该有别于理工科，发展出一套适用于文科的实验标准。目前的文献也只是停留在对文理科实验的差异进行描述的层次上，关于如何发挥文科实验的独特性，做好"本土化"工作的研究还很少，需要学更多深入、具体的调查研究。

（二）进行跨专业的文科类实验综合的原因

1. 综合的概念

上文讨论了文科实验教学的重要性，接下来让我们来谈谈综合的问题。张宝秀和朱科蓉认为，文科综合的类型有两种：一种是"同一学科门类的学科专业综合"，即纵向的；另一种是"不同学科门类学科专业之间的综合"，即横向的。无论哪种综合都不应该是简单地相加、拼凑，而应形成一个有机的整体。这里我们主要关心的是后者，即不同文科专业之间的综合，但是由于我国文科实践教学的薄弱现状，同一学科门类的实验综合工作也需要发展。

2. 综合的意义

为什么要进行跨专业的文科实验整合呢？一方面，单一专业分散建设实验室的弊端在实践过程很明显，包括"专业间的壁垒导致实验室资源利用率低，共享受到制约""小而全的重复建设致使投资效益低下""分散管理造成人力资源浪费"及"不利于跨学科开展科研活动"等。这些弊端阻碍了高校有限实验资源的共享和文科学生知识体系的多方面发展;另一方面,高校实验机构"作为国家和地方经济社会发展服务的实验研究平台,无论是承担纵向或横向的研究课题,还是为政府或企业进行专题报告研究参与组织和策划各类项目,都需要进行大范围的实验研究,使其更能够解决现实社会发展中的实际问题"。不同文科专业间的知识具有很大的关联性,要很好地服务于社会,文科人才既需要实践,也需要大范围的跨专业知识的综合学习。

3. 文科实验室发展现状

许多学者描述了目前我国文科实验室建设现状,例如,刘二虎等提到"国内文科类实验教学在整个课程教学环节中地位不高,体现在实验课时比重在课程教学中所占比例低,且比例不够明确。很多专业缺少建立文科类实验室的先例和经验";崔巍在考察跨专业文科综合实验中心的建设时认为,"跨专业建设的实验中心将要面对的是几个原本联系松散的专业实验室,课程复杂,形式多样,环节众多,没有固定大纲和教材,等等"。总体上说,文科实验室的发展现状不容乐观,无论是单个文科的实验,还是文科综合的实验,无论是软件还是硬件的建设都处于起步阶段,相对于理工科比较落后。

4. 评价

学者们主要是从实验资源的优化配置以及文科综合对社会服务的意义等来谈综合的重要性的,从中可以看出"单一"和"综合"两个方面。"单一"即单一文科专业自身实验室和实践教学的建设,我国文科专业发展不平衡,实验教学更是长期不受重视,各个文科专业自身的实验室建设落后的情况会影响到更高层次文科实验整合的实现。"综合"即跨专业有效地整合文科实验资源。综合实验中心的建设必须充分考虑到"单一"和"综合"两方面的发展,既要考虑各个专业自身实验教学的提升,同时要兼顾在发展中进行有效综合。一方面,笔者十分赞同学者们的观点,将不同文科专业的实验资源和教学融合集成建立平台的想法,确实为克服单一专业实验室的缺点、优化实验资源配置、促进专业间融合以及提升文科学生实践能力与社会服务质量,提供了一条切实可行的、跨越式(从单一到综合)的道路。另一方面,必须看到从各文科专业"十分薄弱"的现状直接到"大规模地融合集成"是一个跨度非常大的工程,工作任重而道远。

（三）进行融合集成的方式

正如上文提到的情况，"因存在专业区分，功能单一，布局分散，资源浪费，管理多头，运行不畅等弊端，文科综合优势难以充分发挥"。对此，目前国内学者们最关注的还是如何将各个不同文科专业的实验资源和实践教学高效地融合集成在一起，他们所讨论的问题包括中心运行模式、不同文科专业的结合、实践教学内容体系、实验中心教师聘用、实验中心的日常管理和开放，以及实验室硬件建设问题等。

1. 中心运行模式

中心的运行模式，就是指将各个院系协调起来，整合到一个新的组织框架中。朱科蓉和韩建业将文科综合实验教学示范中心归纳为三种：单独建制、集中管理的运行模式；单独建制、松紧结合的运行模式；松散联结、分散管理的运行模式。前两种模式的共同点是中心是由学校管理的实体单位，中心实验室完全独立于其他院系由中心管理，施行中心主任负责制，区别在于第一种模式中心自身拥有一定数量的专职实验师，承担相关院系的实验教学，而第二种模式中心专职教师数量少，实验教学需由原学院的教师承担。在第三种模式下，中心并不是一个实体单位，由一个学校的实验室建设指导委员会指导，实验室的实际运行仍然保留在原院系，组织结构松散。

上述三种模式的核心问题是"中心性质认定和组织结构设定"，即中心的定位问题。由于我国独特的高校行政体制，实验和教学资源一般是以院或系为单位保有的，院系对自己的资源具有占有和排他的特性，实验示范中心与学院的行政级别相当，这就造成实验教学工作协调上的困难重重，很容易使中心变成一个名义上的机构，如第三种松散联结、分散管理的运行模式。肖升基于协同理论的视角，提出了三种示范中心组织机构类型，即名义型、实质型和兼有型，认为"文科综合实验教学示范中心的机构性质和在高校的角色定位应该是独立的教学单位，其组织构架应该符合教学单位的建制要求"。按照肖升的观点，一个名正言顺、有独立自主性的文科综合实验中心，在建立以后能够促进各个文科专业相互交流融合的"自组织过程"。

示范中心运行模式是文科综合实验工作最关键的环节，具有全局性的影响，关系教师、实验资源的调配管理，跨专业课程开设，综合理念的贯彻等工作的顺利进行。

2. 不同文科专业的结合

学者们主要从文科专业的关联性、科研项目带动学科融合的作用两个方面讨论文科专业间的结合。

1）不同文科专业的关联性

崔巍认为，"跨专业建设实验教学中心，首先要考虑的因素是专业之间是否存在较强的内在关联性和较多的契合点"。一般高校的各个文科专业具有一定的跨度。例如，福州大学拥有的文科专业包括心理学、社会学、中文、音乐、经济类、管理类、外语类、法学、物流等，各专业已经拥有自己的特色和领域，实验资源也各不相同，要是将"任意地将跨度过大的专业硬性捆绑在一起，专业之间对话犹如'鸡同鸭讲'，是难以获得管理效益的"。已建立文科综合实验中心的学校解决这一问题的一种做法是建立分实验中心或分平台。例如，四川大学文科综合实验教学中心"建立了经济与管理、新闻与传播、艺术与媒介、人格与素养四个分中心"。也就是将相关性较大的专业归于同一分中心或平台上，建立相关领域的专业实验室，保证专业间有效交流和资源利用的最大化，再通过通用性的资源和设置如公共的实验室、公共选修课程、跨专业的科研项目将中心的所有专业有机结合起来。

2）共同参与科研项目带动融合

任志波等提出了"通识实验"的概念，认为一些实践活动是各个文科专业的学生都必须参与的，此外他们还认为应该广泛建立各专业学生组成的科研项目团队。一个社会取向的项目往往需要用到不同专业的知识，以项目为纽带在科研的过程中，能够实现学生对其他文科专业知识的熟悉，在参与学生的知识架构层面达到跨专业整合的目的。同时，也有学者对跨专业项目或实践教学的管理表示担忧，如郭嘉仪认为跨专业的实验活动带来了一些管理难题包括：①跨专业的综合实验中，学生来自不同专业、不同班级，原有的"辅导员和班长的管理功能缺失，教学管理的工作量大大增加，跨专业的教学规模受到限制"；②来自不同院系教师的交流、协调能力、激励机制、权责和归属感等问题；③对跨专业学生学习成绩的评价考核问题。

3. 实践教学内容体系

1）基本构架

在实践教学内容体系的基本构架方面，现有的文科实验示范中心大同小异，例如，辽宁大学的文科综合实验教学内容体系比较详细，具有代表性："4 个教学层级（实验、调研、实习、论文）递进拓展，4 个实验教学模块（基础实验、专业实验、综合实验、创新实验）交替深化，4 类课程设置重点并行突破，两种课程类型（单元型、综合型）互相补充，两种教学资源（校内、校外）有机结合。"其他学校的示范中心基本也是按照基础、专业、综合、创新四个层次的递进逻辑来规划文科学生大学四年实验活动的顺序，例如，北京联合大学的三个层次理念："基础平台系列实验课程（培养学生基本技能和基本素质）、专业应用系列实验课程（培养学生专业核心应用能力）和创新拓展系列实验课程（培养学生综合实践能力和创新精神）。"

2）实验教学方法

在实验教学方法方面，学者们也提出了各自的观点，比较全面的是朱科蓉提出的北京联合大学"根据不同实验课程的具体情况，采用了多种实验教学方法：观察体验式——演示实验教学，情景仿真式——模拟实验教学，全真案例式——实操实验教学，专业集成式——综合实验教学，自主研发式——创新实验教学"。此外，袁九生和孙力平对浙江工业大学的网络化实验教学做了描述。潘蕾介绍了浙江师范大学的网上自主实验平台；也有学者从课程的设置方面进行讨论，如"北京联合大学的'15＋2'式教学计划"；任志波等对河北大学文科综合实验教学中心采取与企业合作的培养模式以及建立由跨专业学生组成的实验团队做了介绍；许多学校为了更好地进行教学，还组织人力编写实验教材，如中山大学"将实验课程改革与教材建设相结合，教师根据实际的教学经验及社会需求自编教材，使教材适应专业需要"。

4. 实验中心教师的聘用

实验中心的教师类型主要有专职实验师、兼职实验师和技术人员几种，如浙江师范大学的文科综合实验教学中心采用的是"由学术带头人和高水平教授领衔，专职实验教师、兼职实验教师、专职实验技术人员、研究生助教四位一体"的教师构成。

但是在教师的种类中实验中心最需要的是"双型教师"，"文科实验教学队伍与理工科实验教学队伍不同，除了少量提供技术支持与保障的实验技术人员，其他大部分都是同时承担理论教学与实验教学的教师，这就要求文科教师既要有较高的学术水平，又要有较强的专业实践能力"，按照目前高校的文科教学资源情况，这类理论和实践兼修的教师主要是来自原有各个学院的专业教师兼职，这又涉及跨专业教师的责任感、交流协调能力、权责、考核机制等问题。如何让属于不同文科专业的教师们积极投入到文科综合实验的教学中呢？学者们普遍谈到用激励手段来吸引高水平的教师，在职称评选、职务聘任、工资收入、工作科研环境以及发展机会等方面给予照顾。

此外在动态管理机制上，潘蕾提到应兼顾"采用固定、流动和聘任相结合的用人机制"，公开招聘、竞争上岗；在专职实验师的来源上，崔巍认为招聘专职实验员时，要"选择有一定专业背景，热爱实验工作、肯钻研的毕业生"。

5. 实验中心的日常管理和开放

1）网络化信息平台

如何做好不同文科专业的教学和实验的日常管理，学者们无一例外地指向运用网络化的信息平台进行管理。例如，浙江工商大学示范中心"通过整合实验室管理系统、网上选课系统、机房管理系统、网络管理系统等，对中心内的人员、场地、设备以及实验教学进行了全方位信息化管理"；又如，浙江大学的示范中心"建立实验教学资源库，将所有实验教学资源上网，实验教学项目设置、安排、作品提交、考评等，实现数字化、网络化、智能化管理"。王娴等认为，"基于网络的实验教学及资源信息化管理平台能够打破时间和空间的限制，使实验教学管理及资源管理具有过程化、规范化、人性化、信息动态实时等特点"，一般的信息管理平台按照用户的权限可以分为"中心主任管理、教务管理、实验教师管理、学生管理、公共事务管理、系统管理"六个主要模块，不同权限的用户可以登录系统进行相应的操作，如教师、实验室管理人员可以通过平台查询到实验室或设备的状况，分析目前中心的教学工作进展。

2）实验室的开放管理

在实验室的使用方面，有些学者提出对实验中心进行开放式管理，除了日常教学活动以外，尽可能地开展活动，提高实验室的使用率，广泛地服务有实验需求的学生、老师甚至是社会人士和机构。例如，罗建林认为，大学生创新创业活动的重要载体就是学生社团，应该尝试将符合条件的学生社团请到实验室长期驻扎，创新开放共享机制；又如，河北大学文科综合实验教学中心"开放了实验室，并与团委、学生处、学生社团加强协作，组织各种级别与类型的竞赛，提高了学生的参与意识与竞争能力"。笔者认为，为了优秀教师人才的聚集和培养，形成人才的累积效应，文科的综合实验中心应同时以一个强大的科研基地作为努力方向。

关于实验中心的考核指标体系以及日常管理的规章制度，学者们讨论得较少，基本都是借用理工科的一整套管理和评估方法。

6. 实验室硬件建设问题

目前，许多学校为文科综合实验中心配备了大规模的空间和硬件设施，例如，"辽宁大学文科综合实训教学中心有 40 个实训室，面积达 14 600 平方米；黑龙江大学文科综合实验教学中心的面积也达 12 000 平方米"。但很多高校只考虑简单的实验室面积的分配，没有考虑到不同文科专业的实验综合以后的特殊情况，而且现在实验室造价昂贵，如果出现不合理和返工的话就有很多麻烦。良好的硬件是软件发挥作用的基础，实验室中心的空间布局、建筑材料等也是不同文科专业能否高效综合的关键一环。因此，有学者考虑了硬件建设的开放共享性，比如，尹智宏充分研究国外实验室建设如何适应教学与科研的需要后认为，实验室建设的布局应该充分重视交流的需求，"实验室环境建设上一个重要的考虑因素是建立随机的休息空间、会议室、中庭空间，使人们可以在实验室外聚集，相互讨论"；"在楼梯间或中庭小场地，也可以设计成授课课堂，促进灵活而开放的教学和研讨，打破和弱化训导式的教学布局"；"相对封闭的实验空间可以借助隔音的玻璃幕墙来建造，透明的隔断不但提供了人员的视觉交流的渠道，也兼顾安全的考虑"等。

另外，也有许多外国学者关注实验室空间的布局，如 Henry M. Walker 将传统的实验室布置与现代的实验室布置进行了详细的对比，指出现代实验室布置更加重视实验室内部的分割、学生的个人操作空间、场地对于团队活动的便利性、老师对教室的监控性、讲课与实验活动转换的空间条件等因素。国外关于实验室开放性和空间布局方面的研究很多，也相对成熟，值得我们借鉴。

笔者认为，用于文科综合的实验室硬件设施在设计之初，就应该充分表达开放、交流、多元的原则，才能保证融合集成的最大化，以免由于硬件问题，制约了软件的发展。

7. 评价

学者们纷纷就如何有效地进行跨专业的文科实验整合提出自己的见解，囊括了实验中心建设的多个方面，其中不乏真知灼见，对文科实验综合的工作具有很大的启发意义。比如，将中心运行模式这一复杂的问题锁定为"中心的定位"上，充分考虑到了高校行政体制的现状和新生机构对独立性的诉求，为中心运行实践中如何协调各方力量提供强有力的理论支持；又如，对不同文科专业关联性的探讨，让我们意识到文科各专业间的关联性存在强弱程度的差别，合理地进行分类组合，才能提高整合的效率，不可以将关联性低的专业生硬地放到一起；此外，对开放共享性实验室建设的关注，指出了从建设不同于理工科实验室的硬件设施入手，文科的综合实验工作可以在具有自身特色的硬件基础上发挥出文科软件的魅力。

然而，学者们的观点大多还是停留在抽象的层次上，缺乏实践经验和操作性，不够具体，比如，谈到中心教师管理方法时，仅仅提及普遍的一些激励方式，并未就这些方式运用的实际效果进行反馈和讨论。这很大一部分原因是各地的文科综合实验示范中心建立时间较短，还处于探索阶段，相关研究还需要一定的时间进行。笔者认为，对于教育管理工作来说，最急需的是富有实践性的个案研究，随着文科综合实验工作的开展，学者和教育工作者们将会在实践中积累越来越多宝贵的资料，这方面将会逐渐改善。

（四）总结

"文科综合实验"概念的提出，是为了改变我国高等文科教育在"实验"和"综合"两个方面的薄弱现状，为此，国内各高校纷纷建立文科综合实验教学示范中心，广大的教育工作者和学者也就该领域进行了大量的研究，主要是关注文理科实验的差异、为何要进行文科实验综合以及如何综合三个方面，取得了一些成果，但也存在许多不足，主要是该领域实践经验的缺乏。

从事物的发展循序渐进过程的角度，笔者将文科综合实验的建设工作其分为以下五个阶段：①理论准备阶段，即概念的提出、可行性考察以及理论的收集。②初步实行阶段，在有充足的理论准备和计划方案后，建立文科综合实验的硬件中心，并尝试协调各专业进行文科综合实践教学。该阶段中，对来自跨专业资源、学生、课程的协调工作以及中心事务的管理还比较生疏，经常会出错，中心的运行模式和管理方案也经常在变动调整之中。③稳定运行阶段，经过前一个时期运行的反馈和调整，一套常规的运行模式被固定下来，中心能够实现日常教学管理工作的顺畅运转。④优化提升阶段，该时期中心的教学和科研越来越紧密地结合在一起，形成人才的累积效应，科研分量和教学质量同时上升。⑤再调整阶段，遇到新的问题或者旧的问题爆发，使得中心的工作再次进入一定的调整时期。

现在的文科综合实验工作还处于理论准备阶段与初步实行阶段之间，未来会遇到数不清的困难，文科实验室的建设者必须保持耐心，在扎实做好每一阶段的工作之后，再向下一阶段迈进。既要关注眼下的问题，又要看到中心未来的希望。

文科综合实验工作的最终目标是在高校建立各方面协调运行，形成人才累积效应的强大的文科综合实验教学和科研基地。

参考文献

陈步云，赵艳娥，周剑芬.2011. 文科实验教学中心建设与培育［J］.实验室研究与探索，20（10）：195-197.

崔巍.2009. 论跨专业文科综合实验中心建设的条件与管理策略例［C］// 北京高教学会实验室工作研究会.2009 年学术研讨会论文集.北京：北京高教学会实验室工作研究会：278-282.

郭嘉仪.2011. 经管类跨专业综合实验教学管理机制的探索［J］.实验室研究与探索，30（8）：387-389，392.

林家莲.2011. 文科综合实验教学示范中心的建设与实践［J］.实验室研究与探索，30（5）：77-79，12.

刘二虎，戴玉蓉，熊宏齐.2011. 高校人文社科类实验室发展现状分析［J］.实验室研究与探索，30（3）：326-329.

罗建林.2013. 面向社团开放为主体的文科实验室管理模式探索［J］.实验技术与管理，30（1）：199-202.

倪丽娟，陈辉.2013. 从文科与理工科实验教学差异的视角谈文科实验教学［J］.实验技术与管理，30（1）：148-150.

潘蕾.2011. 文科综合实验教学示范中心管理模式的探索与实践［J］.实验室研究与探索，30（12）：83-86.

任志波，耿强，邓尧.2011. 文科实验教学的探索［J］.实验技术与管理，28（8）：239-240，256.

石瑛.2009. 理工科一般院校文科实验室建设现状及对策［J］.实验室研究与探索，28（6）：288-291.

王娴，刘畅，牛骁.2012. 实验教学及资源信息化管理平台的研究与实现［J］.实验室研究与探索，31（3）：201-204.

肖升.2011. 文科综合实验教学示范中心的建设现状与问题破解——基于协同理论的思考［J］.实验室研究与探索，30（12）：78-81.

徐平.2010. 搭建文科综合实验平台 培养文科复合创新人才（续）［J］.实验室研究与探索，29（7）：1-5.

徐平.2010. 搭建文科综合实验平台 培养文科复合创新人才［J］.实验室研究与探索，29（6）：1-4.

杨志安，吴炜，高亮.2009. 高校文科实验室建设的实践与对策思考［J］.实验室研究与探索，28（3）：257-259.

姚玲.2005. 源于理科走进文科的实验室［J］.自然辩证法研究，21（11）：13-15.

尹智宏.2012. 如何设计全新的现代"开放共享"实验室（续）［J］.实验室研究与探索，31（7）：176-180.

尹智宏.2012. 如何设计全新的现代"开放共享"实验室［J］.实验室研究与探索，31（6）：168-172.

袁九生，孙力平.2012. 文科综合实验教学示范中心建设的探索与实践［J］.实验技术与管理，29（4）：

145-147，150.

张宝秀，朱科蓉 . 2013. "文科综合"的内涵与文科综合实践课程体系建设 ［J］. 实验技术与管理，30
（1）：18-21.

朱科蓉，韩建业 . 2011. 文科综合类实验教学示范中心的运行模式研究 ［J］. 实验技术与管理，28（9）：
15-17，27.

朱科蓉 . 2010. 文科实验室的建设意义与策略——以北京联合大学应用文科综合实验教学中心为例 ［J］.
现代教育管理，（7）：67-69.

Gibson S，Tranter J N. 1998. Beyond curriculum integration：a humanities approach to teaching social studies
［J］. Canadian Social Studies，32（4）：121-124.

Walker H M 2010. Configurations for teaching labs ［J］. ACM Inroads，11（3）：26-30.

关于文科类实验教学
课程开发与建设的几点思考①

（一）引言

在教育改革不断深化的今天，实验教学获得了前所未有的发展，国内各大专院校的各种实验室或实验中心如雨后春笋般兴起。而文科实验教学作为一种新兴的实验教学手段也得到了广泛的认可。很多高校都成立了文科综合实验中心作为文科实验教学的主要机构和教学平台，如浙江师范大学文科综合实验教学中心、华中师范大学文科综合实验教学中心、浙江工商大学文科综合实验教学中心、辽宁大学文科综合实验中心等。

应该说在这种良好的态势下，我们的方向是正确的，目标是明确的，文科实验教学中心成立的目的应该是学以致用，给学生提供一个理论联系实际的平台，进而能够保证人才培养的质量。那么在有了明确的目标之后我们所应该考虑的就是如何在整合现有资源的基础上，利用已有的条件更好地为我们服务。在这一过程中一个主要的问题就是文科类实验教学课程的开发与建设问题。针对这个问题本文将从当前高校文科类实验教学教学科研的现状出发，探讨对于高校文科实验教学课程设置的一些观点和从不同的出发点提出的文科类实验教学课程的开发与建设的方法。

（二）以高层次人才的培养为出发点

人才是指德才兼备或具有某种专长的人。其词始用于汉代，《淮南子·齐俗

---

① 本文由辽宁大学文科综合实验中心孙宇、张衡编写。第一作者孙宇是辽宁大学文科综合实验中心教辅，助理实验师，专业方向为计算机、经济信息学以及经济数学。

训》中说："夫先知远见，达视千里，人才之隆也。"自古以来，不同的社会和历史时期对人才有不同的理解和衡量标准。其概念在学术界有多种表述，一种是泛指那些有较高能力素质（包括智力、技能和经验等）的人，另一种是指个人的能力素质特别适合某些场合专门工作的一部分人，如管理人才、技术人才、研究人才等。教育学上将其表述为经过学校教育，在德智体方面具备了一定素质，基本上可以适应某项工作的人，实际是指获得了中专、大专及大学以上学历的毕业生。人才结构也可称为"群体结构"，即一个群体内成员的年龄、专业、知识、智能、素质等方面结合、构成的状况。

当然每一个教育工作者都希望培养出来的学生能够成为社会的栋梁之才，将来为国家和社会做出卓越的贡献。但是人不是从模子里面刻出来的，一个不可忽视的事实是人的能力和天赋是存在很大差异的。我们必须实事求是地面对这种差异，科学地针对不同层次的人群因材施教，以期提高教育效率达到最佳的教育效果。

针对某一具体学科其对应的人才结构的分布大体上应该呈现出一种三角形的样式，就是说当要求或标准越高的时候，能够达到这种标准的人群就越稀少。比如，每年我国高考成绩的分布，分数线越高能够达到这个分数线的人就越少，大部分人的成绩还是集中在中下游水平。通过这种现象的揭示和启发，那么为了更好地实现创新型人才的培养，给有能力、素质好的学生提供充实自己的机会和展示自我的平台，我们的文科综合实验中心的课程设置也应该顺应这种客观存在的自然规律。在普及基础素质教育的同时兼顾到人才层次差异的现实情况。具体说来，就是我们的文科综合实验中心开设的课程中除了有给本科生的通识课外，还应该有以其他形式提供给研究生的深入课程，这将是文科综合实验中心能够成为教学科研单位的一个重要的基础。比如说，可以开设各种文科专题的研讨课（seminar），"seminar"体现了 19 世纪初德国柏林大学的创建者及首任校长、普鲁士王国教育大臣 W. K. 冯·洪堡率先提出来的现代高等教育的两个基本原则：①学术自由；②教学与研究相结合。它们成了现代大学办学的指导方针，并对世界高校（包括美国高校）的模式产生了重大影响。由于多年留学德国的经历，笔者也对德国大学的这种较为特别的授课方式深有感触。跟我们国内对研讨课的通常理解所不同的是德国大学的"seminar"并非是青年教师之间相互探讨大家授课技巧的手段，而是一种以老师和学生一起探讨某一个学术问题，来达到传道授业解惑的教学方式。其大体的形式是先由授课教师讲授一部分导论课，这样学生们就会对将要讨论的问题有了一定的理论基础。然后老师会给出一系列跟所讲授课题相关的重点问题，每一个参加研讨课的学生都要选择一个重点问题自己回去准备相关的资料，做一个小型的论文。接下来的后续课就会由每一个学生来根据自己所准备的问题来做一个专题报告，在报告的过程中老师会提出问题，其他同学也会提出问题。这样大家相互探讨，整个课堂完全处于一种自由的学术研讨的氛围中。

德国著名教育家第斯多惠曾经说过："一个普通的教师是奉送真理；一个好的教师是教人发现真理。"对于这句话可能有人会有不同的看法，但是笔者个人认为，如果针对的仅仅是高等教育，第斯多惠的话无疑是正确的。理由很简单，因为高校培养的本科生，硕士生乃至博士生将会成为未来国家科技研发力量的主力，如果没有"发现真理"的能力是绝对无法胜任未来的科研任务的。那么德国大学的研讨课这种授课形式恰恰也折射出来了第斯多惠所倡导的这种精神——平等自由的学术氛围，合作还有团队精神正是当前我国高等教育所需的。所以这种授课模式也是值得我们借鉴，尤其是对于研究生或基础较好的本科生而言，适当地开展研讨课必将促进学生研究能力的提高，营造出一个更好的学术氛围。

（三）以学科交叉融合为出发点

在科学技术高度发展的今天，大多数学科的发展都是日益昌盛，理论愈发地完善，实验手段也愈发地先进。但是有一个现象是，好多时候单纯地依赖某一个学科的知识往往无法很好地解决问题。我们遇到的很多问题都需要运用多个学科的知识相结合来加以解决。为了适应这种情况，多学科交叉融合也成了当今一流大学的一种共识。"当今世界，科学前沿的重大突破，重大原创性科研成果的产生，大多是多学科交叉融合的结果。近百年获得诺贝尔自然科学奖的334项成果中，近半数的项目是多学科交叉融合取得的。例如 DNA 分子双螺旋结构的发现就是物理学、生物学、化学交叉融合的结果。1953 年有 4 篇论文发表在 *Nature* 杂志上，涉及 4 位作者：Wilkins 和 Crick 是物理学家，Watson 是生物学家，Franklin 是化学家（1958 年逝世），前三位荣获 1962 年诺贝尔生理学及医学奖。"

为了阐明学科交叉融合对于科技研发的影响，笔者想在这里对科学与技术之间的相互关联加以讨论。《辞海》上对科学的解释是"反映自然、社会、思维等的客观规律的分科的知识体系"。技术是指"人类在利用自然和改造自然的过程中积累起来并在生产劳动中体现出来的经验和知识，也泛指其他操作方面的技巧"。科学是客观存在的自然规律，而技术在大多数情况下是对科学的具体运用和操作。那么我们可以通过下图来更加清晰地揭示出科学和技术之间的关系。图 9-1 中纵向竖线箭头代表了不同的学科，如数学、物理、化学、生物、信息学等。伴随着时间上的延伸每个学科的发展水平都处于不断地提高之中。而技术则可以被认为是不同学科的知识的结合应用。通过下图，我们不难发现，如果应用于一项技术中的每个学科的知识都处于这个学科发展的前沿的话，那么这项技术相对来说就是先进的。比如，在图 9-1 中展示的技术一就会比技术二先进，因为在技术一中应用到的数学、物理、化学等学科的知识都要比技术二中用到的相应学科的知识处于更前沿的地位。此外，科学和技术之间还存在着相互促进相互依存的关系。一方面，不同学科的发展水平决定了技术研发的先进程度；另一方面，技术先进的程度又为每一个学科的实验手段、科研技术条件提供了一个可靠的物质基础。正是它们之间的相互作用推动了人类社会的进步和繁荣。通过下图我们可以更准确地刻画出科学和知识之间的联系，从而更加直观地认识到它们之间相互作用的规律。

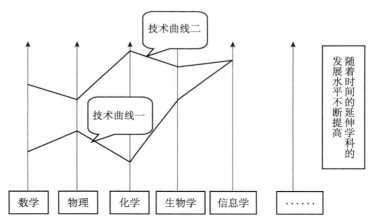

图 9-1　科学与技术之间的关系示意图

对于科学和技术之间关系的理解，同样可以更好地指导文科类实验教学课程的开发与建设。在文科类学科之中也同样存在着需要不同学科交叉融合来实现新的社会需求的情况。比如，近些年来，随着我国对外贸易的增长我国每年的对外贸易摩擦也在不断地增加。尤其是由于知识产权而带来的外贸纠纷正呈现出逐年递增的态势。"中国企业在海内外市场遭遇知识产权纠纷的消息此起彼伏，知识产权已经成了中国企业参与国际竞争过程中无法回避的焦点。"在这样的大背景下，如何加快知识产权人才的培养成为国内高校，尤其是综合性大学的一个新的课题。"从专业的角度来讲，从事知识产权业务的人一方面要掌握牢固的法律知识，同时还要具有企业技术方面的专业素养，此外对于从事知识产权业务者的外语水平的要求也是相当高的，这三点结合就对从事知识产权的人的素质提出了相当高的要求。而实际上，国内从事知识产权的人员，多半是"赶鸭子上架"被逼出来的。因为缺乏专业、系统的培养，他们的综合素质相对较差。目前，国内高等院校里专门用来培养知识产权人才的院系寥寥无几，而且其授课和教材大多还是以汉语进行的，对于外国的法律条文，国内高校的法学院系基本也是翻译为中文后再对学生进行讲授的，这样就造成了我们国内所培养的知识产权人才无法很好地和国际接轨，对于企业的涉外业务往往力不从心。因此，必须加快对专门人才的培养，高校可以采取多种形式，培养一批熟悉世界贸易组织规则、精通外语（尤其是法律，经贸方向外语）、熟悉技术性贸易壁垒的专门人才，这些专门人才可以成为技术性贸易壁垒预警系统的必要人力资源。"其实从知识产权人才所需的各学科知识来看，文科类学科基础较雄厚的综合性大学是完全可以胜任这类人才的培养的。但是相对于某个单一学科的单位而言，如法学院或者商学院抑或外语学院，由文科综合实验中心来承担这样的任务无疑具有更多的优势。因为文科综合实验中心本身就是一个融合了文科各专业的实践的平台，而且它又是一个学校和企业之间互动的平台，同时它还是一个文理科交融的平台。具有了这三个优势使得文科综合实验中心对于跨学科专业课程的开设更具有优势。

此外参考国内外的成熟经验，很多高校都有开设一些多学科知识相融合的专业。比如，在笔者曾经深造过的德国，有很多高校都开设了诸如经济工程、经济信息、生物信息学、经济数学这样的专业。其大体的形式就是学生按照德国教育部所颁布的联邦进修法所规定的比例来选修不同学科的专业课程，修满足够的学分之后和单一学科专业的毕业生一样拿取学位。在学校给学生提供的选修课中有相当一部分的课程是由实验室这样的教学单位提供的。比如，选修经济信息学的学生可能会选到像广告制作以及音像合成这样的课程，就是由多媒体实验室提供的。像这样的模式我国的文科综合实验中心也是可以借鉴的。

（四）以人文素质的普及为出发点

作为一个文理科交融的平台文科综合实验中心对于理工科专业学生的人文素质的普及提高也可以起到很好的推进作用。理工科的学生在学习专业课之余选修一部分哲史类的课程，对自身的专业水平的提高也是有好处的。比如，像科学学、科学社会学、科技管理学、科技发展史、数学史等。

科学学是一门正在形成中的新兴学科，始萌于 20 世纪二三十年代。最早全面地对科学学进行研究的是波兰学者社会学家 F. 兹纳涅茨基，1939 年英国物理学家贝尔纳发表了论述科学学基本理论和研究方法的著名著作《科学的社会功能》一书，明确提出了科学学的思想。其主要研究对象是自然科学整体（包括基础科学、技术科学和应用科学）。研究它的根本性质，总结它的发展规律，依据这种规律探索组织管理科学研究的原理、原则和一般方法，把促进自然科学的最优化发展作为科学学研究的目的和任务。科学社会学和科技管理学则分别是科学学的两个主要的分支。1984 年 7 月，在旅顺举行的全国科学学理论与教材讨论会上提出，把科学学的结构体系按理论科学学和应用科学学来分类，其中理论科学学主要研究科学社会学，就是把科学作为社会现象来研究；应用科学学以科技管理学为主。通过这些科学哲学和科学史的学习可以帮助学生建立一个完整的、科学的世界观。使其对科学技术的发展从过去到未来都有一个更加清晰的认识。给其未来的科研工作提供一个强大的推动力，进而培养学生愿意求知、主动求知的探索精神。

（五）结语

中国著名物理学家钱学森临终前曾向温家宝同志提出过一个十分尖锐而又发人深省的问题："为什么新中国成立后我们培养不出一流的创新型人才？"这就是著名的钱学森之问。作为一个教育工作者，这个问题时刻鞭策着我们。如何提高高校的教育效率，更合理地利用教育资源，已经成了摆在我们面前的、最急迫需要解决的问题。而文科综合实验中心实验教学的指导思想恰恰就是"以培养创新人才为核心，实施综合型和开放式实验教学，促进学生知识、能力、素质协调发展"。所以，可以说文科实验中心的建立，也可以看做是为了解决钱老所提出的问题的一种尝试。作为一个新兴的机构，文科实验中心必然要有其自身所特有的特性，而不是简单地跟已有机构的功能相重叠。在这个尝试的过程中必然会有各种困难因素的存在，我们必须打破思想的壁垒，开拓进取、勇于革新，文科实验教学的明天必将是美好的。最后笔者想引用李白的乐府诗《行路难》中的最后两句作为全文的结束来与诸位共勉，"长风破浪会有时，直挂云帆济沧海。"

► 参考文献 ···

第斯多惠 . 1990. 德国教师培养指南［M］. 袁一安译 . 北京：人民教育出版社 .

关西普 . 1982. 科学学纲要——理论科学学基础［M］. 天津：天津科学技术出版社 .

韩建业，朱科蓉，杨积堂 . 2011. 人文综合 文理交融［C］//徐平，杨玲，赵辉，等 . 高等学校文科实验
    教学的探索与创新 . 沈阳：辽宁大学出版社：1-9.

何卫平 . 2011. "关于"Seminar"方式的意义——兼谈德国大学文科教学中解释学与辩证法的传统［J］.
    高等教育研究，(04)：76-85.

何亚平 . 1990. 科学社会学教程［M］. 杭州：浙江大学出版社 .

李冀 . 1989. 教育管理词典 .［M］. 海口：海南人民出版社：112-113.

田夫，王兴成 . 1983. 科学学教程［M］. 北京：科学出版社 .

吴秀贞，全毅 . 2006. 我国对外贸易中的知识产权摩擦及对策［J］. 世界经济研究，(2)：41-46.

徐平 . 2010. 搭建文科综合实验平台 培养文科复合创新人才［J］. 实验室研究与探索，(6)：1-4.

叶京生，董巧新 . 2009. 知识产权与世界贸易［M］. 上海：立信会记出版社 .

文科综合虚拟实验平台的建设[①]

　　文科综合虚拟实验平台是以计算机及网络技术为核心，依托中心大型工作站系统，构建能够体现学科特点、涵盖多学科（专业）的综合性、现代化、开放共享的实验教学平台。虚拟实验室（virtual laboratory）概念，最早在1989年由美国弗吉尼亚大学的威·廉沃尔夫（Willian Wolf）教授提出，是由网络技术、计算机技术及虚拟现实技术等生成的虚拟实验的功能系统，包括虚拟的实验环境、仪器设备、实验对象以及实验信息资源等。将虚拟的各种仪器，按实验要求组装成一个完整的实验系统，并按步骤完成整个实验，其中包括材料的添加、实验条件的改变、数据采集及实验结果的模拟、分析等。一般认为网络虚拟实验室是一个无墙的中心，基于计算理论和远程控制技术，在网络环境下协同工作完成实验，充分实现资源共享的实验平台。虚拟实验室有验证型、测试型、设计型、纠错型、创新型等多种类型。

　　实验教学可以加深学生对理论知识的理解，增强学生的学习兴趣，锻炼学生的动手能力。根据文科专业特点，参访成熟、先进的理工类虚拟实验室建设经验，开发具有文科专业特点的模拟仿真软件，并安装在中心服务器的虚拟实验室内。学生通过网络访问服务器、进入虚拟实验室、阅读电子实验讲义、设计实验、进行实验操作、分析实验数据、填写实验报告、验证实验设计。

　　传统实验在培养学习者的动手能力、学习兴趣和科学精神方面有其独到的地方，但虚拟实验在信息数据的采样、收集，实验过程的控制以及数据处理等方面都有其不可比拟的优越性。比如，使实验过程受控制，数据采集更精确、更理

---

　　① 本文由辽宁大学文科综合实验中心张衡、孙宇编写。第一作者张衡是辽宁大学文科综合实验中心实验师。

想、更智能化，还可解除实验者的繁重劳动，详细记录实验过程、重现实验现象等。因此，必须提高对虚拟实验教学模式的认识，促进"虚拟"实验与"传统"实验的结合。学生足不出户便可做各种各样的实验，获得与传统实验一样的体会，从而丰富感性认识，加深对教学内容的理解。

与传统实验室相比虚拟实验室优势在于以下几个方面。

（1）投入小：虚拟实验室的建设，可适当减少传统实验室及配套设备的数量，大大降低资金投入。虚拟实验不存在设备损坏和材料消耗，可节省设备维修及材料费用。服务器系统易维护，可精简管理人员数量。

（2）利用率高：突破传统实验室空间、时间及参与人数上的限制。不必集中在实验室内，在任何网络接入点（寝室、家、网吧等），学生可通过网络登陆实验平台，进入虚拟实验室进行在线模拟学习、观摩及实验操作等，彻底改变传统实验室利用率低的现状。

（3）功能全：虚拟实验室的数据库可做到涵盖多学科、多方向，并易于升级换代和增加新功能，从根本上解决了因实验元器件、仪器不全而影响实验的问题。

（4）协作性强：利用平台的透明性、资源共享性、互动操作性，实现异地协作，以及实验资源、仪器设备、数据资源的高度共享，进而建立高校实验网络共享平台。

（5）扩展性以及安全性：为满足未来实验发展的需求，虚拟实验室功能的扩展，只需进行服务器系统软硬件升级和新型虚拟设备开发即可。所有实验设备都是虚拟的，只需做好服务器系统维护、备份等工作，就可避免实验环境及设备损坏，这是传统实验室无法比拟的。

由于虚拟实验平台具有的这些优点，导致它越来越受到国内外高校和科研机构的重视和青睐，成为强化实验室建设、改革实验教学手段的一个重要发展方向。

（一）虚拟实验发展现状

经过一个多世纪的发展，虚拟实验室成为可以覆盖多种学科的实验技术。实验教学在高等学校的教学中有重要的作用，尤其是在电工电子、医学、建筑、机械、生化等专业的教学中，前沿理论、创新技术、新型药品都必须在实验室内反复实验而产生，并投入到社会中进行批量生产，造福人类。这些学科的许多内容和科研课题都是以实验为基础，而其中的许多实验都经常受到实验设备、实验场地和实验经费等条件的限制，有些实验的危险性也较大，因此这些学科理所当然地率先选择了虚拟实验室。具有代表性的有约翰·霍普金斯大学（The Johns Hopkins University）建立的虚拟工程/科学实验室、德国鲁尔大学的网络虚拟实验室等。目前，国内的多数高校都根据自身教学需求建立了虚拟实验室，但普遍存在照搬、照用国外开发的虚拟仿真系统，来完成虚拟实验，设计产品的现象，没有自主知识产权和自身特点。而且很少将虚拟实验室进行整合，建立虚拟实验室平台，但不能充分发挥其作用。

迎合社会需要结合学科发展，近些年全国高校陆续开展文科实验教学与理论教学相结合，丰富人才培养模式。2009 年，在教育部政策的引导下，具有丰富文科实验教学经验的高校将自身资源进行整合，建立文科综合实验平台，实行实验室统一建设、课程统一设计、中心统一管理，开创了文科实验室建设之先河。经过几年文科实验的发展，已开发出不同种类适合不同专业实训的模拟软件，这些软件都以计算机为基础，如智能语言实训平台、外贸实习平台、商务谈判实训平台、模拟银行教学平台等，可加强学生理论知识学习与技能训练。但普遍缺乏模拟仿真功能，很少提供与实际相同的环境模拟，以及项目设计、仿真、验证等功能，是"实训"而非"实验"。

（二）文科综合虚拟实验平台建设的必要性

虚拟实验平台建设是高校实验教学发展的必然趋势。社会对高校毕业生的要求越来越高，学生要熟练掌握科学文化知识，能与实际生产生活相结合，还要具备总结、创新的能力。文科类专业经过多年的发展，在理论教学的基础上开发出适合本专业教学的实验课程，开拓创新，丰富人才培养模式。2009 年，教育部批准建设了 11 个国家级文科综合实验教学示范中心，在全国激起了文科综合实验中心的建设浪潮，带动了全国高校开展文科实验教学。文科综合实验教学平台将本校实验室资源进行整合，打破原有单打独斗的实验教学模式，避免实验室反复投入、使用率低等弊端，进行统一建设、统一管理。但由于覆盖专业多、上课人员多等原因，建设了大量功能相同、利用率不高的基础性实验室。

利用虚拟实验室特点，结合成熟的校园网络和中心服务器系统（工作站系统），建设文科综合网络虚拟实验平台。虚拟实验平台的建立即可减少传统实验室的数量，节省实验室资金投入，又可打破传统实验地域和时间的局限性，提高实验室利用率，还可加强老师与学生、学生与学生间的在线交流互动，打破高校间的围墙壁垒，实现教育资源共享。在使用虚拟实验室的过程中，要结合传统实验与理论教学，加强学习者之间的相互合作，并注重激发学习者的兴趣、促使其进行探究，那将会产生更大的教育价值。

（三）建设文科综合虚拟实验平台

在文科综合实验中心现有服务器系统（工作站系统）上，结合专业计算机模拟软件，建设虚拟实验室。学生利用网络进行远程登录，进入服务器系统上的虚拟实验教学平台，选择实验项，进行模拟实验学习。教师和技术人员也可以通过网络登录相应平台，进行实验设定、讲解及平台管理等，还可以在平台上与学生进行交流，如图 10-1 所示。

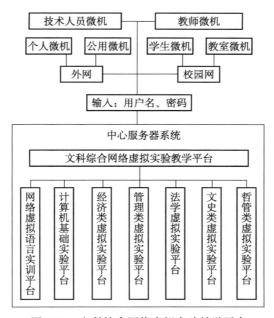

图 10-1　文科综合网络虚拟实验教学平台

1. 硬件平台的搭建

中心建有千兆无盘工作站系统：①9 台数据处理服务器，运行内存 60G。② 数据存储系统，存储容量 200T。③千兆网络系统。④学生端微型计算机 500 余台。这样的配置基本可满足文科综合虚拟实验平台建设的要求。

2. 软件平台的搭建

实验平台可加强学生对专业软件的实际运用、操作能力，增强学生专业知识的掌握与运用能力，进而根据专业知识设计新的实验方案，在虚拟平台上进行仿真模拟，得出结论证明设计的合理性、可行性。实训行型软件平台与实验型软件平台共同构成了文科综合实验的软件平台。

（1）智能网络语言实训软件平台：采用信息和计算机技术，用教学软件进行自主学习和个性化学习，把以课堂教学模式为主改为以课堂与计算机自学并重的教学模式，大量使用先进的信息技术，开发和建设各种基于计算机和网络的课程，为学生提供良好的语言学习环境与条件。智能化口语自动诊断评分系统平台作为英语学习的载体，正是将自动语音分析技术、先进的语音处理技术和工作生活中实用的外语资源，进行有效的整合，激发学生的学习兴趣，增强学生在英语听说方面的自主性学习，转变教师传统的以"教"为主的角色，全面提高学生英语综合实用能力，达到最佳学习效果。

（2）专业技能实训软件平台：利用虚拟现实技术和自然人工场景技术，使用 3D 数字化仿真工具，使操作者与虚拟仿真环境有着全面的感官接触与交融，具有有身临其境之感。用户在虚拟原型交互仿真界面上进行专业软件模拟训练，刺激训练者的感官，加强知识、技能掌握。

（3）专业实验软件平台：借鉴先进虚拟实验室建设经验，结合文科类专业特点，建设专业实验软件平台。软件数据库由实验室介绍、实验说明、实验预习题、实验标准、结果分析及实验报告等组成，建立仿真实验场景、实验对象及实验设备等。按设计链接实验设备、添加材料，并按指定操作完成实验任务，观察实验现象，体验实验过程，获得结果。分析结果得出实验结论，提交实验报告。

在日常实验教学中，应充分利用文科综合虚拟实验平台的独特优势，最大限度地利用校园网络、服务器、传统仪器设备等现有基础设施，将分布在校内外的各类型虚拟实验资源通过网络得以共享。平台建设的最终目标不是为了虚拟而虚拟，而是让学生通过虚拟实验更快速有效地学习实验原理、掌握试验方法，训练实验技能，从而提高实验教学效率和学生的创新实践能力。

（四）文科综合网络实验平台发展趋势

未来文科综合实验平台主要有以下发展方向。

（1）实训平台向实验平台的转变：多数文科实验教学以专业知识学习、应用软件操作训练为主，缺乏与实战结合，没有创造力。为迎合社会人才需求，应将实训型教学转向实验型教学，激发学生的创造力，为培养复合型人才奠定基础。

（2）共享平台：文科综合虚拟实验平台将承载多种类、功能丰富的虚拟仿真系统，存储大量实验教学资源。互联网的介入，使平台打破高校间的围墙壁垒，便于高校间的协同、协作，学术交流，共同研究攻克科研难题，实现实验平台间的高度共享。

（3）4D 实验平台：未来的虚拟实验室不仅要模拟实验室环境、实验设备、实验现象等，还要运用 4D 技术给学生肢体上的感触，更加接近实际实验。

► 参考文献

陈秀清 . 2003. 关于虚拟实验室的建设［J］. 福建广播电视大学学报 .（1）.

胡珊，于光，周明秀 . 2008. 基于 3D 和 VIRTOOLS 技术的物理虚拟实验室架构设计［J］. 计算机工程与
设计，29（1）.

黄慕雄 . 2005. 高校教学型虚拟实验室建设的现状与建议［J］. 网络教育与远程教育，（349）：77-80.

刘筱兰，张薇，程惠华 . 2004. 虚拟实验室的类型及发展趋势［J］. 计算机应用研究，（11）：8-10.

单美贤 . 2002. 虚拟实验室的发展方向［J］. 开放教育研究，46（2）：44-46.

万桂怡，崔建军，张振果 . 2011. 高校虚拟实验平台的设计及实践［J］. 实验室研究与探索，30（3）：
386-389.

徐平 . 2011. 搭建文科综合实验平台 培养文科复合创新人才 . 实验室研究与探索［C］. 沈阳：辽宁大学
出版社 .

张刚，罗小华，贺利芳 . 2008. 构建网络虚拟实验室技术研究［J］. 实验室研究与探索，27（3）：55-58.

张志敏，李贤敏 . 2008. 基于网络的虚拟实验室的研究［J］. 实验技术与管理，25（4）：160-163.

文科实验室的
文化构建创新实践①

实验室文化是高等院校文化的重要组成部分，实验室文化建设对于推进教改，凝练大学精神，营造优良的教风和学风，提高学生综合能力，培养高素质应用型人才，打造学校品牌的意义十分重大。

通过实验室文化建设能够提高实践教学的质量，培养学生的创新精神，加速教学改革的进度，在学生素质教育和建设学校品牌文化的建设都具有重要意义。因此，实验室文化的建设应得到重视和加强，在当今实践教学和实验室建设普遍受到重视的大背景下，构建实验室文化是实践教学改革与时俱进的要求。

当前，虽然各个高校在实验室文化建设方面得到了重视，但是大多只注重实验室硬件与设施的改善，缺乏从整个实验室文化方面考虑实验室文化的构建。现通过分析实验室文化建设的意义和措施，结合大连理工大学文科综合实验教学中心的实验室建设情况，提出实验室文化构建的思路。

（一）实验室文化建设的必要性

高校实验室是高等学校人才培养和科学研究的重要基地，实验室文化建设已然成为高校文化的重要组成部分。实验室文化是素质教育和校园文化的重要组成部分，高校实验室作为实践教学的有机组成部分和素质教育的培养基地应清醒地认识到自己应该建立什么样的文化。只有塑造适应环境的文化，构建具有自己特色的文化并采取措施有针对性地补强这种文化，然后将体现这种文化

① 本文由大连理工大学人文与社会科学学部助理工程师于伟编写，主要研究方向为陶艺实验教学、实验室管理等。

的行为、思想给固定下来。否则一切文化构建都将是一纸空文。

实验室文化建设应体现在学术文化氛围和教学理念文化氛围两方面，实验室文化建设的必要性主要有以下几方面。

（1）实验室文化建设时学术氛围形成的重要组成部分。学校需要有一个稳定团结的实验教师队伍，教师和学生需要良好的学术氛围。校风、教风和学风的建设需要良好的实验室文化。

（2）建设大学文化需要大力发挥实验室文化建设的功能。因为实验室文化是学校文化的重要组成部分，所以建设实验室文化是建设校园文化的必然要求和重要途径。

（3）高校提高实验教学质量与科研水平需要良好的实验室文化。学生的科学素养、实事求是的科学作风和创新精神都需要良好的实验室文化。

（二）高校实验室文化构建措施

1. 实验室文化的主要内容

实验室文化是师生在实验室建设、管理和实验教学与科研活动中不断创造的物质财富和精神财富的总和。它包括物质文化和精神文化两个层面。

实验室的环境建设要体现物质文化，物质文化是反映实验室发展程度的外在标志，也可称为环境文化，是物质形态在实验室文化中的体现。表现形式主要有实验室的布局、仪器设备的摆设、室内装潢、说明字画、卫生环境、实验室安全环境、教师员工的穿着等方面体现出的文化艺术和精神追求。实验室的环境文化建设是全面性的，既要有统一风格，又要有自己的特色，最终目的是为师生提供一个安全、优美、轻松、和谐的实验环境。大连理工大学文科综合实验教学中心根据实验教学改革和新时期人才培养的要求，在学校的支持下购进新的实验室硬件设备和实验教学软件，同时做好老旧设备的维护。在对外展示方面，大连理工大学文科综合实验教学中心巧妙地运用了教学楼的内部空间，在此基础上进行二次设计，展示出良好的视觉效果。

精神文化是实验室文化的核心，它可以通过各种文化表现形式来引导群体成员的行为、心理，使其在潜移默化中接受共同的思想引导、情感熏陶、意志磨炼和人格塑造。

实验室精神文化创新的主要内容体现在创建良好的实验室学术环境氛围，建立良好的人际与师生关系。培育良好的团队合作创新精神，尊重差异、包容多样，正确处理协作与合力、严格与宽容、自主与沟通的关系。秉承大连理工大学文科综合实验教学中心"大综合，建平台；依学科，促教改；强渗透，重实训"的核心文化特色，本着"文科生受益，理工科生也受益"的宗旨，做了以下实践。

1）"大综合，建平台"——整合全校文科实验资源，经管文法哲等学科实验齐全，统一规划，统一管理，构建了培养学生实践动手能力和创新思维的实验平台

通过实验教学活动并整合校内资源，为文化传承创新服务。中心是对大连理工大学文科专业实验教学资源有机整合和高效利用而建立的、覆盖大连理工大学文科专业的大文科类实验教学平台。中心以实验课程体系的四大课程群搭建了四个实验子平台：经济与管理类、新闻与传播类、艺术与设计类及法律与思政类。中心以此搭建开放共享的综合实验平台，构建实验体系，开设特色实验、综合性实验项目，各平台之间也较好地体现了学科的融通整合。例如，电视编辑实验吸引了来自新闻、艺术、计算机等专业学生的积极参与，他们自编自导的高清电影《雷子》《最后的冠军》参加了大连市高校独立影像节的展演，反响热烈，体现了在跨专业大综合中把实验成果转化为文化产品的理念。

2）"依学科，促教改"——依托学校各学科优势，长期坚持教学与科研相结合，及时将科研成果转化为实验、实践教学资源

大连理工大学管理科学与工程学科是国家一级重点学科、工商管理学科是国家重点培育学科，这些学科不仅具有先进的实验设备，而且承担了大量的国家级科研课题和重大实际工程项目。中心鼓励教师将科研项目带进实验室，科研成果转化为教学内容，极大地拓展了课堂实验教学的内容，学生参与教师科研项目计121项，其中40余项转化为实验项目，对学生扎实的实验技能的训练起到了促进作用。还有多个项目的应用性成果被政府、企事业单位采纳，受到社会各界的广泛好评。

3）"强渗透，重实训"——做到文理渗透、中西融会、博专结合、学研一体和科学精神与人文精神相互渗透、交融互补，培养学生的综合能力

中心依托大连理工大学理工科优势学科及人才资源，在文科各专业协调发展的同时，打破学科壁垒，加强文、理、工等学科交融互补，理工科学生在此可以得到人文思维和人文精神训练，文科学生除得到本学科基础、前沿实践训练外，还可以得到科学思维、科学精神的训练，实现培养文理渗透、中西融会、博专结合、学研一体的科学精神与人文精神相互渗透、交融互补的知识、能力、素质协调发展，拥有实践技能、创新意识和能力的精英型人才的目标。例如，

中心艺术科学实验室就是建立在理工与人文学科的交叉平台上的，是将建筑声学、光色技术运用到建筑、环境艺术设计领域的尝试，实现了建筑学、设计艺术学的优势互补。艺术造型实验室中，模型制作课程是与工业设计相关的课程，此课程的开设建立在工业设计专业理工科招生与理工、人文学科交叉培养模式的基础上。

2. 构建实验室文化的设计与实施

高校构建实验室文化涉及多方面的内容，是实验教学改革的目标与方向。实验室自有其特殊性，作为感性认识重要环节的实验室应有自己的特点。根据大连理工大学文科综合实验教学中心目前的实际条件与现阶段特点，以及文化的特有性——"大综合，建平台；依学科，促教改；强渗透，重实训""文科生受益，理工科生也受益"，进行全方位的设计与实施。

实验室文化建设要与学科和专业建设紧密结合，使实验室环境显示专业特色、学科特色。要求真务实，开拓创新，对已有的特色、突出成绩、名师专家，要重点宣传，如学科带头人、教学名师、各类创新大赛成果、精密仪器设备及教改科研成果的宣传。

实验室文化建设作为高校文化建设的重要组成部分，是一项长期且涵盖面广的工作。因此，要长远规划，总体设计，逐步推进，精心打造，务求实效。充分发挥环境育人、管理育人、服务育人、教书育人的影响力和吸引力。办公室和建筑都可以展现并加强这种文化。

（三）实验室文化对于人才培养的作用

实验室文化建设是高校教学改革的重要组成部分，它能推进实验、实训内容和模式的改革与创新，不仅有益于教师专业意识、能力的提高，而且能促进学生专业意识的加强，培养学生的动手能力、分析解决问题的能力，切实提高学生的综合素质水平。

1. 实验室文化建设可以造就良好的学习环境

实验室硬环境建设体现的物质文化，优化了实验室布局，凸显了实验室规模效应，提高实验室利用率。仪器设备摆设简约，室内外干净整洁，给人以美观、和谐、清新的印象和享受。实验室软环境建设体现的制度文化和观念文化，通过名言警句、制度及学科专业特色宣传、科学家画像、标示牌等方式，共同构建教书育人、崇尚科学的实验教学软环境，有助于培养学生的文明举止、优良学风。

2. 有利于培养学生动手能力和对理论知识的掌握

实验室文化建设对理工科专业实践教学非常重要，良好的实验室软、硬环境建设能促进学生操作技能的加强，提高综合素质。通过文化建设，学生们的兴趣增加了，对实验、实训更加重视了，特别是动手、动脑及操作能力有了明显的增强。

在实验课程外，中心还设置多种形式的实践创新环节，如社会调查、专业实习、社会服务等，是培养学生实践创新能力的重要手段。这样的实验都是与实践工作紧密联系的，要求学生不仅要掌握基本技能，而且能深入研究，强调专业综合实验与社会实践的"零距离"。

一方面，文科综合实验教学中心与国内外大学展开实验教学的交流与合作，加大与社会企事业单位、社会团体、行业协会的合作，建立校外实践教学基地，将校外实践基地与中心的实验教学紧密结合，为学生提供更多的参与实践机会。训练学生运用专业知识，创造性地解决社会生活实践中的问题，培养学生的创新意识与研究能力。另一方面，文科综合实验教学中心引导和鼓励学生按照实习教学计划的要求，结合自己的就业意向、专业特长和兴趣爱好，自主联系、核实实习单位，自行组建小分队进行专业实习，在具体的工作环境中培养自身的实践创新能力，并尊重实习单位指导老师的评价，给予不同等级的考核评价。

3. 构建实验室文化有益于激发学生学习的主动性

高素质创新应用型人才的培养是实验室文化建设的一项重要任务，文化建设所形成的良好环境与人文氛围使得学生的主观能动性得到了充分发挥。以培养高素质人才为中心，根据学生适应理论联系实际的特点来构建的实验室文化使实践教学能够真正切实有效地推动创新应用型人才的培养。

例如，中心充分利用现代化的教学辅助手段，实现现代科学技术与传统技术在实验教学中的有机结合。

（1）对于知识性的实验，如讲述学科发展现状、展示最新成果等，主要采用现代化的教学辅助手段，如数字显微投影设备、多媒体计算机等，以提高教学效果。

（2）对于以训练技能为主的实验，如计算机数字软件运用、广播电视技术基础实验、电视摄像、新闻摄影等，主要采用传统与现代的手段和方法相结合，以更好训练学生的操作技能。

（3）对于以训练知识综合运用能力和思维方式的实验，借助计算机模拟软件，采用类似游戏的方法，以培养学生运用所学知识解决实际社会、经济、政治、文化等问题的能力。

（四）创新建设成效

近年来，在实验室文化构建方面，大连理工大学文科综合实验教学中心努力激发教师和学生的创新精神和主观能动性。中心已经发展成为学生受益面大、创新性强、辐射面广、示范程度高的综合性实验教学中心，并将在精英人才培养的体系中承担更重的责任，发挥更大的作用。

（1）依托文科类学科优势，走学科建设与人才培养相结合、教学与科研相结合道路，取得了一系列丰硕的成果。实现了以科研促进实践教学，以实践教学带动科研，进行了一系列尝试和推广实践，取得了显著的成绩。中心教师承担教育部、省市校级教改项目 13 项，承担国家自然科学基金、省市校级等科研项目 13 项。各类核心期刊上发表科研和教学论文 23 篇。

（2）通过改革和完善现有的实验教学体系，强化实践教学环节，保障实践教学质量，大大提高了学生的实践动手能力，学生 2011 年以来在国际、国家及省部级赛事上获得奖项 23 项。

（3）文科综合实验教学中心示范成果已初见成效，并开始发挥辐射作用。文科综合实验教学中心建设目标为立足辽宁，引领东北，辐射全国，面向世界，为人才培养服务，为社会服务。目前，建设成果已初见成效，并开始发挥辐射作用。例如，2010 年 10 月 19 日～21 日洪晓楠主任带队，参加了在北京召开的"国家级实验教学示范中心建设成果展示交流会"。2011 年 5 月 6 日～8 日，参加了由国家级实验教学示范中心文科综合学科组主办的，在浙江师范大学举行的"全国首届国家级文科综合类实验教学示范中心建设理论与实践研讨会"，中心主任洪晓楠教授作为大会主持，主持了本次大会的学术报告会议，同时简要介绍了大连理工大学文科综合实验教学中心的运行情况。

2010 年 4 月，东北大学文法学院副院长王海涛一行到大连理工大学中心参观考察。2011 年 9 月 20 日上午，三峡大学实验室与资产管理处孟处长率文学与传媒学院院长、法学院院长等一行来访大连理工大学文科综合实验教学中心，就文科实验教学中心的建设、实验课程设置及管理机制相关情况进行了广泛而深入的交流。兄弟院校主要参观考察了大连理工大学文科实验教学中心的各种基础设施和实验设备，大连理工大学中心负责人详细介绍了中心的基本情况和整体运转状况以及相关成果。双方同时就大连理工大学文科综合实验教学中心建设中遇到的问题和今后的发展方向也进行了深入探讨。

开放式实验是为实验教学和实验研究提供必要的实验条件，为学生提供开放和自由的实验环境，学生可以在开放性实验室里独立观察分析、发现问题、解决问题，培养他们的自主学习能力和实践创新能力。开放式教学有利于满足学生的个性化需求，有利于提高学生的学习积极性。

大连理工大学文科综合实验教学中心的开放式实验室100％做到实验时间开放、实验项目内容开放、实验机器设备开放。开放式实验实行导师制，老师和学生双向选择，使学生的实创新实践能力和综合素质都得到很好的锻炼和提高。目前，大连理工大学文科综合实验教学中心开放式实验的开放程度分为两个层次：一是面对本专业学生的开放式实验，侧重于综合性实验项目和设计性实验项目，由学生自行设计实验方案、自行实施实验内容，使学生的动手能力、操作能力得到切实的锻炼，从而提高学生的实践创新能力。在整个实验中，实验老师给予一定的引导和辅导。二是面向全校学生的开放式实验选修，本着"文科生受益，理工科生也受益"的宗旨，允许学生跨专业选做自己感兴趣的实验项目，并可以转化为一定学分的个性培养成绩，既为培养理工科学生实践创新能力提供了一个窗口，也为提升理工科学生人文底蕴和综合素质做出了贡献。

参考文献

白广梅，王小逸.2008.创新性实验教学的思考［J］.实验技术与管理，25（2）：128-129.

陈厥祥.2007.高素质应用型人才培养模式探索与实践［M］.杭州：浙江大学出版社.

陈忠林，徐苏男，王杰.2012.高校实验室建设及管理模式探索与思考［J］.实验室科学，15（2）：122-125.

程荣进.2008.加强实验教学改革，培养创新实验人才［J］.实验技术与管理，（2）：224-224.

冯英忠，卢泽楷.2010.高校实验室与创新人才的培养［J］.实验科学与技术，8（1）：171-173.

李晋.2009.高校实验室建设与管理模式的探索［J］.实验技术与管理，26（6）：145-147.

刘国瑜.2006.国家重点实验室的创新文化建设［J］.实验室研究与探索，25（2）：241-243.

徐平.2010.搭建文科综合实验平台 培养文科复合创新人才［J］.实验研究与探索，（6）：1-4.

张原，李鑫，杜兴号.2011.高校实验室文化的内涵及建设途径［J］.实验技术与管理，31（3）：137-139.

周守喜，胡毅，石东平.2006.论高校实验室文化建设及应注意的几个问题［J］.重庆文理学院学报，11（8）：56-59.

论辩式实验教育模式析评^①

（一）问题的提出

现代社会相较于传统社会有了翻天覆地的变化，特别是近 100 年来的改变甚至远远超越了人类社会千百年的转变。教育也应该随之而有所变化。尤其是面对网络时代，各种信息杂烩、良莠不齐。如果不能对其进行妥善的分析和利用，理性思想不能占据主导地位，则教育就不能称为成功。以往，我国注重填鸭式教育，注重教师的权威和管理，但是，此种教育方式显然不能适应现代社会的需要。教育本身就是一种对人的思想的知识传授和行为指导，内容必须是有良性意义的。教育是培养新生一代准备从事社会生活的整个过程，也是人类社会生产经验得以继承发扬的关键环节。如果说，教育未考量社会的变化，而一味地固守自身的僵化方式，甚至与社会脱节，则显然教育是失败的。或者，当教育仅仅只是一种知识的强加，让学生只知"是什么"而不知"为什么"，则也是不成功的。纵观现在高校，学生们求知欲、学习能动性下降。而且，面对各种诱惑，学生的辨别能力有所降低。毫无疑问的是，在网络发达的今天，单纯的课堂讲授式教育难以深入学生的内心，如果高校教育不能通过知识的传授使学生具备理性的思维和辨别能力，学生在未来的学习和工作中将可能迷失方向，变得彷徨或无助。由此，笔者提出论辩式实验教育模式，让千百年来人类知识增长的最原始而有效的形式重回高校教育。

① 本文内容是 2013 年西南政法大学资助项目。本文由西南政法大学刑事侦查学院情态证据研究室主任蔡艺生编写，主要从事侦查学、证据法学研究。

（二）论辩式实验教育模式概述

1. 论辩式实验教育模式的定义

论辩的词义是见解不同的人彼此阐述理由，辩驳争论，即彼此用一定的理由来说明自己对事物或问题的见解，揭露对方的矛盾，以便最后得到正确的认识或统一的意见。教育是指着眼于他人的素质、能力，而进行的影响其精神世界或心理状态的信息传播活动。总之，教育的本质是一种影响，一种积极影响，一种对人类认识和改造客观世界及自身的积极影响。教育的最终目的是达到教是为了不教，即教会学生自我反思、自我管理的生存和发展的能力。狭义的教育定义则指的是学校教育，本文中主要指高校教育。模式其实就是解决某一类问题的方法论。把解决某类问题的方法总结归纳到理论高度，就是模式。

因此，论辩式实验教育模式指的是学校教育者有意识地通过论辩式的方法、媒介等形式向学生传递信息，期望以此影响学生的精神世界或心理状态，帮助或阻碍学生获得某种（些）观念、素质、能力的社会活动方法。论辩式实验教育模式是一个复杂、多样、动态的综合与统一的概念。

2. 论辩式实验教育模式的分类

根据论辩式实验教育模式的具体表现形式，可以将其分为如下几类。

（1）课堂互动式教学。课堂互动式教学中，课堂上师生参与平等对话，双方互相尊重，实现思想的碰撞、共鸣与拓展，并附带激发学生思维之外的其他技能和心理的发展，如辩论能力、口头表达能力和自信心等。对此教学方法，国内学者多有论述，并从哲学、社会学和心理学等不同角度，为互动式教学提供了相关的理论基础，如动机理论、群体动力原理、人本主义学习理论、教学理论、建构主义理论以及符号互动理论。究其实质，课堂互动式教学也是论辩式教学模式的一种，是老师与学生的互动论辩。

（2）双师（多师）同堂式教学，又称"同堂异构"或"一课三上"等。具体指的是：一个教室里面，有两位以上的教师在讲台上进行讲授，共同针对某一主题，但却具有不同的观点或者角度。此种教学方式区别于以往的"一言堂"讲授方式，更加多元、丰富。其具体方式往往是两位老师同备一堂课，然后分别讲授，甚至可以当堂交锋激辩，最终得出一个相对普适的结论。以此来让学生感受知识的解构过程，感受发现、分析和解决问题的过程，从中激发学生思想的碰撞，激发学生思考与兴趣。

（3）讲座式教学。是由校外或校内教师不定期地向学生讲授与学科有关的科学趣闻或新的发展，某方面的知识、技巧，或改善某种能力、心态的一种以扩大他们知识的一种公开或半公开的教学活动形式。目前，各大高校经常不定期地举办各种讲座，要求全国各地的名家大师畅谈某一方面的问题，讲座一般还有嘉宾进行点评，其受众不限专业、年级。讲座往往是主讲人研究成果的精华体现，而点评嘉宾也力求与之思辨，学生在此过程中也积极参与思考和提问等。讲座不仅传播知识，更传递给学生信心、勇气和理性精神。

（三）论辩式实验教育模式的效能

效能是指有用性，而论辩式实验教育模式的有用性体现在两大方面：一是内在效能，即独立价值，内部的有用性；二是外部效能，又称服务价值，是指该教育模式对社会的有用性。

1. 教育理念：激发生存力

教育必须让人感受到力量，而不仅仅是知识。这种力量不能仅是知识的占有，更要求是知识的延伸、拓展和运用的能力。因此，教育不仅要传授知识，更要传递信心、自主、活泼和平等的理念，激发学生的主动性、个性和能力。而论辩式教育正是这样一种教育。在论辩场合下，似乎进入一个思维的"战场"——没有任何庇护，老师和学生都必须利用所有的知识，提炼自己的观点并提出雄厚的论据，如此才能赢得掌声和尊重。否则，将被人们所忽视和冷落。要想在论辩的场合下生存，必须积极地学习、思考并表达。当学生由最开始的面对论辩感到痛苦，到最后的喜欢并崇尚思辨时，学生也就掌握了生存力，掌握了教育要传递的力量。而这种力量，必将激发学生在未来的工作中脱颖而出。同时，当成功人士在讲台上侃侃而谈时，也是对学生的一种成功示范与激励。更值得关注的是，这种激发不仅针对学生，也针对教育者。

2. 教育环境：顶级人才汇聚

论辩式实验教育模式否定"一言堂"，否定封闭式教育，强调开放。这种开放不仅仅是主题的开放、论述的开放，还包括主讲人的开放、受众的开放。在这种开放而激烈的氛围下，有志者与有心者必会逐渐汇聚，聚集在理性的旗帜下，共享知识的盛宴。例如，高校可以在全世界范围内聘请"大家"来主讲，让论坛成为精英荟萃的地方，用成功的范例来吸引人、用理性的知识来吸引人。从而吸引越来越多的学生不断增加自己的知识储备、提高自己的思辨能力。最终，让高校成为一个真正顶级人才汇聚的地方。而这一种平等而自由的汇聚，将会在每个师生的心中扎根。

3. 教育内容：重视"为什么"

教育的目的绝对不是为了帮学生进行选择，而是让学生懂得如何去选择、理性地选择。如果说，在中小学，由于学生知识储备的原因，主要是传授"是什么"。那么，在高校中，学生不管在情商或智商上，都达到了相当的水平，具备了一定的自我辨别能力。那么，此时的教育就应该重点转化为"为什么"，即向学生展示知识产生的过程，展示逻辑推演的过程，展示思想由碰撞到澄澈的过程，并将这种展示通过论辩的方式直观而生动地表达出来。让学生体会思辨的可贵，掌握思辨的力量，从而知道"怎么办"。其实，对于"为什么"的探究就是将知识进行吸收的过程，将知识内化为自己经验的一种过程。而这种吸收和内化，将使得该知识成为学生不可分割的能力。

4. 教育拓展：知识的共振

教育的可贵之处还在于教授学生能够触类旁通、举一反三。如此，可以事半功倍。但是，此种触类旁通需要一定的激发与引导。而论辩式教育正是这种激发与引导的良好媒介，极易引起学生的共鸣。因为，论辩本来就是一个不同知识背景的人的平等交流的平台，而且注重展示"为什么"。基于知识在某种程度上的共通性，在这种"展示"中，不同类别或层级的知识极易相互交叉和启发，从而实现知识的拓展。

首先是不同专业的知识的共振。例如，民法专业从刑法专业中有所借鉴。其次是不同层级的知识的共振。包括：第一层次是指高层次文化，即抽象的、看不到其存在的，如社会心理、美学和价值；第二层次指从第一层次具体下来的，尽管看不到具体存在，但能切实感觉到它的结构与活动存在方式，如政权及其机构；第三层次指表面文化，既看得到又摸得到的，物品或物质的文化。

5. 教育效果：思辨成为习惯

知名学者薛涌认为："什么是大学生活的核心？在我看来，最重要的就是disputation（论辩）。这种论辩并不一定是公开的口头辩论，更多的是在心灵中漠然进行的是非辨析。是一种永无止境的精神努力。"就狭义的教育定义而言，教育仅指学校教育。但是，从整个社会的宏大背景而言，教育包括所有社会传播活动。个人存在于社会，就不断地从社会习得各种知识和思维等。因此，教育的关键不仅在于"授之以鱼"，更应该"授之以渔"，让人们能够不断地从社会吸取有益的知识等。当高校中，从学生到老师、从教学到科研、从课堂到课外活动等都广泛实行论辩式的教育方式；当学生和老师都从中感受到了思辨的力量，社会从中感受到了思辨带来的利益，思辨就能成为习惯，成为中华民族伟大复兴的原动力之一。

（四）论辩式实验教育模式的理性进路

论辩式实验教育模式如何在高校落实，则需要从宏观和微观两方面入手，搭建机制平台而后加以合理规制，使之妥善运行。

1. 论辩式实验教育模式的宏观机制

为了使论辩式实验教育模式良好运行，首先应该搭建一个合理的机制。

（1）组织。首先，教研室应该成为论辩式教学的主体，即通过组织教师进行相应的论辩式教学的理论和实务准备，让该教学模式有一个可靠的依托。而且，教研室本来就是基本的教学组织，只要能对其提出目标和具体措施，则论辩式教学可以很快地实现实效。其次，教务处、科研处和外事处等要为论辩式教学的进行提供相应的配套支持。例如，双师同堂模式下，教师课时量可以双倍计算，对外联系聘请专家前来主讲时，外事处应予积极配合。最后，各学生社团应该积极配合，鼓励学生积极参与各种论辩教学活动。

（2）人事。首先，在准入上。应该在校内组织选拔某些有志于此并有这方面特长的教师，组成论辩式教学团队，专职进行此类教学。还应该广泛邀请或聘请校外的专家学者前来交流。其次，在考核上。对于论辩式教学的教师，他们要付出更多努力，同时由于授课方式不同于以往，因此应该有相对特殊的考核方式。例如，降低课时量要求、增加一定津贴或职称职务评定政策倾斜等。最后，对于学生而言，应该增加平时成绩所占比重，并在评优等方面向该类学生适当倾斜。

（3）程序。首先，论辩式教学活动的启动上，应该由教研室或教师个人提出，然后由教研室或教务处审核批准。在审查批准时，着重其可行性分析。其次，在批准实施后，应该由具体经办单位或人提出包括场地、人员、时间、经费和预期效果等具体事项，并付诸实施。最后，在论辩式教育活动结束后，可以组织相应人员进行经验总结、分析和考核。最终上升至理论，从而让论辩式教育能够实现理论与实践相长，确保该教育活动能够发挥真正实效。

2. 论辩式实验教育模式的微观运行

在论辩式实验教育模式的具体实施中，也应该加以相应的合理规制，因为"不以规矩不成方圆"。否则，可能导致论辩式教育活动的虚化和异化。例如，论辩式变成了"各说各话式""和稀泥式"或"吵架式"。

（1）理性的主题。这是论辩式实验教育模式的应有之义。因为，论辩本身就应该是一个思辨的行为，如果主题不具理性，则论辩的意义将大打折扣。因此，首先，论辩式教育的主题应该符合教学需要和体系安排，而不能天马行空，脱离教育的本意。例如，对于课堂互动式教学的主题设置应该紧紧围绕教学安排中的知识架构要求来进行，不能为了追求课堂气氛而专门选择怪异的主题进行论辩。其次，论辩式教育的主题应该着重考虑学生的可接受性。应该论辩的目的不是让教师展示个人风采，其根本还在于对学生的教育，如果该主题过于深奥或脱离学生的基础知识，则论辩式教育活动必然陷入填鸭式教育的怪圈中。最后，在某一特定论辩式教学活动中，其主题应该统一，不能各说各话，否则就不能称之为论辩。

（2）冲突的观点。所谓辩，就在于二者对某一事物观点不一致，所以才有论辩的必要和可能。因此，论辩的进行必须有冲突的观点。具体表现在：首先，角度的不一致，即论辩各方对某一事物观察的角度不一致，由此而形成了对该事物的不同看法。其次，层次不一致，即论辩各方对某事物分析的层级不同，有的从宏观角度，有的则从微观角度等。再次，阶段不一致，即对某事物，论辩各方观察的阶段不一样，有的观察事物的起始源流，有的则分析其未来发展等。最后，态度不一致，即对于某一事物，论辩各方抱持不同态度，有的赞成，有的反对等。

（3）合理的辩论。在选择了主题和立场后，论辩就进入了实质阶段。在此，要注意论辩的合理性。具体表现在：首先，不能偏离主题，即在拟订了主题后，整个论辩都应该集中在主题上，而不能泛化，否则就难以让思维集中并不断碰撞。对此，如果是教师应该由此自觉，而如果是学生偏离了主题，则教师应予以妥善引导。而且，要特别注意的是，论辩应该是对事不对人的，不能进行人身攻击等。其次，应该有某些共识。例如，对于某些常识、常情、常理，论辩各方应该互相承认，否则，论辩就没有了对话的平台。最后，以内容为主、形式为辅。论辩的精彩之一就是形式较为吸引人。但是，必须注意，高校中的论辩是为了教育，是为了传递理性的思想和思维。因此，应该以理性的分析说理为主，不能成为一种简单的语言煽动，甚至是哗众取宠。

（五）论辩式实验教育模式的可能误区

论辩式实验教育模式有其优越性，但是，其并非"包治百病"，仍需要加以理性引导与规制，才能使之妥善实施、合理实效和有效实现。因此，应该注意论辩式教育的如下误区。

1. 两极化

由于论辩本身就是一种论辩者多方面才能的表现，需要相当的理论积累和口头表达训练等。而且，面对这种公开场合的即时表达，其效果如何立竿见影。因此，总给论辩者相应的压力，极易造成一种两极分化的态势。

（1）学生的两极分化。在论辩氛围下，可能因某些知识或心理素质，而选择退出，从而导致厌学和差生流失。而某些学生则可能融入其中，并获得较大发展。例如，课堂互动式教学成了某些优秀学生的"专场表演"，而其他学生则游离于课堂之外。这就在实质上造成了教育的不平等，有违教育公平原则，更可能由此而影响学生的身心发展。不能仅关注个别学生的发展，而忽视广大学生的进步。否则，在个别学生的光环下，将是广大学生的被忽视。这是教育的根本性失败。因此，论辩式实验教育模式的推广必须循序渐进，有一个缓冲和过渡，不能"大跃进式"的挤压其他教学方式的空间。

（2）教师的两极分化。与以上理由相似，教师队伍对于论辩式实验教育模式也存在着不同的态度。论辩式实验教育模式也可能由此而导致教师队伍的不合理竞争甚至分化。高校的发展需要多元化，需要不同的教师传授不同的知识和思想，才能保证教育的广泛性和饱满性。如果教师两极分化，则不仅对教师本身产生消极作用（如加重不合理负担等），对学生也会产生不良的示范作用，更不利于高校的长远发展。所以，应该为高校教师提供一个机会均等的平台，使之百花齐放、百家争鸣。

2. 形式化

论辩总能以形式吸引人，但是，应该避免形式掩盖甚至取代实质，否则就违背了论辩式实验教育模式的本意。

（1）虚假性论辩。即形式是论辩的形式，如讲座形式、双师同堂等，但是论辩各方却没有观点的冲突和交锋。中国人向来以和为贵，强调一团和气、和气生财。但是，在学术领域，"和"却是最大的"不和"。"和"是个人关系的简单而低俗的维持，"不和"却是与教育的本意、理性的存续和思维的发展的"不和"。

（2）煽动性论辩。即论辩变成了一种煽动，这种煽动更多的是感情的渲染和宣泄，是一种感性的表达，是以语言的华丽来掩盖理性的苍白，以语言的混乱来凸显思维的"高度"。那么，论辩变成了"耍嘴皮子"。如果说，论辩式教育的结果是导致了人人"钻牛角尖"、浮躁、玩弄语言，在此之下，理性之光顿然消失。那么论辩式教育也是失败的。

（3）数量式论辩。即论辩变成了一种数字游戏，大家关注的是多少人举办了讲座、多少人参与了论辩、投入了多少资金、形成了多少《讲演录》等。而对于论辩式教育是否真正获得了实效，则没有人深入考究。则论辩变成了"作秀"，在轰轰烈烈的数字运动下，将是理性的苍白。

参考文献

蔡艺生 . 2011 - 06 - 25. 解除司法的语言禁锢 ［N］. 法制日报 .

刘晓飞 . 林盟初 . 2008. 关注人的生存状态——教育本意的追寻 ［J］. 滁州职业技术学院学报 .

陆虹 . 2012. 教师成长的"心灵按钮"［D］. 华东师范大学硕士学位论文 .

齐军 . 2012. 体悟教学研究 ［D］. 南京师范大学硕士学位论文 .

孙泽文 . 2008. 课堂互动教学研究 ［D］. 华中师范大学硕士毕业论文 .

王艳娟 . 2012. 填鸭式教育退出舞台的必然性 ［J］. 现代教育，（23-24）：96.

薛涌 . 2009. 北大批判 ［M］. 南京：江苏文艺出版社 .

余华银 . 宋马林 . 2008. 互动式教学：培养统计创新型人才的有效途径 ［J］. 安徽执业技术学院学报，7（3）：73-77.

张学文 . 刘哲 . 2011. 铸造理性思辨的强大理论 ［J］. 新闻爱好者，（5）：4-5.

张玉敏 . 刘有东 . 2010. 双师同堂解析民事案例——案例教学模式的新尝试 ［J］. 海南大学学报，28（5）：109-111.

文科实验教师
队伍业内发展机制探讨[①]

实验教师致力于实验教学，集理论性、知识性、实践性为一体，与理论教学、科研岗位一样，有明确的职业要求。从人才培养的角度看，职业化、专业化是实验教师队伍建设的根本方向。长期以来实验教师队伍的建设由于政策性的缺失，以及传统办学思路和理念的偏差，实验教师队伍缺乏规划，使得整个队伍人员结构复杂，定位界限模糊，人才流失严重。文科实验队伍由于其学科特点，在技术和信息化素养方面还要更弱一些，队伍的建设也处于起步和探索阶段，探讨文科实验教师队伍业内发展意义在于：有利于确立文科实验教师的基本职责和工作规范，更好地完成实验教学任务；有利于增强实验队伍的职业认同感和工作进取心，通过建立实验教师职业化政策导向，从而为文科实验教师队伍的建设与发展提供制度保障，促进实验教师队伍的稳定健康发展。

文科实验教师队伍建设的职业化、专业化的建设目标，必须从规范职业准入、建立和完善实验教师培训体系，加强实验队伍的考核与激励、畅通实验教师业内发展机制等四个方面入手，结合文科实验教师队伍建设的整体目标和个人实际情况，使他们对自己的发展道路和发展方向有一个明晰的认识，在业内能够成就事业，实现自我发展，得到合理评价，获得社会声誉，使实验教学工作成为优秀人才能够终身从事的事业。

（一）文科实验教师职业准入制度的建立与发展

目前，我国高校实验教师队伍人员结构复杂，有统计表明，2007/2008 学年

① 本文内容是北京市教育科学"十二五"规划重点课题（ADA11080）。本文由北京邮电大学人文学院语言实验教学中心高级工程师王海波编写，研究方向为教育技术、实验室管理。

全国普通本科高校实验室共有专职和兼职人员约17万人，专职人员共8.6万人，其中专职教师2.9万人，实验技术人员2.7万人，无法归类的其他人员共3万人。专职人员包含教师、实验师、工程技术人员，专门从事实验教学工作；兼职人员包括理论教师、技术人员、行政人员、工勤人员。从总体上看，这些人员中只有专职理论教师经过国家统一资格考试认证，大部分人员经过严格的选拔，没有相应的资格证书，因而无法从源头上保证他们的工作质量，所以有必要从完善实验教师的准入制度角度，来保证实验队伍的高素质。目前，我国高校还没有完善的实验人员的准入制度，对这一群体尚没有一个清晰的定位，使得实验教师队伍人员结构复杂，整体素质参差不齐，其队伍建设还有待于进一步发展和完善。具体应该从以下几个方面进行探索和实践。

1. 建立严格的选聘机制

按照"业务精、技术好、能力强、作风正"的要求。采取组织推荐和公开招聘结合的方式。选聘学科带头、教学能力强、技术精通、具有奉献精神的优秀人才，分别专门从事实验教学、科学研究、实验室管理等工作。

2. 明确实验教师资格标准

实验队伍中人员结构复杂，应分别制定相应的资格标准，从事实验教学的人员应该人员具有同教师同样的资格标准，一般应该具有博士学位及相关的专业知识背景、职业素养和职业能力；工程技术人员应具有硕士及以上学位，同样应该具有深厚的专业知识和实践操作能力；实验室管理岗位人员应该具有大学本科及以上学位，具有一定的专业知识和具备较强的组织管理能力、语言文字表达能力。工勤人员则主要考察其政治立场是否坚定、品行是否端正、是否关爱集体、是否具有奉献精神。总之，明确实验队伍各个岗位的资格标准不仅可以提高实验队伍的业务素质、职业道德水平和参与市场竞争的能力，同时还可以有效规范劳动力市场建设，规范各类用工行为，深化劳动就业体制改革。

3. 逐步建立新聘实验教师持证上岗制度

鉴于目前我国实验教师队伍建设的现状，全面推行职业准入制度的改革具有一定的困难，可以先在一些国家级、省市级教学示范中心、人文社会科学学科实力雄厚的高校设立实验教师培训基地或中心，对各个层次的实验教师进行系统培训，帮助他们认知岗位，掌握技能，提高岗位适应能力。经过考核再持培训合格证上岗。经过一定时间的积累，在试点过程中及时发现问题，进一步健全完善，为下一步在全国范围内推行提供经验和良好示范。

（二）文科实验教师的培训培养

1. 实验教师培训培养的方式方法

在对实验队伍进行培训时，要注重培训方式的多样性，可以从以下几方面进行探索。

（1）课堂教学。充分发挥课堂教学在实验教师培训工作中的主渠道、主阵地作用，科学设置课程类型，合理制订教学计划，使实验教师熟悉本职工作，掌握实验教学发展规律，结合实际掌握相关学科的理论知识，提高实践操作能力。

（2）培训班。邀请国家相关部门领导、国家级实验中心示范中心主任、教学名师和实验室建设工作专家举办讲座、辅导班，使实验教师了解最新政策、最新技术，吸收到最直接、最实用的知识。

（3）研讨会。通过专题研讨会的形式，加强实验教师队伍之间的沟通与交流，使实验教师可以共同探讨实验教学、实验室建设、设备管理及采购等专门问题，相互借鉴，相互启发，相互学习，交流心得体会，取人之长，补己之短，共同提高，共同发展。

（4）网络平台。建立实验教师队伍培训与研修专题网站和论坛，充分利用现代技术交流媒介，加强实验队伍之间的沟通与交流，实现资源的共享与利用。

（5）社会考察。组织实验教师到国内外有关高校国家级、省市级示范中心学习考察，学习他们的先进工作理念和方法，开阔视野，增长见识，丰富阅历，不断拓展工作思路，提高队伍的综合素质。

（6）课题研究。鼓励实验教师开展同实验教学相关的科学研究，整合学术力量，积极申报国家级及省部级研究课题，通过课题研究促进实验教学及相关学科建设，增强工作的学术性，提高实验教师的专业素质和理论素养。

2. 实验教师培训培养的效果保障

对实验教师的培训，必须采取切实措施保证培训质量，确保实验教师接受培训后真正能够做到提高自己素质，为此应该建立相关效果保障机制。

1）切实加强组织领导

各级教育主管部门要把实验教师队伍培训培养作为实验教学的战略性、基础性工作列入议事日程，把培训纳入学校教师培训整体计划，统筹安排，制定相应措施。及时研究解决工作中存在的问题。要制订相关培训规划，并进行定期检查，保证实验教师参加培训，确保培训质量。

2）建设优质高效的培训课程体系

加强对培训需求的调研，积极吸收国内外优秀研究成果和实践经验，科学设置培训内容，精心编写岗前培训和专题培训的教学大纲，逐步形成一批以理论学习、技能训练和实验案例教学为重点的实验教师培训精品课程。

3）建设科学规范的培训管理体系

加强学员管理，严格教学秩序，提高培训质量。建立并实行跟班管理制度、请销假制度、考勤公示制度、考试和考绩管理制度、评选"优秀学员"制度、培训档案制度等，形成培训与研修的长效机制，推动实验教师培训工作的规范化、制度化和科学化。

4）保证培训经费投入

各高校及实验教学中心要把实验教师培训经费列入年度预算，建立专项经费，并保证逐步提高，形成实验教师培训经费的增长机制。加强对培训经费的管理，对重点培训项目，要基于重点保证，注意节约开支，合理使用，提供经费使用效益。

5）建立质量评估制度

制定实验教师培训质量评估标准，加强对培训工作激励与监督检查力度，调动各方面支持和参与培训工作的积极性，把实验教师参加学习培训的情况作为实验教师考核的内容和任职、晋升的重要依据。

（三）文科实验教师工作的考核

由于实验教师的人员结构复杂，同时工作也会因时空、工作任务以及环境等相关因素的变化而表现出多因、多维和动态性的特点，所以考核必须是多角度、多方位和多层次的。

1. 质和量相结合

既注重工作量的大小，也注重工作质的高低，这是实验教师的工作特点决定的，就量而言，其工作复杂，变数大，除了带学生实验以外，管理性事物很多。就质而言，为保证实验教学质量，既要有带好实验课，还要对实验项目有所创新，而且还要保证设备仪器及软件系统的正常运行，这些工作都带有很强的针对性和目的性，必须要讲究实效，讲究效果。因此实验队伍的工作也必须从质和量两方面进行评价。

2. 点和面相结合

既看工作的重点，也看工作整体。实验教师的工作有时候烦琐零碎，涉及实验教学过程的前前后后，带实验、管理设备、技术支持、值班、安全卫生等，这些工作有重要的，也有次要的；有部分的，也有整体的；有显性的，也有隐性的，这些工作体现在日常性管理之中，这些日常性的点构成了实验教师工作的全部。所以对他们的评价应该囊括针对实验教师所有工作和全部领域，既要重点评价，也要全面衡量，多方位、多渠道、多领域地对其工作进行定位和评价。

3. 常规和创新相结合

既看常规的日常工作，也看开拓性创新工作。实验教师工作具有长期性和复杂性，长期性是针对实验教学而说，复杂性主要是针对实验室的管理而言。常规日常工作主要看在工作中是否兢兢业业，评价工作要注重日常管理体系是否健全、科学。另外，实验教学能否收到良好的效果，还必须努力结合教学进行创新，参加科研，取得更多学术成果。所以，考核体系必须包含常规性和创新性工作的评价，特别是创新性工作多达到的实际效果。

4. 过程和结果相结合

既看阶段性结果、最终结果，也看工作过程中的努力程度。常规性的日常实验及设备管理应该有条不紊地进行，认真灵活地做好日常事务管理，如仪器设备运行维护会有些偶然性，经常会有些突发事件，即使事先周密考虑，精心安排，制定各种应急预案，有时也会直接影响正常实验教学，所以评价首先要看结果，因为结果是工作成绩的直接反应，但是过程也能在一定程度上反应实验教师的工作方式和工作态度，所以要全面衡量，二者兼顾。

（四）文科实验教师工作激励

1. 注重绩效评价的激励机制

1）采取科学的评价方法

建立创新的教学、科研工作评价体系，形成以培养学生的创新素质为核心指标的教学评价机制，以学生创新力的高低、培养出创新人才的数量、取得创新成果的多少作为评价教师工作成绩的标准，从而推动和促使教师转变传统的教学、科研观念，增强创新意识和创新能力。要充分体现实验技术人员开展实验技术和实验室管理方面的研究课题、实验教学改革和撰写实验室管理建设方面的研究论文等成果，并着重考评对实验室建设和管理方面的贡献。

2）完善实验教师职称评审条件

根据实验室工作的特点和实验室建设发展的要求，充实完善考核评估的内容。在晋升条件中，应开设正高级系列，使实验教师有资格参与正高级职称评定，并合理分配高级职称名额，充分调动现有人员的工作积极性。引进和聘用一些有技术专长的高级专门人才，特殊岗位的聘任可以不受学历、职称及其他资历因素的影响。将在实验室一线工作、业绩突出的实验技术人员聘任到关键岗位，充分发挥他们的才能并给予相应的待遇。

2. 注重有效的精神激励方式

1）给予实验教师荣誉激励

为了正确评价和充分肯定实验技术成果的价值，提高实验教师的主动性和积极性，学校应积极创造条件，争取单独设立校级"实验技术优秀成果奖""优秀实验教师奖"或"实验室建设贡献奖"等，出台相应评奖办法。同时，提倡设立各类院级的冠名实验室奖金，专门奖励在实验室建设管理、实验教学以及实验技术改革方面有突出业绩的实验教师或实验技术人员，形成一种在实验室工作光荣、为实验室建设服务自豪的良好氛围。

2）满足实验教师升职激励

根据实验教师的知识、业务、授予他们诸如"学科带头人""骨干教师"等拔尖人才称号。对实验教师所评定的系列及各项表彰、奖励应当与行政考核、职称晋级等直接挂钩，使表彰后的激励功能得到进一步延伸，产生长期效应。还通过对学术成就高、工作业绩突出的实验教师参与学校相关政策的制定，以及晋升职务、评聘职称等来提高他们的社会地位，以此激励实验教师努力工作。

3. 注重个人成长的激励机制

1）改善科研条件，完善科研激励机制

为提高实验教师教学与科研能力，应尽可能创造条件，鼓励实验教师的科研与创新，如设立专项基金，资助实验技术开发与管理研究，使他们积极参与科学研究、科学实验和实验创新活动。对实验手段、实验内容、实验技术、实验方法进行改革与创新。还可以加强学科骨干的引领与带动作用，加大购买先进科研设备的资金投入力度，设立实验教学研究基金、实验学术著作出版基金、科研成果转化基金，合理安排学术假期等，在一定程度上满足实验教师科研发展的需要。

2）为实验教师发展搭建个性化舞台

在高校教师的职业生涯中，很少有哪种需要能够比实现自己的理想，充分发挥自己的才能，取得与其能力相称的成就这种需求更为强烈。因此，学校应该奉行学术自由的法则，尊重实验教师的个性，尊重实验教师的意志和权利，给他们创设一个自主发展的空间，让每一位实验教师成为具有自主精神的个体，自由研究的主体。以最大限度地让每个实验教师的能力在实验教学中充分、自由、全面地发挥，使其真正找到自己生命的价值为目标。

（五）文科实验教师的业内发展

建立完善的文科实验教师职业的业内发展机制是加强实验教师队伍专业化、职业化建设的内在要求，如果不对实验教师的发展进行系统合理的设计，实验教师就不能在本职岗位上成就事业、不能实现自身价值，往往缺乏职业认同感，把做好工作仅仅视为实现转岗的条件，进而导致人员流动过快，无法形成结构合理的骨干队伍。因此，要使实验教师队伍获得持续稳定的良性发展，必须建立健全实验教师队伍的管理体制、运行机制、双线晋升机制、自我发展机制和可持续发展机制，让更多的优秀人才在实验教学中有所作为，人尽其才、才尽其用。

1. 不断完善文科实验队伍的管理体制

实验教师队伍是高校教职工的一个重要组成部分，但长期以来由于工作评估等方面的原因，面临多项工作、多重任务、多重管理的局面，没有建立科学的管理体制。从目前情况看，实验教师队伍工作非职业化的现状，很大程度上是由政策因素导致的，如体制不顺、待遇偏低、职责不明、激励机制不合理、工作不受重视等。因此，必须建立新的管理体制，即成立以教务处、人事处、资产设备处为主，相关部门参与的领导体制和工作机制，重点把握实验教师的工作方向，制订实验教师发展规划，建立和完善实验教师队伍政策体系，从而使实验人员工作按照一定的标准化模式有序运行。

2. 建立健全文科实验队伍的运行机制

只有建立一套科学有效的运行机制，才能保证实验队伍职业化的成功实施。主要包括聘用机制、培养机制、考评机制、合理流动机制等四个方面。一是聘用机制，要制定完备的聘用程序，把好入口关，以建立并完善实验队伍职业认证制度为重点，从源头上确保实验队伍的质量。二是培训机制，要确保培训内容的专业性和全面性，不断创新培训形式，并对实验队伍做好包括岗前培训和在职培训的长期规划。三是考评机制，应确立完善的考评机制，以全面、客观、公正、准确地考核实验队伍的业务素质和履行岗位职责的情况，健全激励竞争和自我约束机制。四是合理流动机制，总体上保持有一支有一定数量的专职队伍，做到"专职为主、专兼结合、相对稳定"，可以根据自身实际条件和客观情况，选择不同的发展方向，向教学岗位、科研岗位、管理岗位输送人才，实现合理流动，做到动态管理与相对稳定的结合。

3. 统筹规划文科实验队伍的双线晋升机制

晋升机制是考评机制的自然延伸。根据考评结果，对实验教师的职称、职务发展做出相应的规定，是切合实验队伍自身利益、增强实验教师工作动力的重要举措。从性质上看，实验教师以实验教学及教学辅助为基础，可以细化为实验教学、实践指导、教学技术支持、课题研究、实验室建设、仪器设备管理、安防管理、日常管理等工作内容。这些岗位的特点决定了实验教师可以按照行政职务和专业技术职务两条线来发展。可以按照行政序列、工程技术序列、实验序列，根据业绩考核及研究学术成果进行职务晋升，以充分调动实验教师的主动性，实现整个队伍的良性发展。

4. 建设学习型组织，形成文科实验队伍的自我发展机制

实验教师队伍的业内发展不仅要靠外在的发展条件、制度环境等，也要靠内在的自立自强、自我提升。实验教师既是一线工作人员，又是实验教师队伍建设自身的建设者，因此实验教师要承担起自我培养、自我完善的任务。首先，广大实验教师应将实验室工作作为自己安身立命的职业来对待，而不是将从事这项工作作为个人前途发展的"跳板"。其次，要努力提高自身素质和业务水平，加强学习，为职业化道路创造基本条件。最后，实验教师之间要加强交流，建立学习型的自我培训机制，使自身不断成长，从而使整个实验队伍不断进步。

（六）结语

实验教师队伍的建设是高校培养创新人才的重要环节，实验教师业内发展不仅是高校发展的客观要求，也是实验教师谋求生存和发展的必由之路。虽然各高校在实践中已经积累了一些有益的经验，但仍然有很多问题需要逐步解决，如从业标准、职级序列、专业培训和资格认证等问题，都需要我们大胆探索和国家各项配套政策的支持。实验队伍业内发展机制的建设与完善不仅可以有效提高实验教师队伍的积极性、主动性和创造性，也是提高高等学校教育质量的必然选择。

➤ **参考文献** --

蔡淑兰.2012.教师职业发展核心动力的演变与发展［J］.教育理论与实践，32（17）：30-32.

韩歌萍.2008.教师职业生涯发展阶段论［J］.科技与教育，11：216-218.

柯登地.2009.论教师发展的智能系统与动力系统［J］.教育发展研究，15：49-54.

李宝富，周昕.2010.青年教师职业发展的内涵与途径［J］.黑龙江高教研究，8：89-91.

林培朗.2009.论高校教师考核激励机制［J］.高教论坛，2：97-100.

司福亭.2009.论发展性教师评价与教师专业发展［J］.教育理论与实践，29（8）：37-39.

苏尚锋.2008.时间性：教师发展研究的基本关怀［J］.比较教育研究，3：46-50.

王会民.2006.我国普通高校教师激励机制及对策研究［D］.哈尔滨工程大学硕士学位论文.

徐晓忠，徐小军，杨潮.2005.高校实验技术队伍建设的现状与对策［J］.中国高教研究，（7）：50-51.

张文璐.2012.可持续发展的高校实验教师队伍建设研究［J］.实验技术与管理，3：348-350.

张志诚，樊树海.2013.高校实验教师岗前培训柔性评价系统［J］.实验室研究与探索，4：180-182.

郑捷琴.2008.关于高校激励机制的探讨［J］.漳州师范学院学报（哲学社会科学版），02：135-139.

周春林，周云.2006.大学需要建设高质量的实验师资队伍［J］.高等理科教育，（4）：135-137.

朱立才，孙峰，胡小刚.2010.构建创新型可持续发展的高校实验技术队伍［J］.实验室研究与探索，8：301-302.

朱丽，董先明，杨乐敏.2010.高校实验技术队伍现状分析及措施［J］.实验室研究与探索，08：310-312.

朱正昌.2010.高校辅导员队伍建设［M］.北京：人民出版社.

文科综合实验教学中心培养学生实践创新能力的途径——以大连理工大学为例[①]

　　培养基础扎实、适应性强，具有实践能力、创新能力和竞争能力的精英人才是大连理工大学本科教学的目标。大连理工大学文科综合实验教学中心本着加强实践教学，注重能力培养，以学生基本实践能力训练为基础，以创新意识、创新精神和创新能力培养为突破口，以人文精神和科学精神相融合的知识、能力、素质协调发展的实验教学理念，为培养学生实践创新能力打下良好基础。

　　下面笔者结合大连理工大学文科综合实验教学中心近年来的建设情况，简要总结文科综合实验教学中心培养学生实践创新能力的途径。

（一）搭平台，优化实践创新能力的培养体系

　　大连理工大学文科综合实验教学中心有机整合和高效利用了文科专业实验教学资源，搭建了覆盖文科专业的大文科类实验教学平台，并以实验课程体系的四大课程群建立了四个横向实验子平台：经济与管理类实验平台、新闻与传播实验平台、艺术与设计实验平台及人文与法律实验平台；四个纵向实验子平台：公共基础实验平台、专业基础实验平台、专业实验平台、综合创新实验平台。

　　在此基础上以学生实践动手能力和创造思维能力培养为主线，调整理论课程与实验课程比例，进行实验重组，减少内容重复，构建分层次、多模块并与科研相结合的实验课程体系，及时融入科技创新和实验教学改革成果，努力培养学生的发现问题和解决问题的能力。并着重建设开放共享的综合创新实验平

　　① 本文由大连理工大学人文与社会科学学部讲师刘萍编写，主要从事广播电视实务、实验教学等研究。

台，构建实践创新体系，以综合性、设计性实验为主，辅以各类学科竞赛，培养学生的设计、综合及初步的创新实践能力，并通过逐层递进的方式，深化学生对所学专业的认知。同时，通过提高综合型、创新型实验教学的比例，引导学生通过探究验证自己的猜想，培养学生的实践创新意识，提高实践创新能力。例如，电视编辑实验吸引了来自新闻、艺术、计算机等专业学生的积极参与，他们自编自导的高清电影《雷子》《最后的冠军》等参加了大连市高校独立影像节的展演，反响热烈，也充分体现了在跨专业大综合中把实验成果转化为文化产品的理念。

（二）增环节，开辟实践创新能力的培养手段

除实验课程外，设置多种形式的实践创新环节，如社会调查、专业实习、社会服务等，是培养学生实践创新能力的重要手段。

一方面，文科综合实验教学中心与国内外大学展开实验教学的交流与合作，加大与社会企事业单位、社会团体、行业协会的合作，建立校外实践教学基地，将校外实践基地与中心的实验教学紧密结合，为学生提供更多的参与实践机会。学生将课堂中学到的理论知识与社会相结合，在社会实践中发现问题、思考问题、解决问题，锻炼学生的实践创新能力。另一方面，文科综合实验教学中心引导和鼓励学生按照实习教学计划的要求，结合自己的就业意向、专业特长和兴趣爱好，自主联系核实的实习单位，自行组建小分队进行专业实习，在具体的工作环境中培养自身的实践创新能力。并尊重实习单位指导老师的评价，给予不同等级的考核评价。此外，学生还可以参与社会服务项目，例如，王丽丽老师和卢小君老师带队的社会服务项目"大连市西岗区流动人口综合服务与管理模式研究"，学生通过社会服务，深入社会、了解社会，使理论知识得到提升，也促使自身的实践创新能力得到锻炼。

（三）倡竞赛，革新实践创新能力的培养机制

提倡学生参加各级各类竞赛，革新实践创新能力培养机制，即充分利用大连理工大学现有的文科综合实验室资源，组织和开展多种形式的实践教学竞赛活动，学生根据竞赛的目标和要求，自由组队参加。带领、指导、鼓励学生参加专业赛事，开拓学生求知视野，提升学生学以致用的积极性。通过参赛，可以检验学生理论知识学习的效果，并在各种实践环境中加以巩固，有效地锻炼

了学生理论分析、动手操作能力，培养了学生实践创新能力，同时也增进学生的团队合作精神。

目前，适合文科学生的各级赛事有很多，包括全国大学生广告艺术大赛、全国大学生语言文字基本功大赛、国际企业管理挑战赛、大学生创业计划竞赛等。仅 2011 年 9 月至 2012 年 8 月，大连理工大学文科学生获得省级以上竞赛奖项就有 115 项。其中，广播电视新闻专业学生在 2011 年第四届全国大学生广告艺术大赛辽宁分赛区中，在大赛所设的五个类项目中，每一个类别都获得了一等奖，是全省参赛总计 41 所高校中唯一在全部大类获一等奖的院校。此后，人文广电 2008 级学生创作的影视类广告作品在全国总决赛中获得了三等奖，另外有两件作品获得了优秀奖。

（四）搞开放，完善实践创新能力的培养方式

开放式实验是为实验教学和实验研究提供必要的实验条件，为学生提供开放和自由的实验环境，学生可以在开放性的实验室里独立观察分析、发现问题、解决问题，培养他们的自主学习能力和实践创新能力。开放式教学有利于满足学生的个性化需求，有利于提高学生的学习积极性。

大连理工大学文科综合实验教学中心的开放式实验室 100％做到实验时间开放、实验项目内容开放、实验机器设备开放。开放式实验实行导师制，老师和学生双向选择，使学生的实创新践能力和综合素质都得到很好的锻炼和提高。目前，大连理工大学文科综合实验教学中心开放式实验的开放程度分为两个层次：一是面对本专业学生的开放式实验，侧重于综合性实验项目和设计性实验项目，由学生自行设计实验方案、自行实施实验内容，使学生的动手能力、操作能力得到切实的锻炼，从而提高学生的实践创新能力。在整个实验中，实验老师给予一定的引导和辅导。二是面向全校学生的开放式实验选修，本着"文科生受益，理工科生也受益"的宗旨，允许学生跨专业选做自己感兴趣的实验项目，并可以转化为一定学分的个性培养成绩，既为培养理工科学生实践创新能力提供了一个窗口，也为提升理工科学生人文底蕴和综合素质做出了贡献。

（五）做项目，增加实践创新能力的培养深度

文科综合实验教学中心鼓励教师将科研项目带进实验室，可以充分发挥中心教师在科研方面的优势，强化教学与科研相结合。并建立学生自主选择机制，

参与老师的科研课题，接受科研训练。

主要方式：一是设立创新实验项目。由教师结合实际科研提供实验项目，学生以小组为单位，对创新型实验项目在给定任务和要求的情况下，从资料收集、方案拟订到撰写实验报告，由学生自主完成，一般项目完成期限为 2 年。这种面向任务的教学方法给予学生最大的发挥空间，培养了学生分析问题与解决问题的能力和团队合作精神。二是选拔科研助手。吸引学生参与教师的研究团队，学生可以根据自己的兴趣，作为科研助手与教师一起从事科学研究，这对培养学生的创新实践能力起到非常大的作用。三是招收创新班。通过各学院的文科创新实践基地每年招收一批学有余力的高年级学生进入创新班，创新实践基地为创新班的学生提供良好的实验研究场所和指导教师。创新班的学生可以加入到实际科研项目的课题组，更可以申报自己感兴趣的科研项目，创新实践基地也会根据项目的实际情况给予一定的资助。

2010～2013 年，大连理工大学文科学生参与教师各类科研项目计 121 项，其中有 40 余项转化为创新实验项目，对学生扎实的实验技能的训练起到了促进作用。还有多个项目的应用性成果被政府、企事业单位采纳，受到社会各界的广泛好评。

（六）求多元，开拓实践创新能力的培养资源

实践创新能力培养是一项复杂的系统工程，在对原有的资源进行重新的组合和装配的基础上，还应开发和建设更多的资源。可以说，整合、开拓各种资源是推进实践创新能力培养的重要举措之一。

以广播电视新闻专业的实践教学为例。一方面，充分整合校内资源。依托文科综合实验教学中心的设备和资源，充分发挥其为实践教学服务的功能，再整合校报、新闻网、电视台等校内媒体，为广播电视新闻专业学生在校内搭建起一个可以充分培养自身实践创新能力的大舞台。另一方面，充分利用各类媒体资源。广播电视学生实践能力的培养离不开各类媒体的支持，提升大连理工大学与各类媒体的合作是为学生提供贴近现实社会实际需求的实践平台的重要途径。目前，大连理工大学已与新华网、辽宁电视台、大连电视台、中国之声大连记者站等媒体合作建立实践创新基地，学生可以去媒体实习、担当媒体校园记者等，在实际媒体工作中培养自身的创新精神。再有，还可以充分开拓各类社会资源，如邀请成功校友返校开设讲座，以成功事例鼓励在校学生。还可以挖掘学生当中家庭有媒体背景的资源加以利用等。

（七）跟发展，建设实践创新能力的培养队伍

以往的实践教学仅仅作为理论教学的辅助，实践教学队伍的素质参差不齐、整体素质不高。而事实上，实践教学是理论教学的延伸，也要遵循基本理论知识和研究方法，更侧重培养学生应用所学知识去分析问题和解决问题，充分发挥自身的创新精神。因此，实践教学队伍亟须一批业务水平高、实践能力强、富有创新精神的教师。

大连理工大学文科综合实验教学中心紧跟实践教学的变化和发展，建设实践创新能力的培养队伍。一方面，制定了与理论课教师相应的教学质量考核标准，严格考核制度，建立实验技术人员的培养制度。要求实验教师注重理论教学和实验教学的结合、教室与实验室的结合，不断调整自身的知识结构，增强自身理论知识基础和整体素质。鼓励实验教师走出去，参加实践研讨会议或相关学术会议，参与国内的各种培训和进修，参与到业界实践，将最先进的前沿知识和技能更好地渗透到实践教学中，以促进学生观察与提出问题能力的培养。另一方面，打破理论课教师和实验课教师之间的界限，建设高水平专兼职教师队伍。鼓励理论课教师参与到实验教学中，与实验教师共同研发、指导实验项目，提高实验教学水平。或是结合自己的科研、设计和开出新的实验项目来丰富实验内容，启发学生的创新思维。同时，还聘请了一批具体从业人员为兼职实践教师扩充到实践创新能力的培养队伍中，利用他们自身丰富的从业经验，更有针对性地指导学生的创新性实验项目，或是作为参赛的指导教师等。

➤ 参考文献

陈思云.2001.开放实验教学全面培养学生综合能力 [J].建材高教理论与实践，(4)：25-26.

高路斯，邹龙江，潘学.2006.设计性综合开放实验教学模式探索 [J].实验技术与管理，(3)：96-97.

孔鹏.2012.高校文科综合实验教学中心开放实验教学的研究 [J].实验技术与管理，(6)：130-131.

王世龙.2013.知行合一，实效为本——实验教学与广告专业实践创新能力培养刍议 [J].湖北经济学院学报（人文社会科学版），(4)：37-38.

王颀.2011.实验室开放实验教学原则探索 [J].中国建设教育，(5)：51-54.

闫小青，张纯，黄模佳，等.2012.建设国家级实验教学示范中心培养学生创新能力 [J].实验室研究与探索，(12)：101-103.

易平，赵红喜，王国棉，等.2012.培养文科学生实践创新能力的探索与实践 [J].中国科教创新导刊，(5)：26.

张清祥.2012.探索实验教学载体，培养学生实践创新能力 [J].实验技术与管理，(2)：130-133.

周大彬，周如青，陈海燕.2009-10-22.重视学科技能竞赛 培养学生实践创新能力 [N].丽水日报，第5版.

超媒体资源库
在文学实验教学中的应用探索[①]

十五

在信息高速发展的现代社会，知识信息的创造、加工、处理、传播与应用成为社会经济增长的重要资源。随着网络信息技术的进步，信息不光数量繁多而且数据类型也比较复杂，很多新的关于媒体的概念涌现而出，包括"多媒体""超媒体""富媒体""全媒体""跨媒体""融媒体"等。这些概念之间互相关联而又各有异同。随着各种媒体信息出现在人们的面前，能够存储和处理数量多而且类型复杂的媒体信息的数据库也被大家广泛利用起来。本文以中文专业中的文学实验教学为出发点，希望通过建立文学作品超媒体资源库帮助改善已有的实验教学方法，并探索资源库在文学中的其他应用方向。

（一）多媒体资源库现状

目前，国内各种多媒体资源库的使用逐渐增多，如民间工艺品多媒体库、三维人脸库、GPS 定位监控数据库、地质遗迹多媒体数据库、媒体新闻数据库等。多媒体资源在教学上的应用也比较普遍，多媒体教学方法利用其生动鲜明的视觉效果、引人入胜的音响体验、生动逼真的音响效果、灵活便捷的交互手段为传统的教学工作刮来了一股新风。多媒体资源库也随之应运而生，包括医学教学多媒体库、对外汉语多媒体库、非书籍资料多媒体库、高校专业网络资源库、植物生物学多媒体库等。

① 本文内容为基金项目——传统人文学科专业教学中的文科实验教学体系研究与实验学平台构建（D02-0501）。本文由南开大学文学实验教学中心涂俊、李晓娟编写。第一作者涂俊是南开大学文学实验教学中心主任，教授级高级工程师，研究方向为新媒体艺术与应用、实验教学管理与应用。

1. 多媒体资源库的优势

教育类多媒体资源库的使用是多媒体教学发展到一定程度的必然要求，多媒体资源库和多媒体信息管理平台的建立为多媒体资源的管理带来了很多好处，具体包括以下几点：①有助于管理凌乱分散的多媒体教学资源，提供有效的资源整合创新平台；②不同类型的多媒体资源分类管理，可以根据文本、图形图像、音频、视频等分开管理，提供更方便、快捷、有序的浏览方式；③权限管理，不同身份的使用者具有不同程度的管理权限，赋予和限制访问权限能够更加丰富细腻地管理多媒体资源；④资源共享和快速查找，方便各种多媒体资源的共享并且快速提供相对准确的检索结果；⑤数据稳定性，合理的访问机制和备份恢复技术保证媒体资源的完整和安全。

2. 多媒体资源库的不足

常见的多媒体资源库，包括一些教育类多媒体资源库的创建和使用过程中也存在着一些不足，具体包括以下几点：①忽略了建立媒体资源库的初衷。数据库等各种新技术只是技术手段，素材的收集、采集、处理，媒体资源库建立之后如何更好地辅助教学科研和资源库如何良好地运转并且可持续发展，才是其中最重要的环节。②用户群体简单。有的只针对某专业、某年级的学生和老师。③多媒体资源不连贯，不能做到与时俱进。当学生不再使用媒体资源库时会留下不连贯的资料，而且库内资源相对陈旧。④媒体资源库使用单向性。一些媒体资源库只作为资料库来使用，比较偏重从资源库中查询获得媒体资源，而忽视了资源库的扩充机制。⑤缺乏有效的运行和管理机制。而解决这些问题的根本在于解决多媒体数据库的工作机制问题，找到一种适合实际需求的管理框架体系。

（二）文学作品超媒体资源库

本文中，沈立岩教授精心筛选出部分较有特色、可操作性强的文学批评理论，将这一理论在文学文本中的体现作为实验目标。在课堂上分步骤地指导学生对于作品文本进行相关实践操作，并对学生的实验成果进行讲评和比较，实验课件如图 15-1 和图 15-2 所示。

在"文学概论"实验教学过程中，主要针对学生对文学作品的理解过程进行训练。在教学过程中，需要使用大量的文本、图形图像、音频、视频等多媒

图 15-1 实验课件一　　　　　　图 15-2 实验课件二

体素材。随着时间的积累，多媒体素材量越来越大，对建立媒体资源库的需求
也迫在眉睫。媒体资源库的建立，使得学生可以根据自己对文学作品的理解，
方便地从系统中挑选自己认为符合意境的媒体素材，利用其进行重新创造。用
自己的方式表达自己对文学作品的理解，并把实验结果展示给老师和其他学生。

1. 超媒体技术与传统数据库技术相结合

超媒体技术是超文本技术和多媒体技术结合的产物。超媒体是一种管理多
媒体信息的技术，它的核心思想是以人为本，按照人类联想思维的习惯来管理
大量的非线性的信息。

本文之所以采取超媒体技术和传统数据库技术相结合的方式，是为了符合
文学作品理解中的特定需求。文学作品媒体资源库在使用过程中的浏览和检索
方式包括三种：一是按主题检索，这种检索方式适合检索主题概念比较明确的
使用者；二是按数据类型或逻辑类型检索，这种检索方式主要针对检索确定类
型数据的使用者；三是按相关性检索，有些使用者目的比较模糊。比如，有学
生需要做一个有关《昔昔盐》的报告或者论文，还不知道自己具体需要什么媒
体资源。对前两种方式来说，传统的数据库技术能更好更快地检索出精炼的相
关结果。而且能够实现学科导航，主题浏览；而对于第三种方式来说，超媒体
技术就相对更好一些，而且它对于不同的使用者，按照他们的思维方式提供了
不同的媒体资源。

文学作品超媒体资源库不同于其他类型的媒体资源库。文学作品的理解是感
性的，它不像理工科或者一些特定专业的媒体资源库。文学作品的理解本来就具
有跳跃性和非线性。如果只采用传统数据库技术会相对死板，比较难做到让使用
者在发散的理解过程中，逐渐接受各种具体的媒体资源和知识。文学作品的理解
对于媒体资源之间的链接关系要求比较高，所以本文采取超媒体技术和传统数据
库技术相结合的方式，针对不同的使用者，希望能够提供不用的解决方案。

2. 超媒体资源库自扩充的工作机制

文学作品超媒体资源库定位于建立一个能够服务学校内部人员,同时也服务相关社会机构和专业人士的资源库。"文学概论"实验教学是希望在中文专业实验教学中引入理科的实验教学方法。通过集合各种文学类相关媒体资源,进而建立文学作品超媒体资源库,是为了进一步提升实验教学和科研的质量,为形成符合文学专业需求的实验教学方法和模式提供基础及保障。该资源库主要服务三类团体:在校学生,学校教师,相关社会人士、社会团体或相关企业。在使用超媒体资源库的过程中,会产生如课程作业、参赛作品、教学作品、科研项目的成果、社会服务成果等各种形式的产出成果,这些成果内容会经过筛选之后加入到资源库中,从而实现超媒体资源库的自扩充。

超媒体资源库主要服务在校学生,以实验课程的形式,帮助他们学得知识。同时,这些学生的实验成果也在丰富着资源库,使它逐渐发展充实。超媒体资源库还会继续服务于下一届的学生,从而形成良性循环、不断地发展壮大。例如,在实验课程中布置特定范围内自选主题的研究论文,如以"红楼梦""冬夜"等为主题。要求学生先收集相关资料,包括相关论文、各种典籍、手稿、书信、图书、电子书、图片资料、访谈音视频、名家点评、改编影视剧或舞台剧等各种类型的资料数据。这些数据经过筛选汇总在超媒体资源库中,供所有学生参考使用,最后学生的实验成果也会添加到资源库中。这样做的好处是:①培养学生收集整理资料的能力;②避免学生直接抄袭网上已有资料从而导致论文的价值太低;③扩充超媒体资源库,使其发展壮大。

3. 文学作品超媒体资源库的组成内容与管理框架体系

为了更好地适应文学作品理解过程中的发散性思维,文学作品超媒体资源库在建立过程中试图探索合理的管理框架体系,对于不同类型的使用者提供尽量符合使用者要求的媒体资源和知识内容。

1) 超媒体资源库的组成内容

文学作品的阐释过程会使用到的素材包括文本、图形图像、音频、视频(包括动画)、其他类型(包括 exe 文件、电子书等)这几类,这也是文学作品超媒体资源库中的内容组成部分。其中,文本中收集大量的文学作品以及对文学作品的解析,包括戏剧、诗歌、小说、散文、相关论文、各种典籍、手稿、书信、图书、文学作品评论等,以 pdf 和 word 格式进行存储。一些纸质或是扫描

成图片格式的媒体素材经过文字识别软件进行识别，也转换成文本格式；图形
图像按题材划分为文学作品相关的人像、植物、动物、风景和其他；音频包括
中国古典和现代音乐、外国古典和现代音乐、访谈音频资料、诗歌吟诵资料等；
视频资料包括名家点评、改编影视剧、改编舞台剧、文学作品相关纪录片、其
他视频素材等，按题材划分为人物、动物、植物及其他。

超媒体资源库中的每个素材都包含主题分类检索信息，与相应词条对应。
音频、视频和其他类型资源的词条通过 url 超链接的形式与多媒体素材关联。

2）超媒体资源库的管理框架体系

为了使媒体资源更好地组织和被检索，本文采用 FRBR "实体-关系"模型
（E-R model）来构建概念框架，通过 FRBR 化实现多种媒体资源的树状分类。
FRBR 构建了一个以"作品"为基础的具有层次结构的书目概念模型，它把媒
体资源对象分为作品（work）、内容表达（expression）、载体表现（manifesta-
tion）、元件（item）等四个层次。通过定义这四个层次的关系，实现对媒体资
源之间的关联。方便用户利用实体的属性来搜索并发现其他相关实体。例如，
作品《昔昔盐》：垂柳覆金堤，麛芜叶复齐。水溢芙蓉沼，花飞桃李蹊。作品的
内容表达层包括垂柳、堤岸、麛芜、芙蓉、桃花、李花、溪水这些事物；作品
的载体表现层，以关于柳树为例，包括相关文字、图片、音频、视频、动画等；
元件层则是某一个或者某些互相关联的媒体资源的实体。

与常用的 FRBR 化方法不同的是内容表达层。以《水浒传》为例，内容表
达层为《水浒传》的"原著""译作""评注版"等不同版本；以《梁祝》为例，
内容表达层为陈东宝演奏的笛子独奏《梁祝》、罗晶演奏的古筝独奏《梁祝》或
依珩演奏的二胡乐曲《梁祝》等不同版本。由于文学作品超媒体资源库是为了
根据文学作品理解的审音、辨义、明象、拟境这四个步骤，训练学生对文学作
品的理解能力。本文使用 FRBR 化的过程中，在内容表达层采用了作品中的组
成事物作为内容表达的不同形式。

文学作品超媒体资源库的管理框架体系如图 15-3 所示，资源库分成四层结
构。第一层结构是通过分类法和主题法进行划分的媒体对象，包括按专题、按
关键词、按时间、按类型、按作者、按地点等。另外每种资源都还会定义主题
词，以方便系统识别这次词汇从而将资源组织成类。

文学作品超媒体资源库的第二层结构是经过 FRBR 模型生成的树状层次关
系。例如，黄山的一段文字描述、一段声音说明、一张图片、一段视频介绍。
这四种媒体资源虽然存储在不同的位置，但有必要将它们关联起来。

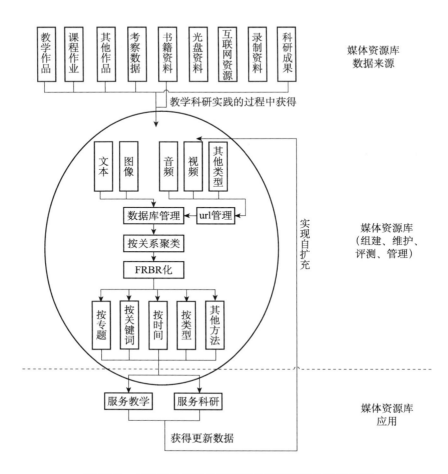

图 15-3 文学作品超媒体资源库的管理框架体系示意图

　　文学作品超媒体资源库的第三层结构是通过关联数据技术实现素材元件之间的关联，例如，几张关于柳树的图片，它们之间应该是一元件组的形式互相关联。这样在搜索时，使用者才能获得相对准确的搜索结果。

　　文学作品超媒体资源库的第四层结构是素材元件，包括媒体资源的属性、大小、主题、内容、描述等，且具有唯一的标志，音频、视频和其他类型等数据量比较大的媒体资源，通过 url 超链接的形式进行关联。

（三）文学作品超媒体资源库的应用

　　文学作品超媒体资源库具备传统媒体资源库的一些优势，并且在媒体资源

库的使用上更强调"双向性"，媒体资源库的使用者更广泛，并且更关注其社会
应用。

1. 文学作品超媒体资源库对比传统媒体资源库

采用传统数据库技术和超媒体技术相结合的方式，使得文学作品超媒体资
源库具备传统数据库的一些优点，如不同类型的多媒体资源分类管理、不同身
份使用者的权限管理、数据稳定性、资源共享和快速查找等。

文学作品超媒体资源库注重使用上的"双向性"。传统的媒体资源库经常作
为资料库来使用，不合理的素材收集方法和运行机制导致媒体资源库内的素材
质量不高和经常作为资料库来单向输出使用。文学作品超媒体资源库采用的
"自扩充"机制使得使用者能更多地参与到资源库的建设扩充之中。

文学作品超媒体资源库的社会应用。文学作品超媒体资源库除了服务在校
学生以外，还会服务老师和相关社会人士、社会团体或相关企业。学生毕业之
后一些项目不得不中止，但是有些课题是值得继续深入研究的，吸引相关社会
专业人士的参与，可以继续发展这些有价值的课题。在课题的研究过程中可以
继续使用资源库，研究的过程中收集的媒体素材和研究成果也可以继续扩充资
源库，而且这样能保证超媒体资源库随着社会环境的改变而不断吸收新的内容。

2. 文学作品超媒体资源库在教学科研方面的具体应用

1)"教"，改善传统的实验教学方法

根据罗曼·英加登理论，文学作品的结构分为语音层、语义层、语象层和
虚构世界层等四层结构。相应地，对文学作品的理解过程也分为审音、辨义、
明象、拟境四个步骤，每个人在文学作品的理解过程中都要经历这四个步骤。

对应文学作品的结构化分，根据文学作品的解读程序，沈立岩教授设计了
一系列的文学作品理解实验。以拟境实验为例，要求学生根据"女子""樵夫"
"森林""寺庙"这几个词，在五分钟之内构思一个小故事。对于此文学作品理
解实验，可以通过使用超媒体资源库进行如下改进：要求学生根据自己对"女
子""樵夫""森林""寺庙"这几个词汇的理解，找出符合自己想象的具体图
片、声音或者视频，不限定使用软件，展示自己构思出来的小故事。这样就能
充分发挥学生的想象，锻炼学生在文学作品理解中的拟境能力，同时也锻炼学
生通过不同软件工具将自己的想象展示给其他人看的动手能力。

2)"学"，为自由创作提供素材

文学作品超媒体资源库为文学作品的创作和再创作提供了各种素材。文学

作品根据体裁分为诗歌、小说、散文、戏剧文学、广播剧、影视文学、电视文学等。而文学作品的再创作包括文学作品赏析，改编原作，角色演绎，基于文学作品的影视作品、戏剧和话剧表演，基于文学作品的诗歌、小说、散文的再创作。而随着多媒体创作工具的发展和计算机技术与网络技术的进步，电子出版物和网络文学发展迅猛，图形、动画、声音和视频等多媒体资源也逐渐被运用到了文学作品的创作之中。其中，比较典型的就是电子书、超文本小说等，为传统的文学创作和再创作，以及全媒体时代产生的新的文学作品形式提供创作素材是文学作品超媒体资源库的重要应用。

3）为科研工作提供保障

文学作品超媒体资源库中的素材也为科研工作的顺利进行提供参考资料。科研工作的参与者包括校内老师学生和相关社会人士、社会团体或相关企业两类。另外，在这些使用者访问超媒体资源库时产生的统计数据信息，例如，某个媒体信息的访问量，访问 A 媒体信息的人一般也对 B 媒体信息感兴趣等，也会记录和保存下来，为科研工作提供统计数据。

（四）结论

中文专业教学中的文学实验教学方式正处于探索发展阶段，与网络技术、新媒体技术有机结合的新的实验教学方法还尚不够成熟。新媒体的优势在于它能够集声、光、色、图、动画于一体，超越了传统教学的视野，能化难为易，化静为动，化枯燥为有趣。如何将新媒体的这些优势运用到实验教学之中，令实验教学能够更活跃起来，是目前中文专业文学实验教学中的难题。本文通过文学作品超媒体资源库的建立和应用，期望推广到更为复杂、跨越学科、更为广阔的数字化资源平台。

➤ 参考文献

韩宁 . 2012. FRBR 化实现方法比较研究［J］. 图书馆论坛，（4）：107-110.

洪颖 . 2009. 基于 FRBR 的音乐资源描述［J］. 图书馆工作与研究，（1）：58-60.

黄鸣奋 . 2002. 超文本诗学［M］. 厦门：厦门大学出版社 .

吉晖 . 2011. 论基于网络的对外汉语多媒体词典的建构［J］. 福建论坛（社科教育版），（12）：92-93.

林仪，刘云生 . 2001. 超媒体数据库的研究与设计［J］. 电子质量，（4）：39-41.

刘雄洲 . 2013. 多种媒体特色资源库组织与管理框架体系研究［D］. 上海：上海交通大学硕士学位论文 .

刘珍芳 . 2007. 高校专业网络资源库建设探析［J］. 电化教育研究，（5）：62-65.

石长顺，景义新 . 2013. 全媒体的概念建构与历史演进 ［J］. 编辑之友，（5）：51-54.

王绍平 . 2004. 音频资料元数据规范与 FRBR 的应用 ［J］. 现代图书情报技术，（9）：21-23.

余玉龙 . 2007. 多媒体教学管理的现状及对策分析 ［J］. 中国教育技术装备，（2）：48-52.

张春 . 2012. 超文本文学创作的形式实验及其美学价值 ［J］. 江苏社会科学，（1）：158-161.

Ingarden R. 1973. The Literary Work of Art ［M］. Evanston：Northwestern University Press.

基于网络的项目
教学法学习活动设计与实践①

　　项目教学法是一种以项目为主线，活动为中心，培养学习者实践能力、协作能力和综合能力为目标的实践教学模式。随着网络教育的发展和高等院校实验教学改革的深化，如何借助网络教学平台和资源来实施项目教学法，以及如何设计网络环境下的项目教学活动均值得深入研究。

　　从目前的研究来看，国外的项目教学法的理论和应用已经发展得比较成熟，并形成了各自的特色，例如，德国的"双元制"职业教育，将教学的知识点和内容以项目的形式组合起来，学生分组完成项目；美国职业教育也广泛地采用项目教学法，由学校和企业共同组成项目小组，小组成员真实地参与项目设计、履行和管理的全过程，在项目实施过程中完成教学任务。国内的一些高校也开始重视项目教学的实施，但在具体的教学活动设计、实施等方面没有落到实处，应用仍然处于初级阶段。关于项目教学法学习活动的研究主要是提供某一门课程的活动设计的案例来进行研究的，例如，张华燕将活动分为信息的搜集、计划的制订、方案的选择、目标的实施、检测和成果的评价6个过程，对电子技术课程实施项目教学法的过程进行了探索和实践；张兰芳设计了项目教学法的实施步骤为设计项目、制订计划、协作探究、制作作品、成果交流、总结评价，并应用于计算机基础教学的课程设计中。

　　① 本文内容为2010年度教育部人文社科研究规划基金项目"网络学习行为建模及应用研究"（10YJA880110）、文科综合国家级实验教学示范中心2011年实验教学改革与实验室建设项目"教育技术学专业课程规模实施项目教学法的理论与实践研究"（WZ2011-16）、青少年网络心理与行为教育部重点实验室2011—2012开放课题"网络问题学习行为的归因、评测及改善与矫正研究"（2012C12）研究成果。本文由华中师范大学教育信息技术学院刘焱锋、彭文辉、何晓雪编写。第一作者刘焱锋是华中师范大学教育信息技术学院在读硕士，研究方向为教育信息资源设计与开发。第二作者彭文辉是华中师范大学教育信息技术学院教授、博士，研究方向为教育信息资源设计与开发。

从收集的文献来看，在网络学习环境下项目教学法及其学习活动的研究较少，何晓青教授结合具体课例，将项目教学法作为一种典型的实践教学法在网络平台中实施运用，但是对实践过程和效果没有分析和说明。

综上所述，项目教学法的理论研究已经比较成熟，但是在国内教学应用中仍然处于探索阶段，在网络平台中的应用则更少，其中一个重要的原因是网络环境下的项目教学法学习活动的设计仍然不够完善，没有设计出具体的操作性强的学习活动方案，并在实践中检验和修正。本文将在建构主义理论和活动理论的指导下，根据项目教学法的定义、特点及网络平台的特性设计基于网络的项目教学法学习活动，并在课程实例中运用，观察学习者参与学习活动的过程，检验学习活动设计的合理性和有效性。

（一）基于网络的项目教学法活动设计

1. 项目教学法

项目教学法萌芽于欧洲的劳动教育思想，后在工业时代的欧美日趋发展成熟，成为一种与现代教育相适应的教学模式。我国于 20 世纪 90 年代引进该教学方法，并应用到职业教育中，获得了显著的教学效果。

项目教学法是师生通过共同实施一个完整的项目工作而进行的教学活动。强调学生的自主学习，主动参与，充分调动学生的主动性、创造性、积极性等，挖掘学生的创造潜能，提高学生实际解决问题的能力，是一种研究型教学模式。

项目教学法主要特点有：①以学习者为中心，在项目实施的整个过程中，学生通过实际的参与项目进行知识建构。从项目决策到项目实施，再到最后的成果展示和评价反思，学习者都参与其中，并作为活动主体存在。②以项目为主线。项目是项目教学法的核心教学内容，这里的项目是在真实情景中建构的，是指以生产一件具有实际应用价值的产品为目的的任务。③强调协作学习，在实施项目前，首先建立小组，创建合作氛围和文化。实施过程中，合作交流，共同完成项目。④多元评价体系，不仅评价学习结果，更重视过程性评价；教师不再是唯一的评价主体，还有学生自评互评等方式。

2. 学习活动

一般认为，学习活动是指学习者以及与之相关的学习群体（包括学习同伴和教师等），为了完成特定的学习目标而进行的操作总和。既包括学生活动，也包含教师教学活动，是教师实施教学和学生参与学习的统一。另外，学习活动是连接学习目标和学习资源的纽带，需要针对特定的学习任务和学习目标进行设计和组织。

关于学习活动的成分，北京师范大学杨开城教授在活动理论的基础上对学习活动进行了分析，指出学习活动的主要成分包括旨在达到的学习目标、活动任务、学习的方式方法、师生操作步骤、交互形式与群体组织方式、学习成果形式、活动监管规则、角色和职责规划、学习的评价规则和评价标准。可以看出，学习活动是一个动态的、复杂的过程。

3. 基于网络的项目教学法活动设计

基于网络的项目教学法是指处于时空分离的学习者借助网络平台，以小组为单位参与项目，组员之间相互交流合作，便捷地获取资源，进行有效学习。网络平台所具备的开放、共享、交互、自主、协作等特点在学习过程中得到充分应用和体现。其教学活动需要体现"教师为主导，学生为主体"的教学思想，如图 16-1 所示，将基于网络的项目教学法学习活动分为活动准备、项目分组、项目计划、项目实施、成果展示五个阶段，另外学习评价贯穿于整个活动过程，其中的诊断性评价和形成性评价已经内化到教师活动中。

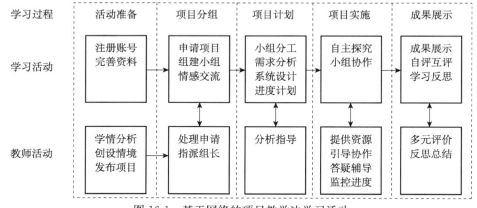

图 16-1 基于网络的项目教学法学习活动

（二）实证研究

1. 研究目标

选取一门实践性课程，在项目实践教学管理系统上采用项目教学法模式，按照以上设计的活动方式开展学习活动，利用网络系统跟踪观察某个项目小组的学习活动开展过程，验证该学习活动设计的合理性和有效性，以及活动参与对学习者情感态度，学习方法、策略的积极影响。

2. 研究背景和研究对象

1）课程及研究对象

"项目实践——网络教育资源设计与开发"是华中师范大学教育技术学专业的选修课，包括理论课和实践课。理论课主要由教师对项目过程、项目实践等相关理论知识进行讲解，实践课在网络环境下实施，学习者利用"项目实践教学管理系统 V1.0"在教师指导下，进行网络学习，每名学习者需要在该系统注册账号，申请项目，然后完成小组项目。

该班级共有 35 名教育技术学专业本科生，分为 8 组，每组 3～5 人，已经学习掌握了计算机编程语言、数据库等网络系统开发知识，具备小组合作交流等基本能力。

本次实证以学习者实践课为研究对象，对该系统记录的学习者协作、交互、探究等学习过程进行分析，按照评价量表对学习者进行学习评价。

2）课程教学平台简介

本课程教学平台采用项目实践教学管理系统 V1.0，该教学平台由华中师范大学信息与新闻传播学院彭文辉教授设计开发，为学校开展项目实践教学活动提供了一个集项目管理、教学辅助、资源管理、展示互动于一体的网络支持系统。该系统可以管理整个项目过程，包括项目主题的选择、项目实施的过程管理、项目进程展示、项目成果展示、项目评价等。

该系统包括学生、教师、管理员、游客四种角色。

前台功能模块主要包括新闻公告、项目发布、项目过程、在线互动、成果评价展示、辅助资源、常见问题解答（FAQ）等；后台功能模块主要包括：系统配置、用户管理、新闻公告管理、院系管理、项目统计、辅助资源管理、常见问题管理等。

该系统体现了项目管理的思想，同时也实现了项目教学法在网络教育中的应用，该系统首页如图 16-2 所示。

3. 研究过程

选取该课程中"班级信息管理系统"项目小组作为研究对象，通过网站平

图 16-2　项目实践教学管理系统 V1.0 首页

台对该小组的整个活动过程进行跟踪观察，具体内容如下。

1）活动准备和项目分组

这两个环节主要为项目学习做好准备，是项目教学活动开展的前提和保障。

教师活动：教师预先做好诊断性评价，进行学情分析，创设情境设计项目。登陆平台，在"项目发布"模块添加"班级信息管理系统"项目，项目详细信息如图 16-3 所示，学生申请该项目之后，教师在"处理申请"子模块对申请该

基本信息		
项目状态：活动　发布人：彭文辉　开始时间：2012-9-17		
项目名称：	班级信息管理系统	
项目类型：	自选实验课题	
实验室名称：	实验教学中心	
实验地点：	9751	
实验目的：	1.体验团队项目开发的流程 2.掌握项目开发的相关知识 3.锻炼实际开发项目的能力 4.掌握团队协作、主动探究的学习方法	
对学生的基本要求：	1.具备团队协作、网络交流等能力 2.掌握了相关的系统开发知识	
成绩考核办法：	多元评价方式（略）	
项目完成时间：	10周	

图 16-3　项目详细信息

项目的学生进行处理，并指派组长。

学生活动：学生注册登录平台以后，在"项目发布"模块的"项目列表"子模块申请"班级信息管理系统"。教师处理申请后，申请者成为该项目组成员，可以在"项目过程"模块进行组内成员情感交流，了解组员的特长为项目分工做好准备。

经历这两个环节以后，统计该小组成员姓名、角色等资料，如表 16-1 所示。

表 16-1　项目组成员表

账号	姓名	职责	学号	联系电话	QQ	E-mail
wang *	王 *	组长	2010 * 459	133 * 690	109 * 275	109 * 275@qq. com
liang *	梁 *	需求分析和测试	2010 * 458	131 * 596	381 * 887	381 * 887@qq. com
mu *	穆 *	前台页面	2010 * 454	130 * 705	153 * 601	153 * 601@qq. com
li *	李 *	后台程序	2010 * 517	131 * 485	645 * 953	645 * 953@qq. com
meng *	孟 *	数据库设计	2010 * 457	180 * 081	164 * 302	164 * 302@qq. com
peng *	彭 *	教师		139 * 673	785 * 564	785 * 564@qq. com

2）项目计划和项目实施

项目计划和项目实施这两个环节是重点部分，主要以学生参与学习活动为主，通过小组项目实践，完成学习任务，实现学习目标。教师以学习指导者、协作引导者、过程监督者等角色参与到学习活动中。

教师活动：在"辅助资源"模块上传学习资源，通过"在线互动"模块可以与所有注册该系统的成员进行交流，同时"项目过程"模块中的"项目论坛""讨论会"子模块提供了异步、同步的交流等。利用"项目过程"模块中的"项目进度"子模块监控小组项目进度，如图 16-4 所示，通过学生的表现观察，做好评价，改进后续的教学活动。

学生活动：学习者根据自身需要，利用网络平台上述三个交流模块便捷地进行小组讨论或师生交流等。在项目组长组织下，进行组员分工和项目任务分解的讨论，之后充分利用网络资源，采用自主探究、小组协作等方式，按照项目要求完成需求分析、系统设计、进度计划及其他任务。完成的项目文档可以在"项目过程"模块中的"项目文档"子模块上传。对该小组上传的文档进行统计，按照"上传人"进行排序，如表 16-2 所示。

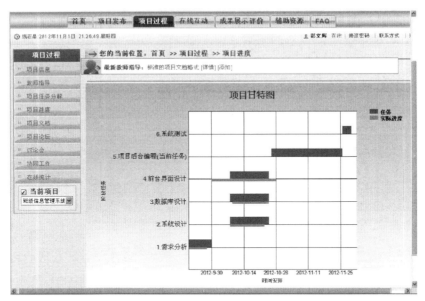

图 16-4　项目进度

表 16-2　小组成员上传文档

序号	文件名称	上传人	上传时间
1	项目后台程序 V1.0.doc	李*	2012.11.28
2	李*个人工作总结.doc	李*	2012.12.4
3	需求分析文档 V1.0.doc	梁*	2012.9.26
4	需求分析文档 V2.0.doc	梁*	2012.9.28
5	确认测试计划 V1.0.doc	梁*	2012.10.9
6	概要设计文档 V1.0.doc	梁*	2012.10.13
7	集成测试计划 V1.0.doc	梁*	2012.10.18
8	详细设计文档 V1.0.doc	梁*	2012.10.22
9	单元测试计划 V1.0.doc	梁*	2012.10.23
10	梁*个人工作总结.doc	梁*	2012.12.2
11	数据库设计 V1.0.doc	孟*	2012.10.25
12	孟*个人工作总结.doc	孟*	2012.12.1
13	前台界面设计方案 V1.0.doc	穆*	2012.10.28
14	穆*个人工作总结.doc	穆*	2012.12.2
15	小组成员分工.doc	王*	2012.9.19
16	第一次汇报.PPT	王*	2012.9.25
17	第二次汇报（进度汇报）.PPT	王*	2012.10.29
18	测试报告 V1.0.doc	王*	2012.12.1
19	第三次汇报（成果展示）.PPT	王*	2012.12.4
20	王*个人工作总结.doc	王*	2012.12.4

　　在这两个环节，小组成员之间以及小组成员与教师的讨论和交流的内容在网络平台中保存，完成的项目文档保存在系统中，同时小组成员在线情况也被系统记录和统计，反馈给教师，如表 16-3 所示。

表 16-3　小组成员在线统计

序号	学号	姓名	最后登录时间	登录次数	发帖数目	回帖数目	在线时间
1	2010＊459	王＊	2012-12-4	31	5	11	27 小时 24 分
2	2010＊458	梁＊	2012-12-2	27	6	15	23 小时 3 分
3	2010＊454	穆＊	2012-12-2	21	3	6	19 小时 15 分
4	2010＊517	李＊	2012-12-5	19	1	3	15 小时 39 分
5	2010＊457	孟＊	2012-12-1	25	3	9	20 小时 53 分

3）成果展示和多元评价

这是活动的最后一个环节，是对整个活动的总结和反思。多元评价主要体现在：教师不是唯一的评价主体，也有学生的自评互评；不仅对学习结果评价，还对学习过程进行评价；既有学生个人评价，也有对小组的整体评价；既有定量评价，给出具体的分数，也有定性评价，引导学习者反思总结。

教师活动：在"成果展示评价"模块，查看小组项目成果，参照以下规则对小组成员进行评价，如表 16-4 所示，限于篇幅，本文不给出每个部分具体的评价量表。

表 16-4　评价规则

评价类型及权重		具体内容及权重	说明
教师评价（80%）	小组项目评价（40%）	小组项目文档（20%）	该部分同组成员分数相同
		项目整体完成情况（20%）	
	个人学习评价（40%）	个人任务完成情况（20%）	
		个人工作总结（10%）	
		个人参与项目表现（10%）	包括个人角色、态度、学习交流
自评互评（20%）	自我评价（10%）		
	他人评价（10%）		

学生活动：在"成果展示评价"模块，采取一定形式总结项目成果并上传，开展组内自评互评，互相学习促进。查看教师评价，进行反思。同时，也可以查看其他项目小组的项目成果，互相交流学习。

最终该小组成员的学业成绩如表 16-5 所示。

表 16-5　小组成员学业成绩

序号和姓名 评价类型及权重	教师评价（80%）					自评互评（20%）		总分
	小组项目评价（40%）		个人学习评价（40%）					
	小组项目文档（20%）	项目整体完成情况（20%）	个人任务完成情况（20%）	个人工作总结（10%）	个人参与项目表现（10%）	自我评价（10%）	他人评价（10%）	
1　王＊	16	17	16	7	10	9	10	85
2　梁＊	16	17	19	8	9	9	9	87
3　穆＊	16	17	14	8	7	8	7	77
4　李＊	16	17	20	7	5	8	7	80
5　孟＊	16	17	15	8	7	9	7	79

4. 结果分析

1) 学习活动设计的有效性与合理性

（1）有效性。有效性是指学习者通过参与学习活动，完成学习任务，实现学习目标。8个项目小组按照活动方案进行小组协作、自主探究，最终都完成了小组项目，学业成绩及格率达到100%，优秀率达到65.7%，及格率和优秀率均高于其他实践课程的平均及格率和平均优秀率。在活动过程中，学生们体验了团队项目开发的流程，掌握了项目开发的相关知识，锻炼了实际开发项目的能力，掌握了团队协作、主动探究的学习方法，学习目标基本上得以实现。

（2）合理性。合理性是指学习活动逻辑符合现代教育理念。该学习活动方案设计的五个环节逻辑严谨，凸显了实践学习的主体地位，符合项目教学法的本质特点，也与"学生为主体，教师为主导"的现代教育思想吻合，学习者在活动实践中完成知识建构。

2) 基于网络的项目教学活动对情感态度，学习方法、策略的影响

课程结束后，对35名学习者进行问卷调查和访谈，85.7%的学习者对网络环境下实施项目教学法的学习方式已经能够适应，其中40%的学习者对该学习活动表示欢迎和支持，喜欢这种实践学习方式，45.7%的学习者赞同这种学习方式，但对学习实效仍然持怀疑态度；关于项目教学法锻炼了学习者哪些方面的能力的调查，协作能力、动手实践能力、自我控制能力、组织管理能力选择率分别为71.4%、48.6%、40%、31.4%。综合来看，基于网络的项目教学法已经为大多数学习者接受，学习者对所设计的学习活动也比较赞同支持，项目教学法在一定程度上锻炼了学习者协作能力、动手实践能力、自我控制能力和组织管理能力。

在参加学习活动的过程中，88.6%的学习者表示学习习惯或学习方法、策略发生了一定的变化，主要表现为：由被动接受开始转向主动探究，由独立思考转向小组协作。关于积极参与学习的原因，51.4%的学习者是因为学习活动的控制作用。因而，该学习活动对学习者良好学习习惯养成，学习方法、策略转变，以及积极参与学习都起到了较大的作用。

（三）结束语

学习活动的设计是基于网络的项目教学法教学设计的重要组成部分，对教师的教学质量、学生的学习效果有着直接的影响。学习活动设计需要在教学实践中检验并修正，使之更加完善，更加合理有效，这是设计学习活动的一条有效途径。因此，在现代教育理论指导下，进行项目教学法探索和实践，构建更加完善的学习活动体系，值得研究者继续进行深入探究。

➤ **参考文献**

丁霞 . 2010. 网络课程中学习活动管理系统的研究［D］. 山东师范大学硕士学位论文 .

何晓青，柯和平 . 2011. 网络实践教学的典型教法探索［J］. 中国电化教育，10：116-120.

景琴玲，王革 . 2012. 德国职业教育体系透析与展望［J］. 国家教育行政学院学报，02：91-95.

刘合行 . 2012. 美国职业教育开放性办学的研究与思考［J］. 中国职业技术教育，06：89-93.

彭文辉，李肖霞，刘小碧 . 2010. 基于项目的协作学习模式及支持平台设计［A］//徐福荫 . 深化教育技术研究与实践——2010 教育技术国际 研讨会论文集［C］. 北京：清华大学出版社：1048-1054.

吴言 . 2003. 项目教学法［J］. 职业技术教育，（07）：1.

徐娴 . 2011. 中职计算机课程项目教学的设计、实施与评价［D］. 南京师范大学硕士学位论文 .

杨开城 . 2006. 以学习活动为中心的教学设计理论［M］. 北京：电子工业出版社 .

张华燕 . 2013. 电子技术课程项目教学活动设计与评价［J］. 中国职业技术教育，08：37-41.

张兰芳 . 2012. 基于"项目教学法"的计算机基础教学及其评价［J］. 西南师范大学学报（自然科学版），06：245-248.

Beetham H，Sharpe R. 2007. Rethinking Pedagogy for a Digital Age：Designing and Delivering Elearning［M］. New York：Routelede-Taylor & Francis Ltd.

Peng W H，Li X X，Jia L L. 2010. Research on the process model and design of management platform of project based learning［A］//Hu Z B，Ye Z W. Proceedings of the 2nd International Workshop on Education Technology and Computer Science［C］. America：IEEE Computer Society's Conference Publishing Services：826-829.

以人为本构建文科公共实验实训课程体系

——以浙江师范大学文科综合实验教学中心为例[①]

随着时代的发展，培养和造就厚基础、宽口径、高素质、强能力、重实践、重个性的应用型人才，很大程度上已经成为国内高校的共识。文科实验课程链接理论与实践，可有效提升大学生综合素养能力，近年来逐渐引起各高校的重视。

浙江师范大学依托国家级实验教学示范中心——文科综合实验教学中心，从培养大学生综合素养能力出发，打通专业壁垒，构建独立的文科公共实验实训课程体系，面向各专业学生开设人文、艺术、科学素养和基本技能等多维度、分层次的文科公共实验实训课程，具有较强的创新性。本文以浙江师范大学为例，力图研究文科公共实验实训课程建设的一般属性和发展规律，探索提出有效可行的建设方法与思路。

（一）课程体系建设背景

1. 专业文科实验课程发展较为成熟

文科实验教学随大学学科门类确立而产生，起初一般是文科理论教学的补充。例如，浙江师范大学大学外语的语音听力课程、艺术表演的舞台训练环节等，随后逐步发展形成独立的实验课程，相对集中在艺术类课程、经济管理类课程中。目前，从实践上来看，专业文科实验教学已经走过一段路程，在课程建设、实验目标、实验项目设计、实验规范等方面都初步形成了一套自有的标准。

---

① 本文由浙江师范大学文科综合实验教学中心副主任罗建林编写，主要研究方向为实验室管理。

2. 专业文科实验课程普遍缺乏独立性

文科专业实验课程往往只是理论课程的环节部分，或者服务于某些专业性理论课程，独立性较弱，与文科理论课程是依附与从属关系。从教学内容来看，往往是理论知识的具体实践，缺乏体系和严密的科学性。

3. 文科公共实验实训课程方兴未艾

面向文、理、工各科专业学生开设的文科公共实验实训课程是完全的新生事物。目前，国家级文科综合类实验教学示范中心建设正进入快速发展阶段，以提高大学生综合素养能力为目标的文科公共实验实训课程越来越受到各高校的重视，但课程开设、实验教学还处于探索阶段，相关理论研究也相对比较零散。

（二）课程体系定义属性

纵观浙江师范大学和其他高校开设的同类课程，我们对文科公共实验实训课程的外延内涵进行了梳理，将其定义为文科公共实验实训课程是在大学人才培养课程序列中开设的，以文科内容为主体，以实验实训为教学手段，以服务文理各科学生为立足点，以培养大学生综合素养能力为目标的课程。这样一批相互联系又各自独立的课程组成的综合性、多层次的课程系统，即文科公共实验实训课程体系。"实验""公共""文科"是这一新生课程系统的三个关键词：以其实验身份区别于理论课程；以其公共属性区别于专业课程，以其人文底蕴塑造区别于知识技能培养课程。

1. 从归属上看，是实验课程

实验既是文科公共实验实训课程的手段，也是该课程的第一属性。一方面，将实验从理论的从属地位解放出来，变成这一课程体系的中枢。通过动手的过程，让知识存储转化为能力，让创新创造的灵感外化为作品，从而获得美学的升华，素养的提升，最终成就人格的完善；另一方面，实验本身上升成为课程的主体内容。长期以来，我们的大学教育重理论，轻实践。动手能力一直是大学人才培养的短板。文科公共实验实训课程倡导"知行合一，学用兼善"，在艺术类实验课程、技能操作型实验课程等课程中，实验本身就是个人综合技能的锻炼与发展，通过实验，学习创作、操作的方法，实现技能、技术的获得，这既是综合素养培养的应有之义，也是顺应社会发展对人才培养的必然要求。

2. 从格局来说，是公共课程

文科公共实验实训课程体系是一个开放的构建格局，这决定于课程本身的公共属性。一方面，课程植根于大学课程体系之中，打通文理，打通专业，跨越学科，跨越学院，甚至可跨越校门，吸取社会民间养分。但凡有利于大学生综合素养能力培养的知识内容，适合通过实验教学形式进行传递和获取的，都可以融入到这个体系中来，不搞门户之见，不存专业之别，包而融之，这就是"多元融合"。文科公共实验实训课程体系面向文、理、工、管等所有专业学生开放，本着厚其基础、深其素养、完其人格的目标，有教无类，敞开课程给所有的学生修读。理科学生可获得人文熏陶，非艺术类学生可感受艺术之美，文科学生可认识自然，格物致知。技能类课程则针对社会需求，具有不分专业的普适性。以公共品格立其课程，真正通过开放共享，实现大学生的共同受益。

3. 从内容上看，是文科主体课程

文科公共实验实训课程的培养目标是人的综合素养的提升，最终实现人格的完善。这必然决定着课程是以文科为主体的课程。一方面，陶冶情操，美育身心，这些都是人文学科的专长。而理工科的知识内容则具有相当的专业性门槛，在素养培养上偏重逻辑思维能力的提升，因此无法承担这一课程体系的主体责任。另一方面，课程体系以综合素养培养为目标，决定着课程内容不能放弃理、工等其他各类学科知识领域。而且，对于文科学生来说，了解一定的物理、化学、工程机械等方面的知识，掌握和锻炼逻辑思维的方式方法，具备基本的动手操作能力，都是完全有必要的。而传统专业化的大学教育一定程度上带来了学生知识的孤立和能力的片面发展，文科生大学毕业不会换灯泡等类似报道屡见不鲜，从中也可窥其一斑。文科公共实验实训课程，不仅厚其人文素养，也要丰其理科基础。文科为主，理科为辅，缺一不可。

（三）课程体系重要意义

1. 确定了文科实验课程的完全独立

文科公共实验实训课程的构建，完全解放了实验环节，充分挖掘了文科实

验对于大学生综合素养能力培养的重要能力，实现了文科实验课程的真正独立。其含义主要有三个层面：一是实现了地位的独立，实验课程不再成为任何一门理论课程的附属，而具备了自主发展构建的能力，其发展路径和规律也与理论课程截然不同；二是在内容上实现了独立，实验课程内容的来源可以来自各学科理论课程，也可以直接从社会、民间中汲取养分，形成课程。例如，剪纸、民间戏曲等课程就可以利用民间艺人、非物质文化传承等资源形成课程；三是教学方式实现了独立，实验教学在做中学，学中做，知行统一，开展系统化的实验，显著区别于理论课程。

2. 构建了知行合一的人才培养平台

新中国的大学教育体系参考苏联建立，专业性强，相对偏重理论教学，实验教学一直是理论教学的从属环节，大学生往往是专业性强、知识口径窄。但随着时代的发展，"厚素养、宽口径、强能力"逐渐成为人才需求的关键词，传统的大学人才培养模式面临着挑战。而构建文科公共实验实训课程，是有效应对这一人才培养需求的有效途径。以人文艺术熏陶厚其素养，以多元融合课程体系宽其口径，以知行合一的教学方式强其能力，具有先进性、系统性、层级性、交叉性的文科公共实验实训课程体系成为新时代大学人才培养的重要平台。

3. 实现了多学科、多层次的融合

一段时间以来，如何打通学科、专业，形成复合型、综合性的培养构建格局，是大学教育研究的重要命题。构建文科公共实训课程，实现了在同一课程体系中的文、理多元课程融合，知识与能力的融合，传承与创新的融合，是解决这一问题的创新尝试与积极突破。

（四）课程体系建设原则

文科公共实验实训课程体系作为一种全新形态的课程体系，其建设路径与理论、专业课程都有不同之处，根据浙江师范大学等高校的建设实践经验，我们认为必须把握好以下原则。

1. 目标性原则

文科公共实验实训课程的建设始终要围绕培养大学生综合素养能力这一目标，始终从学生受益出发，抓住"育人"关键进行课程建设。这是课程体系构

建的基石和根本所在。背离这一原则，必将导致课程体系面目模糊、思路混乱，最终失败。

2. 公共性原则

文科公共实验实训课程不为哪几个专业服务，也不是理论教学的附属。在这个开放性课程平台中，文、理、工、管各科学生都能"学"有所得，"做"有所乐，知行合一，学用兼善，实现素养、能力的潜移默化，熏陶提升。

3. 基础性原则

文科公共实验实训课程的公共性质，决定了这一课程体系在内容上较基础，在层次上低于相关专业课程，不搞门槛准入，有教无类，但求"选则可修，修则有得"。在人才培养的过程中，主要起到宽口径、厚素养的作用。

4. 平台性原则

文科公共实验实训课程体系在整体上是一个塑造大学生综合素养能力的平台空间，围绕育人的中心，平台可以打通，融合文、理、工、管各类学科，将各类知识素养引入到实验室，通过实验手段的外化内引，成为知行合一、趣味生动的课程。这样的一个课程体系，是跨学科、跨专业的，甚至可以沟通学校和社会。

5. 整合性原则

文科公共实验实训课程丰富多样，能给予学生多方面的素养培养。但是在课程的设置过程中，如果缺乏统筹和规划，没有通盘的整合思考，课程容易散乱，无法形成"素养链"，产生不了"1＋1＞2"的合力效应，显得片面、零散。因此我们认为，要建设一个完善、系统的课程系统，必须要把握好整合性原则，要做到建设前合理规划和谋划，建设后善于整合和优化。

（五）课程体系建设实践

浙江师范大学从 2008 年开始启动建设文科公共实验实训课程，依托国家级实验教学示范中心——浙师大文科综合实验教学中心，学校在该课程体系建设上做出了积极有益的探索。

1. 确立了课程建设理念

中心提炼和确立了"多元融合、学用兼善"的课程建设理念，并将这一理念贯穿于整个实验教学活动中。彻底转变了"文科教学无实验"和"实验教学依附于理论教学"的传统观念，将实验教学放在与理论学习同等重要的位置，既有机融合，又相对独立。

2. 设计了课程生成机制

中心设计了以依托校内资源为主、合理利用校外地方为辅的课程生成机制，每年定期编制课程建设规划，发布课程建设立项征集文件。建设规划思路清晰、重点明确，稳步推动课程建设的有序开展。

在学校支持下，文科公共实验实训课程建设立项等同于校级研究课题项目立项，有效调动了各学科教师参与建设这一全新课程体系的积极性。

在评审过程当中，以有利于大学生综合素养能力培养为主要原则，注意培育亮点和特色课程，注意课程形成的整体性和连续性，逐步、有序丰富课程体系。

3. 形成了初步课程体系

围绕培养大学生人文、艺术、科学素养和基本技能的培养，中心组织教师立项建设了44门文科公共实验实训课程，38门已列入学校教学计划，实现开课；课程初步打通学科、专业，课程内容文理兼备，受益学生各科皆有，原则上文科类专业学生要求修读1门。

4. 产生了一批成果

所有中心开发课程全部组织编写有实验指导书，并遴选优秀指导书进行优化提升，出版了系列配套教材《高等学校文科综合实验系列教材》，共4册。

（六）课程体系构建存在的问题

浙江师范大学在文科公共实验实训课程的建设过程中，取得了一些成绩，但是总体来看还处于"有"的层次，如何从"有"迈向"优"，不断优化课程体系，增强课程的承载能力，更好服务于学校育人中心，这是浙江师范大学文科综合实验教学中心始终考虑的问题。从浙江师范大学的实践来看，文科公共实验实训课程建设目前主要存在以下几大问题。

1. 课程表达外延和课程体系的培养目标还有一定差距

文科公共实验实训课程是一个新生事物，建设过程与专业实验不同，往往是理念先行，概念性、理论性的表述和课程表达之间还存在一定偏差，无法实现完全的统一。这主要体现在两个方面：一是在前期规划中，对于素养培养总体目标的具象化构建路径还不够清晰，课程开发往往落实在量的扩张上，没有足够明确的导向；二是部分课程的素养培养目标指归存在多向和含混不清的现象，一些课程功能重叠，一定程度上造成了资源的浪费；三是社会对人才综合素养的要求不断变化，传导到高等教育有一定的滞后性。因此，课程序列与作为人才综合素养培养目标的外延表达往往并不能完全严密耦合，存在一定的偏差。

2. 课程形成渠道相对单一

文科公共实验实训课程普遍依托学校现有专业开设，与理论课程体系有密切的联系。这一方面有益于实验课程与理论教学形成良性互动；另一方面又使文科公共实验实训课程的形成来源过于单一，课程设计难以突破现有课程体系，对形成具有自身鲜明"个性"的文科公共实验实训课程体系十分不利。

3. 课程评价、反馈机制尚待建立完善

一个良好的课程评价和反馈机制对于完善课程内容、优化课程结构、提升课程质量具有十分重要的意义，文科公共实验实训课程以提升大学生综合素养能力为目标，课程效果呈现相对隐性和滞后性，为课程的评价和反馈操作带来一定的困难，如何构建科学、有效的评价和反馈有待深入研究和探讨。

4. 课程针对学生需求层次的区分度模糊

课程体系的公共属性要求课程面向全校文、理、工、管各科学生开设，这一方面提高了课程的覆盖面，但另一方面也忽视了学生的个体差别，"胖子瘦子一个尺码，高个矮个一条凳子"。课程层次的缺乏，使得课程的弹性空间、立体梯度方面相对不足，学生自主探索、提升层次的需求无法得到有效满足。

（七）课程体系构建问题的解决思路

我们认为，要解决上述问题，必须突破现有理论学科体系框架，创造性地

开拓课程体系形成渠道，建立适应自身特点和培养目标要求，更加灵活的课程动态设计和调整结构。从具体实施思路上分为以下四大部分。

1. 拓展外延

拓展外延包含两方面含义：一是要适时调整课程建设规划，不断适应人才培养要求和学生自身素养能力培养需求的不断变化；二是要持续有效生成课程，充分利用校内外资源，打通专业、打通文理，形成丰富的多门类课程。唯有如此，才能不断弥合课程序列和课程培养目标要求之间的差距，从数量、门类上不断接近、实现课程培养目标的有效外化表达。

2. 优化内涵

优化内涵包含三方面含义：一是拓展容量：丰富课程内容来源，实现文理融合、古今融合，将一切有益学生素养培养的元素融入到实验课程中来；二是提升质量：开发若干融多个知识点、多种实验方法、具有文科综合特色的经典实验项目，加大综合设计型实验、研究创新型实验比例；三是建立有效科学的课程监测机制，对课程教学、课程效应、课程评价进行全程跟踪和数据调查收集，构建机制管道，实现优胜劣汰，最终提高课程与培养目标、学生需求、社会要求的契合度。

3. 强化整合

强化整合包含三方面含义：一是要强化前期整合：结合现有课程，做好总体规划，形成梯度式、互补式课程开发态势，逐步建立基础性、研究性、创新性三个主要课程层次，形成具有基础性、系统性，又具有层次性、交叉性的课程体系。二是创新资源整合方式：大胆尝试综合多门课程资源开发生成全新课程，形成交叉型、立体型知识素养能力培养课程体系。三是整合现有课程资源，优胜劣汰，逐步形成系列化、模块化、"套餐式"课程形态，让学生可根据自身的素养能力培养需求，点餐式选择多门课程组合而成的"课程包"，实现素养能力个性化、"订餐式"培养。

4. 凸显特色

凸显特色包含三方面含义：一是要培育特色课程和品牌课程。通过外联、内生，着力培育若干有名师、名人领衔，有品位、内涵，有吸引力、影响力的特色课程和品牌课程，并通过品牌课程群的建设，形成文科公共实验实训课程的集群效应。二是要不断凝练成果，加大校本教材编写力度，继续探索完善一套符合文科公共实验教学规律的编写体例与模式，出版能满足学生素养、能力发展需要、促进学生全面发展的系列校本实验教材。三是要注意课内课外的结合，以综合素养培养为结合点，实现实验空间与大学生社会实践环境的对接，通过支持相关社团活动、开展相关学科竞赛等形式，让大学生素养能力培养"提升有力，应用有效"，为大学生提高就业竞争力和未来职业发展能力提供有力支撑。

（八）结语

文科公共实验实训课程是个新生事物，发展过程中当然要吸收来自理论教学和专业实验教学的经验，但是更重要的是，我们要寻找到这一新生课程体系自身的独特个性，把握好课程目标，摸准时代的脉搏，一切从"人"出发，就必然能探索出符合课程体系自身发展规律的路子和办法。

参考文献

何雄辉 . 2007. 文科物理实验教学的探讨和研究 [J] . 湘潭师范学院学报，29（2）：121-122.

教育部 . 2007. 关于开展高等学校实验教学示范中心建设和评审工作的补充通知（教高 [2007] 10 号）[Z] .

孔鹏 . 2011. 高校文科类开放式实验教学的研究 [J] . 高校实验室工作研究，108（2）：26-27.

刘建生，彭名华 . 2009. 实验室向学生社团开放的研究与实践 [J] . 实验科学与技术，32（5）：26-27.

刘秀凤，张天学 . 2008. 大学文科专业实验教学体系改革与创新 [J] . 中国现代教育装备，61（3）：115-116.

潘蕾 . 2012. 素能一体化文科实验教学体系的探索与实践 [J] . 浙江师范大学学报（社会科学），37（4）：112-115.

彭新一 . 2011. 文科综合实验教学体系构建研究 [J] . 实验室研究与探索，30（9）：1-3.

武宝瑞 . 2006. 转变观念，着力推进文科实验室建设 [J] . 实验技术与管理，23（5）：2-4.

徐双敏 . 2010. 普通高校文科实验课程开设现状研究 [J] . 大家，10：95.

许桂芳 . 2007. 建立新型的高校文科实验教学体系 [J] . 高校实验室工作研究，93（3）：32-35.

杨积堂，张宝秀 . 2011. 文科跨专业综合集成实验教学模式创新与探索 [J] . 实验技术与管理，28（9）：4-6.

杨嫚，何华刚 . 2008. 建构主义视野下的大学文科实验教学实践 [J] . 现代教育技术，18（9）：116-119.

于海燕 . 2009. 研究性学习背景下高校文科实验教学改革探讨 [J] . 扬州大学学报，13（1）：94-96.

袁哲峰 . 2011. 演示实验和文科物理实验教学的探索 [J] . 现代阅读，7：11.

钟育三 . 2011. 高校文科类课程实验、实践教学模式研究 [J] . 江西教育学院学报（社会科学），32（5）：69-74.

计算机设计大赛
对文科计算机实验教学改革的启迪①

十八

　　根据《国家中长期教育改革和发展规划纲要（2010－2020 年)》和《教育部关于进一步深化本科教学改革全面提高教学质量的若干意见》（教高〔2007〕2号）的精神，为进一步推动高校面向 21 世纪的计算机教学的知识体系、课程体系、教学内容和教学方法的改革，培养德智体美全面发展、具有团队合作意识、创新精神及与专业相结合的实践能力的复合型、应用型高端人才，教育部高等学校文科计算机基础教学指导委员会于 2007 年 9 月开始酝酿主办中国大学生（文科）计算机设计大赛（以下简称"大赛"）。经过一年的精心策划和组织，2008 年 7 月 28 日～31 日由教指委主办、华中师范大学承办，以文科大学生实验创新、作品展示答辩方式的首届"大赛"，在武汉举行。"大赛"现已连续成功举办六届（2008～2013 年），2012～2013 年第二届大赛名称改为"中国大学生计算机设计大赛"。

　　"大赛"为大学生提供了创新展示、实践能力的训练机会，为优秀人才脱颖而出创造条件，其目的是让全国更多的文科类大学生参与学习计算机技术，提高他们的实际动手能力。"大赛"最终的价值和效果将体现在为社会培养素质全面、实践能力强的高层次人才，实现社会发展向高等学校提出的客观要求。

（一）"大赛"项目体现了《教学要求》对实验教学的落实

　　《高等学校文科类专业大学计算机教学要求》（第 6 版·2011 年版）（以下简

　　①　本文内容为基金项目——国家级文科综合实验教学示范中心：实验教学改革与实验室建设项目"中国大学生计算机设计大赛模式研究"（〔2011〕10 号）。本文由华中师范大学计算机学院郑世珏、方静编写。第一作者郑世珏是计算机学院副院长、教授，主要从事网络存储技术、移动计算应用技术、多媒体教育技术研究工作。

称《教学要求》）是教育部高等教育司组织制定、由教育部高等学校文科计算机基础教学指导委员会编写的用于我国高等学校文科类专业计算机教学的指导性文献。"大赛"指定的软件环境及工具，突出了知识单元驱动作用，从而给文科计算机实验教学改革提供了新思路和新视野。

1.《教学要求》的基本内容

《教学要求》把大学文科涉及的八个学科门类（哲学、经济学、法学、教育学、文学、历史学、管理学、艺术学）分为文史哲法教、经管、艺术三大系列进行指导。《教学要求》内容包括概论（教学意义、教学性质、知识体系、课程体系、课程定位和课程目标）、知识体系及其内容、课程体系及其内容，以及实施与评估（学时安排、教学队伍、教学设备、教学实验、教材建设、教学建议、教学考核和教学评估）等四个部分。其中第一部分为概论，主要论述了课程的教学意义、教学性质、知识体系、课程体系、课程定位以及课程目标；第二部分是知识体系及其内容的表述；第三部分是课程体系及其内容；第四部分是实施与评估，由此构成完整的计算机基础教学的指导性文件。

《教学要求》的知识领域涵盖了文科类专业大学计算机理论和实验教学的八个方面：①知识领域（计算机软、硬件基础）；②知识领域（办公信息处理）；③知识领域（多媒体技术）；④知识领域（计算机网络）；⑤知识领域（数据库）；⑥知识领域（程序设计）；⑦知识领域（美术设计类计算机应用）；⑧知识领域（音乐类计算机应用）。《教学要求》中知识领域八个方面概括了48个知识单元。

2. "大赛"项目设置原则

"大赛"项目设置原则是以《教学要求》中的知识领域和必须掌握的应用软件为指导。对于每届"大赛"，"大赛"组委会组编了《中国大学生计算机设计大赛参赛指南》出版物，"大赛"组委会还出版了《高等学校文科类专业大学计算机教学要求》等一系列指导文件，为合理引导"大赛"走向和计算机基础课程的实验教学指明了方向。

（1）2008年"大赛"项目设置4类：①学习平台设计类，包括学习交流网站、数据库管理系统、CAI教学课件、虚拟实验平台；②媒体制作设计类，包括平面媒体、立体媒体、二维或三维动画、校园生活DV、虚拟现实场景等；③电子音乐设计类；④国产软件应用类（Science Word软件）。

（2）2009年"大赛"项目设置与2008年基本一致。

（3）2010年"大赛"项目设置3类：①与2008年一致；②非专业媒体设计类，包括平面媒体、动画设计、DV短剧、电子杂志、虚拟场景、综合其他（如游戏……）；③专业媒体与电子音乐设计类，内容与非专业媒体设计类基本一致。

（4）2011年"大赛"项目设置4类：与前两届基本相同，增加了电子音乐创作类。

（5）2012年"大赛"项目设置5类，开始有较大的变化：①软件应用与开发类；②数字媒体设计类；③数字媒体设计类；④数字媒体设计类；增加了计算机音乐创作类。

（6）2013年"大赛"项目设置7类，除保留以前项目外，增加了高职高专计算机类专业。

3. "大赛"项目分析

笔者根据《教学要求》八个方面的知识领域和实验教学所含的48个知识单元，同时对比历届的"大赛"项目设置，进行了如表18-1和图18-1所示的统计分析。

表 18-1　"大赛"项目设置与《教学要求》知识单元数统计表（单位：%）

项目　　　　　年份	2008	2009	2010	2011	2012	2013
项目数（含小类）	11	11	16	20	30	33
《教学要求》知识单元数	48	48	48	48	48	48
项目数/知识单元数百分比	0.229	0.229	0.333	0.416	0.625	0.6875

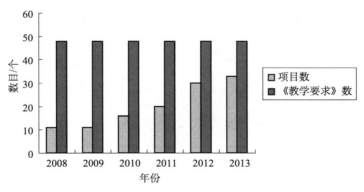

图 18-1　历届的"大赛"项目设置与《教学要求》知识领域的比较

显然，"大赛"项目设置与《教学要求》中知识领域的知识单元关联越来越接近，"大赛"设置的类别中的竞赛内容已经覆盖了《教学要求》中约69%的知识点。

（二）"大赛"组赛形式促进了文科计算机实验教学的新模式

学非为赛、赛能促学。"大赛"的目的是提高文科类大学生的综合素质，进一步推动高校本科面向21世纪的计算机教学的知识体系、课程体系、教学内容和教学方法的改革，是为了让文科类大学生通过参赛了解计算机基础知识的应用、提高综合实践能力、具备创新创业能力，以及团队合作意识。

1. "大赛"形成了开放式实验教学的交流模式

"大赛"为我国各类高等学校评审专家、任课教师和参赛的大学生提供了广泛交流的平台。通过这个平台，兄弟院校相互间可以交流我国文科类计算机教学方面所取得的好经验，通过展示富有生命力的作品去感染更多学生，让他们以后学习计算机技术更有热情、更加积极、更为主动。每届一、二等奖获奖作品的专家点评，起到了画龙点睛的作用，更是使学生们开阔了视野，得到了全国各高校的名师教诲，形成了开放式实验教学的交流模式。据不完全统计，到目前为止全国已有3万～4万名大学生参加了初赛设计，近万名大学生参加了决赛。第六届"大赛"仅报名参赛的作品就超过2500件。

2. "大赛"推动了软件实验教学内容改革的落实

"大赛"作品制作环境涉及的计算机应用软件多达20余种。"大赛"指定的软件环境及工具，为文科计算机基础教学，特别是基于软件应用的实践教学改革提供了依据，强调了大学项目教学和小组合作学习的教改方向，推动了教师学习新软件、新工具的热情，使之成为学校教学工作的有机组成部分，从而使文科计算机教学建设在学校的发展层面上获得制度性的保障。

3. "大赛"促进了教学实验环境的改善

大学计算机基础教学落实《教学要求》主要体现在许多高校建立了文科计算机实验室，设备更新加快，如华中师范大学的国家级文科综合实验教学示范中心，其中以文科计算机实验室为主体，直接顺利地承办了三届计算机设计大赛。许多高校文科计算机实验室购买了如经济管理类、教育类、艺术类一些专用实习软件，配备了专职教师。不少高校为了提供参赛学生的创作环境，更新了大量的设备，有的甚至将数字媒体专业机房供学生使用。

（三）"大赛"过程培养了学生的创新能力，形成了课后实践的重要环境

文科计算机大赛全过程是锻炼学生意志，培养学生创新精神，提高学生动手能力，丰富学生大学校园文化生活的有效形式。竞赛使那些具备理论基础扎实、实践动手能力强、团队协作精神好的学生有了施展才华的空间。

1. 培养了团队精神

根据"大赛"规则，提交作品的同时，还要提交一篇作品简介的完整文档，其中必须包括设计目标与意义、关键技术和作品特色、作品安装说明、作品效果图、设计思路、设计重点和难点等内容，约为 5000 字，并且规定参赛队伍必须由 3 人组成。这些规定对大学生们的团队精神、协作能力和合作方式提出了新的要求，为培养大学生同舟共济的团队精神和协调组织能力提供了实践平台。这种团队精神还体现在进一步密切了任课教师和学生的关系、提高了学生文档书写的表达水平、明白了参赛的全过程中分工合作、求同存异、取长补短的重要性。

2. 培养了创新精神

"大赛"主题始终以关心国家大事、歌颂祖国、弘扬改革开放成果为主旋律，不断注入高校课程教学改革实践与人才培养模式探索，提高学生智力与非智力素质的正能量。目前，种种不尽如人意的地方导致文科类计算机基础教学呈现教学内容相对陈旧、知识面窄、重理论轻实践等问题。由于学校和任课教师的正确引导，学生的学习热情和创新精神在"大赛"项目的驱动下突然迸发出来。学生们利用课余时间、寒暑假，不畏辛劳、不惧困难、走遍祖国的山山水水，寻师访友创造了一个个有血有肉的作品。比如，浙江农林大学作品《独特的蒙古族旅游小书签》；洛阳师范学院作品雪原风情——《藏》；塔里木大学作品《走进维吾尔》等体现了当代大学生热爱祖国，热爱党，积极向上的风貌和高超的计算机技术的应用能力，受到历届评委们和颁奖嘉宾的高度赞赏及高度评价。

3. 丰富了校园文化活动

文科学生缺乏在全国参加各种大赛的平台，"大赛"的举办填补了这一空白。为了选拔优秀选手参加"大赛"，很多高校由教务处、团委、学工处牵头，

通过院系教学单位布置"大赛"任务，开展了丰富多彩的一些竞赛活动，并由此推行了"大赛"的预赛制，入选作品给予1000～5000元的经费支持。这样，计算机基础教育课程的实验教学过程形成课上、课下相结合，课余时间相互学习相结合的热闹局面，于无形中熟练掌握了各种应用软件，为参加"大赛"选拔了人才，丰富了学生的校园文化生活。

4. 实现了自我价值

六届"大赛"中涌现出不少优秀作品，培养了一大批文科类大学生计算机爱好者，事实证明文科类大学生能用自己所学的计算机技术表达创新的设计思想和创意的精彩，能很好地把握创作主题。不少高校将获得一等奖的学生直接列为应届保送研究生；获得二等奖的学生保研加分。据不完全统计，不少历届获奖的学生直接被国内外大公司、单位录用。有的获奖作品被电视台录用。活生生的例子，推动了学生的参赛热情，也激发了学生学习计算机技术的自觉性。

（四）结束语

"大赛"的成功举办确实为高校文科类计算机课程体系、教学体系、教学内容、教学方法和实验教学的改革起到了推动作用，正在改变人们过去对文科计算机教学的偏见，体现了学非为赛、赛能促学的精神。在全国有识之士的共同努力之下，"大赛"通过不断自我创新和自我完善，在推动文科计算机实验教学改革的同时，也会成为海内外有影响力的全国大学生赛事之一。

➤ 参考文献

北京服装学院.2011.北服学子在2011年中国大学生（文科）计算机设计大赛中荣获佳绩［J］.艺术设计研究，（3）：79.

崔晓静.2011.切实提高高校计算机教学质量 深度激发学生计算机应用技能［J］.计算机教育.（18）：112.

邓娜，刘铁英，王文利.2013.计算思维：大学计算机基础教学的机遇与挑战［J］.教育教学论坛.（27）：74-75.

韩晓玲.2008.文科大学生武汉赛电脑［J］.成才之路，（22）：8.

教育部高等学校文科计算机基础教学指导委员会.2011.高等学校文科类专业：大学计算机教学要求.第6版.［M］.北京：高等教育出版社.

李勇.2010.以学科竞赛促进《网页设计与制作》课程教学改革与创新的思考——以参加中国大学生（文科）计算机设计大赛为例［J］.价值工程，219（31）：262-263.

柳青．2012．论程序设计课程中文科学生自主学习能力的提高［J］．福建电脑，（02）：57-58．

宋秀芹，宁玉富，曹金凤．2010．全国文科计算机大赛对文科计算机基础教学改革的启示［J］．计算机教育，（8）：84-86．

王哲，王小玲．2013．以学科竞赛促进文科计算机教学改革与创新的思考——以参加全国大学生计算机设计大赛为例［J］．教育教学论坛，（03）：53．

中国大学生（文科）计算机设计大赛组委会．2011．中国大学生（文科）计算机设计大赛2011年参赛指南．［M］．北京：中国铁道出版社．

虚拟化桌面技术
应用于文科实验室设备管理的思考[①]

对于文科生来说，单纯书籍资料的形式早已不能承担起目前如此海量的信息存储和传输。同样，很多专业如果没有实验条件和模拟基础，仅靠书本是不够的，不能完成文科教学任务。文科要发展就需要进行科学研究，在研究和探求中完成提高水平进而求得发展。文科实验室的作用就是要对文科研究提供实验手段，包括模拟研究和定量论证等。

传统文科实验室的功能主要是针对课堂教学的内容进行验证和演示，相对简单。随着现代化的学科不断分化、综合，文科实验室的功能不再拘泥于原始框架。为满足现代文科发展的需要，新的文科实验室的任务是结合文科各学科和综合学科的教学内容和特点，利用计算机多媒体等先进设备及教学手段，系统分析信息，架构虚拟环境，进行仿真和模拟，解决现代人文科学领域以及相关领域的社会问题。

文科实验室在教学的同时兼顾文理渗透，不仅利于资源整合，同时能够促进文科学生综合素质的提高。虚拟化桌面技术不仅仅给文科实验室管理提供良好的解决方案，同时也适用于理科实验室管理以及办公管理等。

（一）虚拟化桌面技术

虚拟化桌面技术属于虚拟化技术的一个分支，是支持桌面系统的远程动态访问与数据中心统一托管的技术。

---

① 本文由北京联合大学应用文理学院实验师靳雅群编写，研究方向为自动化控制、软件项目管理、硬件维护管理。

1. 虚拟化技术

虚拟化（virtualization）技术可以实现多个用户同时使用同一台计算机设备进行数据处理。可以对整个计算机硬件系统进行模拟，真正实现由一台计算机到多台计算机的转变。从广义上讲，计算机虚拟化技术是指对计算机系统中的各个组件利用软件方法或硬件技术进行模拟，用来实现多个虚拟的硬件系统平台。而这些系统平台彼此互相不会干扰，系统与系统间相对独立，并且可以在系统中安装任何操作系统。计算机科学认为，可以通过添加一个中间层去解决任何计算机系统的问题。因此，为了实现虚拟化，一种控制程序被设计并插入到硬件层和操作系统层之间，这个控制程序一般称之为超级管理程序（hypervisor）或者虚拟机管理程序（VMM），其作用是将硬件层抽象出来，实现物理虚拟化，使操作系统不需要知道自己运行在何种硬件之上。超级管理程序分为两种：一种是直接运行在裸机（bare-metal）之上的，它直接对硬件实现控制并管理虚拟机，不需要操作系统的支持，虚拟机则运行在它的上面一层；另一种是运行在主机之上的，管理程序作为一个独立的模块，而其他的虚拟机则运行在它的上面。

2. 虚拟化技术的分类及特点

虚拟化技术当前主要包括平台虚拟化、应用虚拟化、桌面虚拟化。目前，网络虚拟化、显卡虚拟化等技术都在快速发展，在不久的将来，当前物理的设备都将支持虚拟化技术，实施基础设施即服务（infrastructure as service，IAAS），实施真正意义的云计算。而桌面虚拟化技术是当前发展最快的，也是最具应用前景的技术。桌面虚拟化是指将计算机的桌面进行虚拟化，以达到桌面的安全性和灵活性。

1）平台虚拟化

平台虚拟化（platform virtualization），又称硬件虚拟化，是在硬件和传统的操作系统之间插入一个超级管理程序。它是针对计算机和操作系统的虚拟化，又分成服务器虚拟化和桌面虚拟化。服务器虚拟化是一种通过区分资源的优先次序，并将服务器资源分配给最需要它们的工作负载的虚拟化模式，它通过减少为单个工作负载峰值而储备的资源来简化管理和提高效率。桌面虚拟化是为提高人对计算机的操控力，降低计算机使用的复杂性，为用户提供更加方便适用的使用环境的一种虚拟化模式。平台虚拟化主要通过 CPU 虚拟化、内存虚拟化和I/O接口虚拟化来实现。

除了上述分类方法，平台虚拟化还可以分为完全虚拟化（full virtualization）、准虚拟化（para-virtualization）、硬件辅助虚拟化（hardware-assisted virtualization）。分别是对底层的硬件实现完全模拟的技术，通过在硬件层上安装一个含有虚拟化模块的操作系统来实现的，并且需要通过修改虚拟机的操作系统的内核代码以实现虚拟化和利用全新的硬件技术简化了虚拟化实现的复杂性。这三者不同之处方在于指令执行结构层次上有所不同。

2）应用虚拟化

应用虚拟化（application virtualization）包括仿真、模拟、解释技术等。Java虚拟机是典型的在应用层进行虚拟化。基于应用层的虚拟化技术，通过保存用户的个性化计算环境的配置信息，可以实现在任意计算机上重现用户的个性化计算环境。服务虚拟化是近年研究的一个热点，服务虚拟化可以使业务用户能按需快速构建应用的需求，通过服务聚合，可屏蔽服务资源使用的复杂性，使用户更易于直接将业务需求映射到虚拟化的服务资源。现代软件体系结构及其配置的复杂性阻碍了软件开发生命周期，通过在应用层建立虚拟化的模型，可以提供最佳开发测试和运行环境。

从技术实现角度上来说，它是对应用程序进行重新封装而并不是将底层的硬件通过各种虚拟化技术模拟出一台或多台虚拟机。在运行的过程中，将所有的文件和注册表操作重新定向到一个特定的文件，运行时访问到相应的文件，使应用程序认为是直接对硬件进行的操作。其具体的实现方式一般有应用程序流（application streaming）和桌面虚拟化两种方式，应用程序流是一种基于软件分发形式的实现方法，根据现代应用程序顺序执行的特点将应用程序封装和存储在一台应用程序流服务器上，在执行时由服务器推送到客户端，从而实现程序的各种操作。桌面虚拟化方式是应用程序安装在虚拟机里，通过连接虚拟机来实现应用程序的虚拟化。无论何种技术方式应用虚拟化都实现了更好的兼容性和可移植性。

3）桌面虚拟化

桌面虚拟化（desktop virtualization）是相对于传统的计算机桌面而言的，它有两种模式，学生可以通过网络访问一台可集中控制的服务器，也可以由服务器将所需要的信息推送到用户所在的设备。

桌面虚拟化技术又可以分为四种模式，即主机模式（hosted）、集中管理模式（centralized）、同步模式（remote synchronization）、客户机模式（clienthosted）。

其中，前两种模式较相似，对网络都有高度的依赖性，要求网络可靠并且稳定，都有桌面操作系统的配置文件。主机模式和集中管理模式都是由服务器构成的用于桌面虚拟化的数据中心，并且可以通过网络访问，完成虚拟化的服务。两者最大的不同在于集中管理模式有两种子模式，即一对一模式和一对多模式。一对一模式是一个终端使用一个桌面虚拟化镜像，而一对多模式是多个终端共有一个主镜像，每当一个终端申请使用虚拟化桌面时，都自动从服务器复制镜像生成副本，然后使用自己的数据和配置信息一并保存。

同步模式的工作方式是，首先从服务器复制文件镜像到本地计算机，服务器的管理软件检测到镜像文件有更改时，在本地计算机下次启动时自动更新。该模式可以避免因网络中断而引起的业务中断。客户机模式的工作方式是，彻底地使虚拟化桌面摆脱了对网络的依赖。每个终端都保留自己的一个独立桌面虚拟机，服务器提供集中式的主镜像的存储和管理。虽然这两种模式不依赖于网络，但是对本地计算机的配置要求较高。

上述这四种模式，在实际应用中，集中管理模式和客户机模式使用的较为广泛，工作模式的需求较符合要求。根据不同需求，结合服务器性能，网络带宽环境等因素综合起来考虑最终选定哪种模式或者哪几种模式。

文科实验室设备同时具备教学和科研功能，是学科建设的基础，也是学术交流的重要手段。要求实验项目资源利用有序化，实验项目使实验教学系统化，实验项目使实验教学发展可持续化。基于以上要求，使用客户机模式解决管理模式较为稳妥。

（二）虚拟化桌面技术应用于文科实验室设备管理的优势

大学文科实验室实验教学和理工科实验教学虽然在专业内容专业设置上不同，但是目的是完全相同的。都是为了激发学生学习的主动性和创造力，从而培养学生的综合素质和创新的能力。应用虚拟化桌面技术，只需要在服务器上安装系统及软件，在其他终端处做好设置就可以使用。终端开机速度快，打开电源即可使用，无需安装软件。各个终端相互独立操作、互不干扰。能给运行各种教育、教学软件，无文件格式限制。Flash、视频等教学课件播放流畅、无卡顿。能够外接 U 盘、移动硬盘、打印机、无线键盘鼠标等设备。每个终端有唯一序列号，更换主机后需注册后方能使用，利用现有网络环境搭建。

1. 可实现学生桌面的便捷管理维护

通过应用服务器，桌面虚拟化技术实现学生桌面的快速部署，所有需要使用的操作系统及应用软件全部来自同一个系统模板，该系统模板中已安装了业务所需要的应用程序，对于前端的桌面与应用维护工作量，就缩小到只需对一个系统进行维护。另外，桌面和应用的安装和升级等全部在集中数据中心进行，管理者无需接触最终用户的客户端，就可以完成应用的配置和维护工作，实现对一个系统管理，避免每台个人计算机装机，以及故障时重装等，大大减少了维护工作量，提升了效率。

2. 保障教学安全持续运行环境

通过对应用服务器更加专业的维护、管理及备份等技术部署，从而将意外故障停机时间和恢复时间降到最低；此外，解决方案采用本地无操作系统和应用软件的桌面虚拟化云终端，极大地降低了由于病毒入侵或者对操作系统的非法操作引起的网络崩溃，或是系统崩溃的风险，提高了系统的高可用性及高可靠性。

3. 保障数据安全，防止丢失与损坏同时防止数据和信息泄露

文科学生在使用设备过程中，会有大量的数据资料需要存储，所有数据文件都统一保存在数据中心的存储设备上，统一进行管理、定期备份与恢复，从而避免终端使用者个人保管不当造成的数据损坏和丢失。该方案把所有学生使用的桌面系统及操作系统应用软件都集中在数据中心运行，所有工作实际保存、运行在数据中心的服务器，大大保证了数据的安全。另外，可以通过应用内置的安全策略，设置相应的权限使学生无法将文件和信息保存在本地设备或移动磁盘上，防止机密数据随便被拷贝造成的泄露，从而有效实现数据安全和信息安全。按照需要也可以放开权限，能够存储数据，使用灵活方便。

4. 降低更新维护费用，节约能耗

个人计算机平均更换周期为 5 年左右，而虚拟化桌面云终端工作时间平均为 10 年以上，服务器的使用寿命也远高于个人计算机，因此，采用该方案既可以大量节省硬件的更新维护费用，也可以减少软件的版权费用。云终端能耗低（小于 5 瓦），云终端＋服务器方式比传统个人计算机节约能耗约 75％，绿色环保。

5. 节省空间、减少辐射

通过使用桌面虚拟化方案，用云终端来替代传统个人计算机；而云计算机体积小，直接固定在显示器后面，节省空间，相同区域内可以容纳更多的学生或存放其他实验设备；同时减少电子辐射。

除以上功能特点，灵活的操作系统支持和管理控制台操作也是该技术的优势所在。

灵活的操作系统支持，管理的目标是让电脑告别高成本和复杂性。服务器支持多种版本的 Windows 和 Linux 操作系统，并可以与包括 VMware 和微软在内的多种操作系统虚拟化技术实现兼容，可以根据自身需求，对操作环境进行自由配置。

管理控制台，通过控制台管理，可以对共享电脑和访问端设备轻松进行建立、设置和管理。很多访问端设备的管理控制台还支持远程监控功能，并且可以对单一用户进行控制。管理控制台还可以对访问端设备进行中央设置，包括断开所有 USB 设备的连接等。部分控制台还可以允许管理员将主机上的 USB 端口分配给不同的用户。同时，还具有操作使用简便，不需要任何专业技术培训，易于上手的优点。

虚拟化桌面系统重新审视了终端用户，应用程序和数据三者之间的关系。虚拟化桌面技术应用于防护隔离病毒，防护思路就是在终端设备上构建隔离虚拟环境，当访问互联网时，遇到可以不受信数据时，就会在虚拟环境之间、虚拟环境和真实的操作系统之间逻辑隔离。这样来自互联网的病毒木马都被隔离在真实操作系统之外，包括恶意攻击行为，同样能被隔离。使破坏性数据只存在于虚拟桌面内，对系统不能造成真正的威胁。当学生退出虚拟桌面时，将迅速还原到最初启动时的状态，虚拟桌面所有访问的互联网痕迹都被清空。这点对于文科实验室设备管理有很大优势，而且也是实验室管理的发展趋势。

➤ 参考文献

陈实，潘铁京. 2005. 应重视文科实验室的建设［J］. 实验技术与管理，22（5）：102-104.

丁一琼. 2007. 虚拟化桌面-终端数据安全建设新思路［J］. 信息安全与通信保密，(8)：36-38.

杜守旭. 2000. 构建实验室管理运作的新机制［J］. 实验室研究与探索，19（1）：116-117.

官海彪. 2004. 法学专业计算机实验室如何体现其专业特点［J］. 实验技术与管理，24（1）：148-151.

刘谦. 2012. 大学文科实验室建设与学科专业建设的互进关系［J］. 时代教育，(12)：154.

王伏玲 . 2003. 文科实验室建设的几个问题［J］. 实验技术与管理，20（1）：109-110.

吴昊 . 2008. 浅析高校计算机中心实验室的科学管理［J］. 科技创新导报，（2）：216.

徐婷，张晓京，张力军 . 2006. 大学文科实验教学研究［M］. 实验技术与管理，（10）：107-108.

杨宇行 . 2008. 高校计算机实验室管理之探讨［J］. 计算机与网络，（1）：64-68.

尹勤 . 2012. 基于桌面虚拟化技术的新型 IT 办公环境［J］. 微型电脑应用，（28）：25-28.

文化遗产类专业实验
教学管理模式与运行机制的探索①

二十

实验与实践教学是创新型人才培养的关键环节之一，而实验教学示范中心作为实验教学的重要平台，越来越多地受到了国内高校的关注。《高等学校本科教学质量与教学改革工程项目管理暂行办法》（教高〔2007〕14号）中明确提出"国家级实验教学示范中心建设单位要进一步加强建设，完善运行管理机制，深化实验教学改革"。根据国家级实验教学示范中心的建设目标要求，示范中心应具备一个设备先进、资源共享、学科融合交叉、开放式服务的实验环境。因此，如何加强实验教学示范中心的建设与管理，更好地发挥实验教学示范中心的引领、示范和辐射作用，使其在实验教学改革和创新人才培养中发挥最大功效，是目前实验教学示范中心面临的重要课题，已引起诸多实验教学工作者的广泛思索。

建立良好的管理体制与运行机制，可以大大提高实验教学中心效率，提高教学水平，发挥国家级实验教学中心的示范辐射作用。然而，由于各学科的特点不同，各实验教学示范中心的侧重点也不尽相同，如何使实验教学示范中心得到有效管理和良好运行，不同类型实验教学示范中心也进行了不断的尝试。

西北大学文化遗产保护技术实验教学中心（以下简称中心）于2009年11月被批准为国家级实验教学示范中心建设单位，2012年12月顺利通过教育部专家组的验收。作为文科综合组考古类4所国家级实验教学示范中心之一，西北大学文化遗产保护技术实验教学中心已建立了"五个结合""四个层次"和"三个效应"的实验（实践）教学体系，并在管理模式和运行机制方面进行了探索，现总结如下。

---

① 本文由西北大学文化遗产保护技术实验教学示范中心凌雪、张宏彦编写。

（一）管理体制

1. 实行校、院两级管理

管理体制是实验教学中心建设与运行的基本保障。有学者曾对目前国内高校示范中心创建过程中所实施的管理模式进行了分析，认为管理模式存在校一级管理模式、校、院两级管理模式和院一级管理模式。我们认为，实行哪种管理模式，不同学校应依据本校的实际情况而定，绝不可强求一律统一。

西北大学位于历史文化遗产资源十分丰富的古都西安。多年来，文化遗产领域的考古学、文物保护技术等应用性很强的专业，一直是学校实验（实践）教学改革的重点之一。早在 1990 年就设立了"文物保护技术实验室"。"十五"期间，为适应我国文化遗产保护事业的迫切需要，整合校内相关资源组建了"西北大学文化遗产研究与保护技术重点实验室"。"十一五"期间，又依托考古学、文物保护学两个省级重点学科和西北大学文化遗产研究与保护教育部重点实验室技的术平台，成立了"西北大学文化遗产保护技术实验教学中心"。2009年，中心先后被批准为陕西省和国家级实验教学示范中心建设单位。近年来，中心充分利用西北大学的综合学科和人才优势，充分利用陕西和西北地区的丰富的文化遗产资源，以本科生实验、实践教学为中心，以培养宽基础、高素质、多技能的文化遗产类专门人才为目的，不断探索实验（实践）教学的模式和体系，逐步形成了自己的特色，在文化遗产类人才培养中发挥了重要的作用。

基于上述特点，该中心实行学校资产设备管理处和文化遗产学院两级管理模式。这种模式，有利于学校协调校内外各种人才和设备资源，进行优化配置；有利于校内各专业、各实验室的相互配合，保持各种教学设备高效、有序运转；有利于文化遗产学院通盘考虑文化遗产学科建设和人才培养计划，促进教学科研发展；有利于教师队的统一建设，实行实验课与理论课教师的互通互用，避免人才浪费；有利于该中心配合文化遗产学院各专业课程和人才培养方案，实施有效的实验、实践教学，不断提高人才培养质量。

2. 实行中心主任负责制

该中心管理实行主任负责制。中心主任全面负责中心的实验教学、实验室建设、管理工作；主持制定中心改革、发展、建设总体规划；负责制订实验中心实验教学计划、实验教学大纲、规章制度和岗位责任制；负责实验中心工作人员聘任、分工和岗位责任的落实、检查及年终考核、汇报工作。

根据该中心的实验教学和专业特点，设副主任 3 人。其中，常务副主任 1 人，主要负责实验室的日常运行和实验教学的正常进行。副主任 1 人，分管考古学专业实验教学、实验室建设、管理工作；考古学专业实验、实践教学的改革和实验室建设工作；考古类实验、实践教学计划、实验教学大纲的制定工作；考古类实验室工作人员管理、分工和岗位责任的落实、检查及年终考核工作。另一副主任分管文物保护技术专业实验教学、实验室建设和管理工作；文物保护技术专业实验、实践教学的改革和实验室建设工作；文物保护类实验、实践教学计划、实验教学大纲的制定工作；文物保护类实验室工作人员管理、分工和岗位责任的落实、检查及年终考核工作。

为了实验室的日常管理和实验教学的正常进行，设实验室专职管理员 3 人。专职实验管理人员负责所辖区域内实验室卫生、消防、安全及日常值班管理；负责本科生实验课实验室、仪器室及仪器设备的管理与使用；实验室仪器设备耗材统计、购买；实验室年度各种信息的统计、报表等工作。

该中心包含有多个实验室，为了便于管理，每个实验室由 1 名教师兼任实验室负责人，负责实验室的日常防火、防盗等安全管理；实验室教学设备配件与仪器耗材的统计和购置申请；负责分管仪器的保养和维护，做好日常防潮、防尘、防火、防震、防盗等工作；负责仪器使用的预约审核；仪器的维修和总体技术指导等。

为了增加研究生的实践机会和锻炼其管理能力，中心设立研究生助管岗位 2 个。其职责是协助实验室专职管理人员和实验仪器分室管理人员，指导本科生使用仪器设备；协助实验室专职管理人员和实验仪器分室管理人员，测试外来实验样品；协助专职实验室管理人员和实验仪器分室管理人员，在工作日晚上、假期（周六、周日）管理和指导学生使用仪器等。

该中心主任负责制管理结构如图 20-1 所示。

3. 建立监督保障体系

为规范实验室建设和实验教学过程，该中心还建立了由文化遗产保护技术资深专家学者组成的教学指导委员会、由教学管理和教授组成的教学督导组和学生代表组成评教委员会构成的监督保障体系，为中心建设进行决策咨询、规划论证，对实验室中心教学改革、实践实验教学环节进行督查、考核、评估，以切实保证各教学环节有序进行，不断提高实验教学水平和人才培养质量。

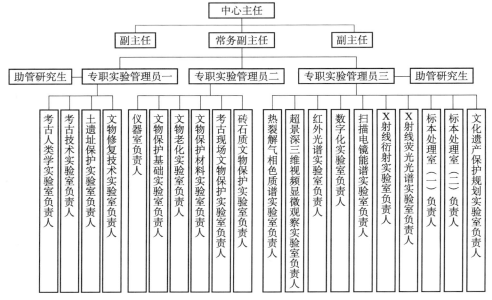

图 20-1　中心主任负责制管理模式示意图

（二）运行机制

有学者对文科综合类实验教学示范中心的模式进行总结，认为目前主要有 3 种运行模式，即单独建制、集中管理的运行模式；单独建制、松紧结合的运行模式；松散联结、分散管理的运行模式，并分析了不同运行模式的优缺点。中心根据自身专业特点和学校实际情况，通过以下几种措施保障实验教学中心的正常运行。

1. 完善管理运行制度

严格、规范、科学的管理是该中心建设与运行的保障，而制度建设是实现科学、有效运行与管理的基础。该中心自建立以来，我们除了严格执行《西北大学学生实验守则》《西北大学实验室安全管理规定》《西北大学固定资产管理办法》《西北大学仪器设备管理办法》等一系列管理规章制度外，还制定和完善了一系列有关教学、科研、学生工作等方面的管理制度，如《文化遗产保护技术实验室开放管理细则》《实验室管理人员工作职责》《实验、实习教学管理规定》《大型精密仪器设备使用管理办法》《实验室仪器设备操作规程》等，不断使中心的管理工作制度化、科学化，使中心的各项工作更好地服务于学校教学与人才培养的大局。

2. 实行校内整合与校外联合机制

西北大学是一所具有文、理、工、管、法等学科门类齐全的综合型大学。该中心通过整合校内地质学、生物学、化学、计算机科学与信息技术等优势学科的相关实验平台与资源，建立了多学科协作机制，本着"文理交叉、理工渗透"的实验教学理念，实现校内资源共享，为培养复合型、创新型人才奠定了良好的学科基础。

该中心充分利用陕西及西北地区的文化遗产资源优势，通过区域协作和科研项目合作等形式，不断扩大实践教学的领域和区域。建设期间内，在原有的陕西历史博物馆、陕西省考古研究院、秦始皇帝陵博物院、法门寺博物馆、宝鸡青铜器博物馆、西安博物院等18个教学实习基地的基础上，新增了西安唐皇城墙含光门遗址博物馆、新疆文物考古研究所、广州鸦片战争博物馆等实习基地，使校外实习基地达到21个，并选聘教学实习基地单位的业务骨干为该中心的兼职指导教师，进一步丰富了考古学、文物保护技术专业实践、实验教学环节的形式和内容；通过国家文物局"砖石质文物保护重点科研基地"平台，与陕西省考古研究院、秦始皇陵兵马俑博物馆等依托单位加强了合作研究，实现了资源共享；通过科研项目合作等形式，与新疆、甘肃、青海、重庆等省（自治区、直辖市）的研究机构建立了广泛联系，进一步拓展了中心的可利用资源。

3. 加快信息化管理步伐

1）中心网站建设与运行

自2009年，该中心就建立了"西北大学文化遗产保护实验教学中心"网站，设立有"中心概况""管理体制""实验教学""实践教学""网络教学"等版块（图20-2）。经过几年的建设，不断增加或更新内容，并日益发挥其特殊的作用。

首先，利用"中心"网站这个信息化平台，方便校内外师生了解西北大学文化遗产保护技术实验教学示范中心建设的进展、实验（实践）课程设置、年度实验（实践）教学动态与信息、实验室简介，以及仪器配置与功能、对外交流等基本情况。

图 20-2　文化遗产保护技术实验教学示范中心网站首页

　　其次，利用"中心"网站这个信息化平台，将"中国考古学通论""科技考古学概论""文物保存环境概论""田野考古学"等主干课程电子教案和课件，以及"青铜器粉状锈清除""壁画保护""考古发掘"授课视频和历届学生的优秀论文等一批教学资源上网，方便校内外学生跨时空观摩学习，有力地促进了优质教学资源的利用与共享，提高了教学效果。

再次，利用"中心"网站这个信息化平台，链接了"史前考古学""科技考古学概论"等国家级、省级文化遗产类精品课程资源和"国家文物局""中国历史文化遗产保护网"等网站，方便学生进一步学习相关课程，及时了解国家文化遗产保护的方针、政策、措施和文化遗产保护科研状况、相关科学技术的进展情况等。

最后，利用"中心"网站这个信息化平台，向社会大众宣传文化遗产知识、西北大学文化遗产类各专业的特色与培养模式，引导广大青年认识我国的文化遗产特点，了解文化遗产保护的理念与方法。为弘扬我国优秀的文化遗产，促进社会大众文化遗产保护意识的形成起到了积极的作用。

2）信息管理平台建设

打破传统实验室管理模式，运用现代信息技术构建实验教学示范中心信息化管理平台，建立先进的实验室管理体制和运行机制，是实现实验教学示范中心建设与管理工作现代化、开放化、高效化的重要保障。

近年来，随着中心的建设进展，大型仪器设备日益增多而管理工作量也日益增多，传统的管理观念、管理方式和管理体制已很难适应发展形势的需要，管理方法和手段的改革与创新势在必行。该中心利用校园网和实验室局域网，构建了交互式的实验教学管理信息平台，实现了大型实验仪器的预约管理与共享（图 20-3），使得仪器设备的使用率提高了 30％ 左右；通过门禁和监控系统也使得实验室日常运行得到了有效管理（图 20-4、图 20-5）。

图 20-3　大型仪器共享与预约系统

图 20-4　实验室监控系统

图 20-5　实验室门禁系统

（三）结语

该中心经过几年的探索，虽然在管理模式和运行机制上取得了一定的成效，但是在具体管理细节上还需要不断完善和加强。

（1）进一步强化学校、文化遗产学院二级管理体制，实行"中心"主任负责制，不断加强与文化遗产研究与技术教育部重点实验室和校内相关单位紧密协作与联系，优化实验室与教学科研资源的共享，教师队伍互通互用，学科平台共建的格局。

（2）牢固树立管理服务于教学科研的理念，在西北大学关于实验室、仪器设备、实验室安全等管理制度的基础上，进一步细化实验教学示范中心的管理规则，加强专职管理员的教育与培训，加强日常运行的管理和服务，加强实验室环境建设，努力营造勤奋、和谐、团结的实验教学氛围。

（3）借鉴校内外和国外相关实验室管理的先进经验和方法，加强现代信息化技术在日常管理中的应用，依据实验室布局的特点与环境，不断完善实验教学管理信息平台和安全监控设施，努力形成科学、高效、人性化的管理机制，不断提升实验室运行效率。

▶ 参考文献

陈锋，熊胜绪 . 2012. 财经类国家级实验教学示范中心管理体制与运行机制探索［J］. 实验技术与管理，29（1）：119-122.

陈兆夏，王恬，李俊龙，等 . 2012. 实验教学示范中心管理体制和运行机制的探索与实践［J］. 中国农业教育，（6）：26-28.

初汉芳，李锋 . 2010. 高校实验教学示范中心管理模式与运行机制的研究与实践［J］. 实验室科学，13（6）：139-141.

傅平，刘超 . 2012. 传媒类实验教学示范中心管理体制与运行机制的思考［J］. 实验室研究与探索，31

（10）：319-321.

黄凯．2012. 国家级实验教学示范中心管理信息系统建设［J］．武汉大学学报（理学版），58（S1）：
229-232.

可燕，蒋海洋．2009. 国家级实验教学示范中心信息化建设的实践与设想［J］．中医药导报，15（1）：
96-97.

李程，龙鼎新，何爱桃，等．2010. 预防医学开放性实验室管理模式及运行机制的探索［J］．中国高等医
学教育，（5）：39-40.

李颖，习友宝．2009. 实验教学示范中心实验室运行机制与管理模式的探索与实践［J］．实验室研究与探
索，28（4）：88-90.

孟庆繁，逯家辉，孟威，等．2006. 实验教学示范中心管理模式与运行机制的研究与实践［J］．实验技术
与管理，23（9）：1-3.

王国强．2005. 示范中心管理模式的探索与实践［J］，高等理科教育，（5）：108-111.

张宏彦，凌雪．2012. 文化遗产实验（实践）教学体系的探索与建设［J］．实验室研究与探索，31（8）：
171-174.

张晓宁．2007. 实验教学示范中心建设应该处理好的四个关系［J］．实验室研究与探索，（12）：86-88.

郑春龙，胡惠君，蒋联海．2007. 省级实验教学示范中心建设实践与思考［J］．实验室研究与探索，26
（5）：73-76.

周详，洪霞．2006. 实验教学示范中心的个性化建设［J］．实验技术与管理，23（3）：8-10.

朱科蓉，韩建业．2011. 文科综合类实验教学示范中心的运行模式研究［J］．实验技术与管理，28（9）：
15-17.

朱珊娜，张晓峰，安福定，等．2013. 计算机实验教学示范中心管理与运行模式探索［J］．中国现代教育
装备，（11）：29-31.

文科综合实验平台下
摄影实验教学模式的探究①

借助互联网的有效传播，大数据时代每分每秒都在产生数以亿计的各类图片，大量的各种来源的图片对传统的摄影从业人员造成巨大冲击。2013年6月，美国历史最悠久的报纸之一——《芝加哥太阳时报》（*Chicago Sun Times*）宣布解雇报社所有28名摄影记者，甚至包括普利策奖得主John H. White——尽管教师课堂上灌输的概念是得过荷赛、普利策奖基本就等于捧上金饭碗——报社所有摄影报道将外包给自由摄影师，同时训练文字记者使用iPhone拍摄。《芝加哥太阳时报》的这一举措根本原因在于满足读者对视频或其他多媒体内容的需求以及数字摄影的普及。在全媒体时代，相机、手机、DV多管齐下，"易拍"便于创作，Google眼镜等新技术也加入到这场摄影新技术的革命中来。大数据时代，数字摄影新技术在开创影像表现新领域、新空间的同时，已经大面积地取代传统银盐胶片介质摄影技术并占据主导地位，使现代摄影业的变革与发展成为一种必然趋势。人人都能摄影，摄影进入门槛基本被取消，在此形势之下，摄影教育必须进行相应的变革已毋庸置疑。

国家级文科综合实验教学中心的设立目的之一就在于以技术融合为基础，对摄影教育的资源、理念进行整合，改革传统的摄影教学模式以适应专业或者非专业的摄影人才的社会需求。以华中师范大学为例，摄影相关课程是新闻学、广播电视学、美术学、教育技术学等本科专业的专业必修课，也是影视戏剧文学、新闻传播-信息技术交叉实验班等多个专业的必修或者选修课程，同时，摄影课程也是学校素质教育的重要组成部分，承担着提高学生艺术鉴赏、媒介素

① 本文内容为国家级文科综合实验教学中心项目（WZ2011-23）。本文由华中师范大学新闻传播学院刘震、艾保编写。第一作者刘震是华中师范大学新闻传播学院副教授，从事摄影实验教学、管理与科研工作。

养及创作水平能力的功能，作为对学生操作性有较高要求的摄影实验对于促进
整体实验教学工作、提高实验教学质量有着不可低估的作用。国内其他综合院
校面对同样情况。

国内的摄影专业及其他摄影相关专业教育培养大量学生，以新闻传播类专
业为例，到 2011 年年底，在教育部备案的新闻传播学专业本科教学单位达到
975 个，在校学生人数近 20 万，培养数量惊人，绝对数量上远远超出摄影行业
所能容纳的就业人数。数字摄影新技术以及由此而产生的融合发展对摄影教育
产生影响并不是一个新鲜话题，如何认清数字摄影教育的融合以及创新也正是
文科试验平台下摄影教育工作者需要思考并努力实践的重要内容。

（一）数字摄影技术的融合发展

数字摄影技术作为重要的图像创作技术平台，使数字摄影在 21 世纪的发展
呈现多方面融合的特点，主要体现在以下四个方面。

首先，数字摄影与即拍即显影像的融合。手机、摄像机、数码相机等工具
让摄影呈现平民大众化趋势，摄影变得更加容易。LED 取景器则彻底突破了传
统摄影"预想"在技术上对摄影的限制，大大降低了摄影的门槛，拍摄者在拍
摄后可以立即观看图片，不满意随即可以删除重拍。

其次，数字摄影与精准影像制作的融合。除了前期的拍摄程序，后期的影
像制作也是必备程序。新时代的数码相机已然可以对影像的色温、明暗、对比
度等进行预先精准设置，在后期通过计算机软件将拍摄到的图片可以进行精准
到每一像素的调整，拍摄与制作实现完美融合。新闻摄影强调真实性，反对过
多的后期制作，但其他广告、风景等摄影作品难以舍弃这一后期精准影像制作
的过程。

再次，数字摄影与网络传播的融合。当今，照片的最大承载体早已不是报
纸、杂志、影集等，网络是各类照片最大的宿主与传播渠道。通过网络的上传
与下载功能使得摄影的快乐分享大行其道，不仅如此，报社也大量采用网络来
源图片，裁减摄影员工，以降低成本。同时，网络也促成数字摄影技术的有效
传播。

最后，数字摄影与艺术的融合。数字摄影开始是作为一门新奇的技术问世
的，但在技术发展到较为完善的程度，就必须与艺术相融合，提升数字摄影的
魅力。艺术创作者不仅可以通过数字摄影实现对现实的艺术写照，还可以解构、
重构现实，创造传统摄影难以实现的艺术效果。

当今已经进入大数据时代，对于摄影图片的需求量巨大，国内报纸高度遵循"图文并重""两翼齐飞"的理念，居伊·德波则认为，当代社会已经进入一个奇观化的时代，或称之为读图时代，这些对图片的巨大需求描绘了其美好的发展前景。而融合造成媒介内容单一化而受众的审美需求日益多元化之间的悖论，虽然这符合本雅明"在机械复制的现代社会，艺术品可以通过机械复制来大量生产"的观点，但需要摄影教育培养出社会需要的各类人才，创作出各种优秀的摄影作品。

（二）数字摄影教育需要解决的问题

在我国的高等教育体系中，将数字摄影作为素质教育及工具教育的历史很短暂，数字摄影的实验教学模式更是需要加以摸索。通过笔者在美国访学期间对哥伦比亚大学、密苏里新闻学院、堪萨斯大学等几所学校的摄影教育听课及调查了解中感觉到，我国摄影教育的教学体系、教学内容，还是教学方法、误程设置、学时安排等方面与发达国家的摄影教育均有很大的差距，无法满足数字信息时代社会对人才的需要。因此，现行摄影实验教育体系必须从培养学生创造能力、竞争能力和适应社会能力的角度思考问题，以全新的办学理念和与之互为作用的教学模式，构建合理的知识模块，努力激发学生的主动性、积极性和创造性。加强和社会实际的接触，集中力量潜心培养学生的观察能力、理解能力和反应能力，为学生在毕业后能很快进入角色创造条件。具体需要研究和解决如下问题。

1. 现行高校摄影实验教学培养模式存在僵化、过时的问题

目前摄影教学，一般是先进行课堂灌输式的知识教学，再进行一定的实践拍摄。理论与实践固然都全面兼顾，但两者截然分开，致使前期教学枯燥，理论灌输性质较强；后期实践操作受前期理论知识接收与否的影响。需要通过对媒体等具体用人部门的图片需求进行调查了解，分析现行模式的不足。

2. 学生图片鉴赏和发现美的能力较为欠缺

一张图片拍摄得如何，鉴赏的角度可以是多维度的。不拘泥于图片内容、构图、色彩以及后期制作等。目前，学生存在唯唯诺诺地被动承认"图片美"，但怎么美、美在什么地方这样一些"How? Why?"等深层次的问题，以及培养学生发现美、记录美的艺术和人文素养需要一个较长期培养的过程。

3. 课堂实践与社会实习两个环节脱节的问题

课堂实践相比较于社会实习存在着一定的差别，市场是检验作品的试金石。现在实验教学过程中存在片面地对摄影器材说明书式讲解的弊端，需要针对需求市场的具体问题进行有选择地运用所学知识，以达到检验知识、锻炼动手能力的目的。

4. 片面地强调技术教育，缺乏综合运用多种视觉手段进行融合创新的能力

大部分高校在摄影课程上比较注重图片的拍摄，而对图片的后期制作缺乏重视，甚至教师比不上学生。影像数字化处理技术使后期制作成为一种基于计算机技术的精确、量化调整的影像控制方法，图片在计算机软件下可以任意解构与组合，学生运用多视觉手段进行融合，能够出现意想不到的作品效果。

5. 技术教育与人文素质教育脱节

数码相机的原理及其使用、摄影构图技巧等技术层面上的实验教学必不可少，主观思维加上特定的技巧才能呈现完美的作品。而对构图的框选、后期的影像制作则需要一些"艺术素养"，将技术教育与人文素质教育相结合，才能让整个过程相得益彰。

（三）数字摄影实验教学模式的创新研究

摄影教育必须跟随摄影技术和社会需要的发展而发展，学校的摄影教育继续按部就班地进行下去将无法满足数字信息时代社会对人才的需要，因此现行摄影教育体系必须加以变革。基于此，华中师范大学成立文科综合实验教学中心，为创新人文社科人才培养打好重要基础，其基本建设思路是以融合型、复合型的人文社科人才的社会需求为基点，创新人文社科类人才培养的实验教学模式，搭建学科交叉融合的实验教学平台。在打通多个相关摄影课程的实验教学课程基础上，对摄影的实验教学模式做了一定的探索。

1. 教学模式创新之一——从网络课程到 MOOC

西方发达国家为节省教育成本、提高教学质量，对于 MOOC 的概念呼吁了多年，哈佛大学等也身体力行地进行了成功示范。MOOC 亦即 massive open online course大规模在线开放课程，是一种在传统网络课程基础之上发展出来的大规模网络教育模式。

网络时代信息浩如瀚海，不仅充斥着图片资源，也有海量的摄影教学资料，包括视频等流媒体形式的摄影课程。网络传播的及时性、交互性让网络上学习意见和建议的交流更加便捷。在传统的摄影实验教学改革中可以有案例教学等形式，但现在网络可以提供无穷的案例，并且MOOC不是高成本、小规模地运用于少数班级、专业，可以运用到大量班级、学校，乃至全国。

华中师范大学新版人才培养方案大幅度削减课内授课学时，提倡"翻转课堂"理念，把一部分原来课堂上学的东西移植到网络等课外课堂，课内重点解决学生的疑惑和提出的问题。这种理念是基于学生具备网络学习的能力和条件，教师可以把普遍或者共性的操作内容和知识点在网络课件中公布出来，宝贵的教学时间用来答疑、解惑。摄影这样在多个专业较大规模开设的课程如果采用MOOC的理念必然节省大量教师资源，如果在全国范围内以实验平台协作的形式遴选优秀教师进行实验教学的网络讲解，各个学校只需要配合辅导交流加上实验器材的准备，就能取得较好的教学效果。这样一幅蓝图目前对于摄影教学只是美好的愿景，本项目的研究已经在做前期的准备工作，目前在借用网络的海量资源、下载摄影操作视频、进行实验教学等方面已经取得一定的效果。

另外，在网络课程的基础上，可以借鉴原有的摄影网站创办学校自己的摄影网站，目的在于补充、丰富和巩固学生的摄影教育。在网站上开设有关摄影技术和艺术方面栏目，交流学生的作业，消化实验中碰到的知识和问题。当然，还可以借用QQ、人人网、开心网等社交媒体，使摄影实验教学走出呆板的实验室，创造全天候、全时空、交互良好、轻松自由的学习环境。

2. 教学模式创新之二——从校内到内外结合

传统的教学模式是视线局限于校内，摄影的特点和性质使其必须与社会相联系，大数据时代互联网基本上是无障碍的图片交流媒体，摄影教育必须将眼光放得更加高远。

校内的摄影实验不能仅仅局限于实验室，部分景物、人物的拍摄可以这样，但大多数的情况下必须走出去，走出去的最近地点就是校园。例如，为应对媒介融合发展的趋势，本校遴选优秀学生创办"新闻传播—信息技术交叉实验班"，以该班为数字摄影融合创新发展的突破口，该班学生金晶同学在校内拍摄的"这里不是欧洲，是今天的华师"在2012年一度风靡网络，点击下载量直线上升。校内也是摄影融合创作的重要基地，这一类作品不属于狭义新闻范畴，也加入了后期制作的很多处理，是对摄影融合创新发展的重要实践。

　　另外，在实习教学模式方面也做出许多有益尝试，积极创办校外的实习点，让热爱摄影的同学有锻炼的机会，补充校内摄影实验的片面性。目前，一个有效的方式是依托新闻媒体，通过摄影记者的"传帮带"来帮助学生掌握新闻摄影技术和完成作品发表。通过学校和实验中心出面，联系了《人民日报》、新华社、中央电视台、《湖北日报》等各级媒体，已经建立二十余个实习基地，保证每一名同学可以被安排实习，每一名立志从事摄影的学生能到摄影部实习。在实习环节的补充学习取得丰硕成果，例如，聂夏同学荣获平遥国际摄影节全球"PHOTO新人奖"，毕业学生彭小萍2012年荣获中国新闻摄影奖，贾代腾飞同学毕业之后利用所学知识获得中国国际新闻摄影比赛（华赛）大奖，2012年入选华赛大师班，成为大师班最年轻的学员。

　　这种校内外的结合是紧密的结合，教师要对学生的外出实习做详尽的安排，规定相应的任务，让学生有目的、有任务地进行摄影实习。

3. 教学模式创新之三——从实验室到工作室

　　在目前的摄影实验教育中，工作室教学模式是一种创新。摄影教育如何和真正的市场接轨，如何面对摄影易拍时代的残酷竞争，工作室可能是一个可行的方法。工作室教学除了将教学引入到工作室这样一个具体的工作地点，更可以将以问题为本的学习（problem-based learning，PBL）教学与市场实际问题联系起来，使PBL可以在真实的情景模式中进行。

　　将实验室转变为工作室，教师授课内容是以实际出现的问题作为教学的出发点，工作室的容纳数量与小组教学的规模适合。PBL作为一种基于问题的学习，是指在教学过程中，以问题为基础，以学生为中心的小组讨论式教学方式。学生可以分小组围绕一个驱动问题开始学习，在真实的情景环境中对驱动问题展开研究，集体讨论，进行分工协作，教师作为引导人为学生学习技术时给予脚手架，帮助学生在活动的参与过程中提升能力。教师时刻关注学生在每个阶段的成果，随时给予指导，在师生交流互动中完成教学。最终的成果，不仅局限于学生的课堂成果，更要拿到市场上进行真实的检验。

　　工作室教学模式可以通过三个途径来实现与市场接轨：一是学校学院需要具备相应的接单能力，在市场上与广告公司等进行合作，工作室不是盈利机构，但能够作为独立的团体去完成公司的摄影或图片数字化制作要求；二是工作室建立公开网站，将学生的摄影作品放在网站上以独立的商品个体贩卖给素材市场；三是自创内部平台，例如，华中师范大学依托宣传部，成立摄影组，给予少量经费支持，使新闻系、美术系、信息技术系的学生得到大量锻炼机会。

在每一项目或是专题结束后，评价模式则是根据阶段性作品展示与市场的反映。在最终的作品展示过程中，学生现场讲解提出作品创意思路与独特之处，由教师与市场人员进行评判。在考核中强调学生个性与创新发展。

（四）结语

随着数字摄影新技术的发展，高校数字摄影教学必须创新已毫无疑问。作为摄影教育工作者，在厘清大数据时代数字摄影教育的融合发展之时，更要认真研究如何与现代数字摄影技术、网络技术等技术的结合，调整课程体系，改革教学方法，用新技术探索实验教育模式，逐步实现教学体系、教学内容、教学方法、课程设置、学时安排等的现代化，以应对新时代对数字摄影教育的新需求。

➤ 参考文献

居伊·德波.2007. 景观社会［M］. 王昭凤译. 南京：南京大学出版社.

雷跃捷.2013. 社会转型时期我国新闻传播教育的成就和问题［J］. 现代传播，（3）：135-138.

刘震，余索.2013. 易拍时代的纪录片传播研究［J］. 新闻界，（11）：37-40.

刘震，周立新.2013. 新闻摄影教育的融合创新思考［J］. 新闻前哨，（7）：46-47.

刘震.2012. 媒介融合背景下新闻摄影教育的创新研究［C］. 武汉：华中师范大学出版社：197-204.

穆青.1988. 新闻摄影是报纸通讯社新闻事业的"一翼". 第三届全国新闻摄影理论年会.

瓦尔特·本雅明.2006. 机械复制时代的艺术作品［M］. 王才勇译. 南京：江苏人民出版社.

辛化.2013.《芝加哥太阳时报》裁撤摄影部［EB/OL］. http：//news. xinhuanet. com/zgjx/2013-06/03/c_132427497. htm［2013-6-25］.

杨丽娟，关宿东.2012.PBL 教学法中教师角色转换的思考［J］. 黑龙江教育学院学报，（4）：34-35.

赵晓霞.2013-6-14.MOOC 冲击传统高等教育模式［N］.人民日报海外版，第 6 版.

应对新媒体环境
开展数字化新闻摄影实验教学①

新媒体环境是相对于传统媒体环境而言的一个不断变化的概念，400 年前，报纸被称为新媒体。今天，通过互联网、无线通信、移动技术、卫星等渠道以电脑、电视、手机等媒介为终端，为受众提供服务的媒介被称为新媒体。今天的新媒体是建立在数字技术和网络技术的基础上的，具有虚拟化信息传播、海量信息承载及碎片化信息传播特征的媒介，新媒体环境孕育出了可拓展的巨大传播空间，创造了多维度的传播形式。在新媒体环境下，数字化的图像、文本、声音、视频等信息，能突破时间和地缘的限制，进行超越时间与空间的传播和交流。

（一）新媒体环境下新闻摄影数字化是大势所趋

摄影是光和影的艺术，从 1839 年法国艺术家达盖尔发明银版摄影术，到黑白、彩色洗印技术的诞生，历经百余年逐渐发展成为一个成熟的体系。作为对世界进行生动再现和真实诠释的媒介，胶片和相纸一直是保存和传播新闻摄影作品的主要载体。随着新媒体时代的来临，摄影作品的载体也产生了颠覆性的变化，这种变化体现为数字化摄影作品的出现。

2012 年伦敦奥运会，各国新闻记者用单反数码相机进行拍摄，然后用笔记本电脑选择和处理照片，最后通过网络将作品上传到各大网站，完成作品的发布，使世界各国的观众均可通过电脑、手机、电视等媒体在第一时间欣赏到来自英国奥运赛场的精彩战况。在奥运赛场上，数字化新闻摄影取代胶片摄影，

---

① 本文由南开大学文学实验教学中心工程师张树楠编写，主要研究方向为应用传播学。

从而使图像实现了传统媒体时代无法想象的迅速传播。在新媒体环境下，单反数码相机、笔记本电脑和互联网络取代了传统的胶片相机、暗房和邮局，成为新闻工作者的数字化"标配"，使新闻摄影能够成为反映新闻事件的第一时间、第一现场与第一目击的代言人。

面对新的传播环境，顺应时代要求开展数字化新闻摄影实验教学，同样是新媒体环境下新闻摄影实验教学的大势所趋。

（二）应对新媒体环境，建设数字化的拟真性新闻摄影实验教学平台

数字化的拟真性新闻摄影实验教学平台是与新闻摄影师工作环境相似的教学空间。通过建设数字化的拟真性新闻摄影实验教学平台，进行以学生为主体的项目化教学实训，为学生创造体验新媒体环境下新闻摄影工作流程、硬件使用和传播发布的机会，引导学生在自己的项目中，发现问题并提出解决问题的方法，建构自己的知识经验，激发学习积极性和首创精神，成为具有一定能力的新闻摄影实践者。

1. 数字化的拟真性新闻摄影实验教学平台的组成

数字化的拟真性新闻摄影实验教学平台由外景地及影棚、iMac 苹果工作室和数字化输出中心三个部分组成。

外景地和摄影棚是学生学习拍摄技能、锻炼光影掌握能力的教学空间。在外景地及影棚中，学生可以通过各种实验性拍摄磨砺技术，在实践中发现优势及不足，寻找自己的画面语言，尝试用作品表达自己的思想。

iMac 工作室是导入、编辑新闻摄影作品和相互交流的空间，同时也是上传摄影作品至媒体网络，展示学习成果的空间。工作室的几十台 iMac 屏幕色彩呈现标准一致，27 英寸①的显示屏能忠实地再现作品的色彩与层次，避免由于显示偏差所造成的层次缺失和色彩失真，便于相互之间的交流和学习。

数字化输出中心是把摄影作品实体化，输出照片的空间。学生在 iMac 工作室完成作品的筛选和调整工作后，经局域网把作品的数字文件发送到数字化输出中心，输出中心会根据照片输出所需要尺寸和材质进行输出。输出中心使用

---

① 1 英寸=2.54 厘米。

专业输出设备，及时准确地为学生提供作品输出服务，满足课上评片和课下参加各种展示、比赛的需要。

2. 拟真性新闻摄影实验教学平台中的网络

拟真性新闻摄影实验教学平台中的网络将外景地及影棚、iMac 苹果工作室和数字化输出中心紧密相连。

平台所使用的网络包括局域网和外网两部分：局域网担负数字化输出中心、拍摄地与 iMac 苹果工作室之间各种硬件设施之间的信息传输和信息交流工作；外网与广阔的多媒体世界连接，担负作品在互联网络等媒介上的发布工作。

（三）实施数字化教学管理，营造具有社会性和协作性体验的学习氛围

数字化新闻摄影实验教学平台依托局域网，实现教学管理数字化，改变传统摄影教学中以教师为主导、以学生为客体的点对面的封闭的教学模式。

通过各种手段实施数字化教学管理，可以在实验教学中获得点对点、面对点、点对面等各种形式的学习体验，能营造出具有社会性和协作性的学习氛围，围绕每个学生的摄影项目，师生间可以分享彼此的作品和观点，建立信息流动的、高效率的课堂节奏，通过对作品的自我陈述和相互间的自由点评，使学生将旧有观点暴露在特定的情景氛围下，便于引导学生通过思考和讨论重新建构新观点，并运用新观点进行思考和创作。

1. 实施数字化教学管理，把商业摄影的呈现方式应用到教学中

苹果公司出品的图像管理软件 Aperture 是能带来快速、高效拍摄流程的专业影像软件，Aperture 自面世以来，一直应用于商业摄影领域。在数字化新闻摄影实验教学中，使用 Aperture 软件，通过无线传送实现"即拍即传"，就可以立即在 iMac 上看到刚刚拍摄的样片，满足教学中同步拍摄同步观摩的需要。

在新闻摄影教学实验活动中，无论是数字化新闻摄影教学还是传统的胶片新闻摄影教学，教师和学生都需要在授课过程中，面对各种典型光影条件，拍摄样片进行观摩、学习和点评。传统新闻摄影教学以胶片为媒介，所拍摄的样片必须经过冲洗、放大和烘干等工序才能成为可供观摩的实体照片，其流程需花费一周左右的时间，不具备在拍摄的同时就让学生观摩样片的可能性，而通

过使用影像软件 Aperture，使数字化新闻摄影实验教学则获得了"所拍即所得"的能力，同时还可以在 iMac 上接入大幅电子显示屏，便于学生在教学现场观摩和分析样片，参与作品的创作。

此外，利用 Aperture 独有的放大镜工具，学生还可以将两幅或更多作品进行并列浏览。在 Aperture 软件的专业查看模式下，使用 Loupe 工具，可同时展开放大多幅样片，其最大放大倍率能达到 1600 倍，使在相同光影条件下，通过不同参数拍摄的每张样片局部细节的微妙差异都能被清晰地呈现出来。

2. 使用远程桌面管理系统组织教学，进行课堂管理

Apple Remote Desktop 是基于 Mac 平台的远程桌面管理系统，能提供高效互动，实现课堂教学管理数字化。通过教师机上的 Apple Remote Desktop 连接学生机的客户端，能实现教师机与数十台学生 iMac 之间的资源共享、作业收发和远程协助，能最大限度地节省课堂时间提高教学效率。

通过教师机中的远程桌面管理系统 Apple Remote Desktop，能将 Aperture 软件所捕获的样照，在学生机之间同步共享，使所有学生机桌面同步呈现样照，为每位学生提供直观的学习体验。同时，还可以任意点播学生 iMac 中的作品，使每位同学的作品都能得到展示和分享的机会，促进学生之间的相互交流和共同进步。

（四）开展"明室"教学，为新闻摄影后期提供多元化选择

"明室"是相对传统胶片摄影中的"暗室"而言的摄影的后期处理环节。在传统胶片摄影中，由于胶片对光敏感，所以冲洗、放大、修片、显影等工作必须在暗室中进行，传统胶片摄影的后期也因此被通称为"暗室"。"明室"特指数字化摄影作品的选片、修片、格式转换等工作，全部可以在明亮的环境中进行，因此数字摄影的后期处理环节也被称为"明室"。

1. 学习图像处理软件，在"明室"体验多元化风格

数字化新闻摄影实验教学"明室"环节的学习在 iMac 工作室进行，教学内容包括数字暗房、作品格式转换和作品发布。图像处理软件 Photoshop、Lightroom、Iphoto 的使用，是"明室"教学的主要内容之一。进行"明室"教学，使学生掌握以数字化手段提升新闻图像的感染力和表现力的方法，让自己所拍摄的新闻摄影作品的传播效果得到更好的提升。

"明室"的教学中从图像的裁切、缩放、翻转等初级图像编辑技巧开始，然后从美学角度，在新闻摄影后期许可的范围内，学习对摄影作品的色相、明度、纯度等关系进行调整，使作品能表达出不同的风格与情绪。最后在"明室"教学的进阶阶段，还会开设高级修图课，讲授对摄影作品的元素进行置换、添减和修改等高级图像处理技巧。通过高级技巧的学习使学生练就辨析、识别后期合成"假新闻图片"的慧眼。

在"明室"化教学中，从摄影作品的微调，到高级图像处理，学生掌握的不仅仅是技能，还有对新闻摄影作品中多种视觉因素进行整合的经验，进一步促进学生欣赏水平和审美能力的提高。

2. 丰富的媒介为发布作品提供多元选择

系统的"明室"训练，除了数字暗房内容，还包括作品的发布。在新媒体环境下，摄影作品的发布的媒介呈多元化趋势，摄影图像传播的主要媒体除了传统的纸媒介，还包括博客、手机、微博、微信等，因此在发布过程中，需要将完成的作品转换成不同格式的图像文件，以供网上发布或纸媒体使用。

（五）结语

应对新媒体环境开展数字化新闻摄影实验教学，以硬件为支撑软件为保障，依托网络，为学生提供数字化的拟真性新闻摄影学习空间，通过教学实践，学生具备了扎实的摄影基本功，掌握了新媒体环境下新闻摄影所需要的专业技巧和方法，为未来的工作、研究和创作打下良好的基础。

► 参考文献

柴玥，刘萍．2008．数码时代新闻摄影实验教学模式改革［J］．高校实验室工作研究，1：8-10.

陈瑛．2009．新闻摄影教学应向数码化转化［J］．传媒观察，1：40-41.

冯菊香．2010．新媒体环境下新闻摄影教学的变革与坚守［J］．玉林师范学院学报，4：116-119.

傅平．2010．创建传统摄影与数码摄影相结合的摄影实验室［J］．实验室研究与探索，3：118-120，138.

李广辉，赵晓春，薛寿鹏．2010．数码艺术实验教学示范中心建设与探索［J］．实验室研究与探索，4：86-88，126.

李鹏，王帅．2010．新媒体环境下高校新闻摄影教学改革浅析［J］．新闻知识，2：92-93.

李西莉．2011．新媒体语境下的新闻摄影传播特征研究［J］．编辑之友，12：55-57.

刘震，周立新．2013．新闻摄影教育融合与创新［J］．新闻前哨，7：46-48.

覃家君，苏福根，胡杰，等 . 2010. 数字媒体实验教学示范中心建设的基本经验探析 ［J］. 实验技术与管理，6：353-355.

延百亮 . 2007. 数码时代新闻摄影教学探讨-郑州大学新闻学院学生《校园新视窗》专题实习作品 ［J］. 中国摄影家，7：108-115.

杨艳 . 2009. 数字技术对新闻摄影的影响 ［J］. 青年记者，2：35-36.

新闻摄影实践课
教学模式创新的探索[①]

（一）摄影课是需要理论知识与实践能力相互结合的课程

新闻摄影课必须注重实践技能的培养，提高学生实践能力。这就需要改革创新教育手段和方法，提升摄影教学效果。为增强教学的直观性，可在教学中采取相机等器材操作示范，使学生从示范实例中学习摄影的技术和技巧，感悟摄影创作的思路和方法。比如，照相机的构图、布光、对焦、镜头等专业的理论知识，否则就无法准确而灵活地操作相机进行拍摄与创作。所以摄影需要用理论指导实践，继而在实践中慢慢摸索和总结经验，才能够最终达到拍摄者所追求的艺术效果。同时，教师还应该广泛采用多媒体教学，增强教学的直观性和生动性，从而充分激发学生的学习兴趣和热情。

鉴于摄影课程的特征与行业特点，在教学中进行改革，将实践作为摄影教学的重中之重。摄影本身是技术性、艺术性和实用性都很强的学科，十分强调学生动手能力，如果学生不能亲自动手操作，掌握要领，就无法真正掌握技能。在教学过程中应该使用各种数字化视觉表现方式的整合教学方法，将视频、图片、动画、文本、网络等各种资源进行整合。更加细致地讲解各种摄影设备数据变化对摄影作品的影响，更加形象地剖析相机与各种型号镜头的结构。而在实践中，老师不再仅仅告诉学生要做什么、要拍什么，而是指导他们什么是值得拍的、如何拍得好等。

① 本文由北京联合大学应用文理学院郭卫、魏琦编写。第一作者郭卫为北京联合大学应用文理学院实验室管理员。

（二）制约新闻摄影实践课发展的瓶颈

由于受各种条件所限，在当前摄影专业实践教学中普遍存在着一些共性问题，如实践教学内容陈旧、教学形式单一、只讲摄影技术、缺乏有效实践、师资队伍薄弱等。

1. 教学导向不明确，缺乏科学的教育教学理念

目前，大多数高校的摄影教学注重理论教学的全面性，而忽视学生动手实践与创新能力的培养。很多高校的摄影课教学计划和教材都是借鉴甚至直接复制国内影视艺术类院校开设的同名或相关课程，由于该课程的技术性要求比较细致，其课时量要求往往很大，这对于大多数普通高校的新闻传媒类专业来说很难实现。目前，大多数新闻传媒类专业安排的教学工作量每周为 2～3 课时，这其中还包括教学实践，如果采用传统摄影教学的模式，根本无法保证教学任务的完成。

2. 教学内容及方法针对性差，实践教学分量不足

目前的新闻传媒专业在摄影基础课程的教学安排上主要以相机结构、镜头类别、曝光原理、测光对焦技巧、构图技巧等为主。同时，新闻传媒专业的摄影课程还应讲授相关新闻摄影的技术技巧，让学生了解新闻摄影的有关知识和法律法规，懂得新闻摄影的采访技巧，隐性拍摄的方法。但是，仅仅讲授是无法让学生掌握课程精髓的。

实践性教学不足主要体现在以下几个方面：①在教学课时安排上实践性教学明显不足。②没有明确的实践任务，以致学生不知道拍摄内容，也没有相关的拍摄计划，使实践课流于形式。③授课教师无法全面掌握新闻摄影实践课设备的使用。④实践课程的关键是教师指导下有计划、有目的的实践，如果教师较少参与前期拍摄指导或拍摄完成后的审阅和讲评，实践课程的效果就要大打折扣。

3. 实验设备不足、影棚设施匮乏

落后的硬件设施，对学生摄影兴趣的培养也将产生消极的作用。教学与实验设备缺乏或落后于现实发展需要，使得摄影教学多流于课堂形式，学生因摄影器材缺乏而缺少动手实践的机会。北京联合大学应用文科综合实验教学中心

摄影器材严重不足，照相机的数量平均 9 人一台，远远不能满足学生的使用。

在摄影棚的建设上，对于新闻传媒专业的学生在摄影棚需要学习肖像摄影、布光方法和闪光灯技巧等。目前，北京联合大学应用文科综合实验教学中心摄影棚内布景单一、灯光严重不足，静物模具缺失等，不能满足教学的需求，直接影响教学效果。

（三）改进新闻摄影实践课的思路与设想

新闻摄影实践课的改进，不妨从以下几个方面着手开展。

1. 树立科学的实践教学理念

在实践中，要培养学生的创新思维，拓展其思维空间，促进摄影的艺术特性在多学科的渗透和交融中得到充分的展现和发挥。摄影教学在注重知识技能的传授和训练同时，还要加强对学生进行艺术思维和审美能力的培养，使之将所学的摄影技术与艺术有效结合，从而彰显摄影艺术的表现力，陶冶学生的审美情操。

2. 强调动手能力，理论与实践相结合

面对新闻专业人才培养的特点，尤其应重点培养学生新闻摄影作品的创作能力。

新闻传媒专业的摄影课应重视新闻摄影的拍摄、采访、图片编辑以及法制修养等公共知识内容。另外，摄影课还应结合学生所学的专业，努力提高专业素养。

摄影基础类课程的最鲜明特点就是实践性强，对于是否能高质量地完成教学任务，最重要的衡量标准就是看学生所提交的拍摄作业，而不是看学生笔试的卷面成绩。从实践教学上，拍摄实践应当分层次、分阶段进行练习。重点应该以新闻拍摄和纪实性拍摄为主。每次实践课程都要给学生规定明确的任务，让学生通过练习亲身体验新闻采访、拍摄、制作的全过程。

3. 尝试模块式实践教学，辅导提高分层次

模块式教学是指依据设备使用从低到高的标准，以教会学生使用设备为总目标，通过不同阶段循序渐进地掌握技巧的方法。

比如，对数码相机的使用，一般包括如下操作：基本拍摄、图像设置、拍

摄模式、拍摄短片、高级操作等。根据操作的难易程度，由实验教师设计不同模块，像开关机、数据导出等就属于初级模块的范畴；对焦测光的练习，包围式曝光等属于中级；根据不同场景需要，操作相机实现特殊效果属于高级模块。

在初级模块，因为训练耗时较长，需要具体指导，而授课教师的重点不在此处基本操作上，这些环节就可以由实验教师承担。在中级模块，许多人在拍摄的时候会遇到拍摄的影像出现偏色，解决这个问题就要学会使用"白平衡"的设置，实验教师指导学生数码相机的操作中就包括这一项。达到照片的理想效果，在高级模块里要增加数码图像处理技术的学习，实验教师指导可以指导学生熟练掌握 Photoshop 等图片处理软件，按照意愿改善作品的画质。

模块式实践教学的长处，第一是可以使学生对设备有一个从了解到熟悉、从基础操作到熟练掌握的过程，实践内容扎实；第二是让授课教师可以集中时间和精力完成实验课的其他重点环节。

4. 利用多媒体技术，建立虚拟教学平台

采取多种教学方式，以形象、直观的手段优化摄影教学。多媒体技术具有图文声像并茂、信息资源丰富及学习途径多渠道等特点，它组合了文本、图形、动画、声音、视频等多种媒体信息，利用视觉、听觉等多种感官的综合刺激，可以使教学变得更加直观、形象、生动、易懂。

制作实践教学软件，学生随时可以通过虚拟教学平台操作软件，在交互形式下全方位、立体地了解设备的构造、特点。软件采用 Flash 技术，实现摄影设备操作过程的仿真再现。每一步做对了，才会出现下一步的按钮，否则就不能到下一步。每一个操作都有相应的提示以及相应的指导信息，当出现不当操作时，会弹出提示框提示。这种虚拟教学平台实验方式，既可以让学生动手操作，更能帮助他们系统掌握使用技巧，学习摄影知识。

5. 通过信息化手段，建立设备管理平台

可在网站上建立设备、摄影棚使用预约平台，合理有效地使用现有资源和设备。学生通过网络了解设备的借用情况，预约使用时间，合理地安排实践活动。实验指导教师应该及时掌握平台信息，提前做好实验课设备使用的准备。

6. 加大投资力度，提供优质教学资源

调整优化实验资源，加大实验设备的投资力度，加快实验设备的更新速度，

切实调整、优化中心现有的实验资源，开放摄影、多媒体、广告等实验室，为学生搭建自主实践平台，全面提高学生动手实践能力。

7. 与新闻媒体专业人员加强交流，提升学生的业务技巧

可以与专业老师合作，邀请专业的记者、摄影师走进课堂进行讲座。此外，在条件允许的情况下去相关媒体参观和实习。还可以定期举行摄影展、摄影比赛，展出优秀作品，提高学生的摄影水平。

（四）结语

新闻摄影需要大量经验为基础，将理论知识熟练地运用于摄影实践中。而摄影课作为重要的专业基础课程之一，是学生必须掌握的专业技能，同时也是毕业后继续从事本专业工作的资本。实践表明，对新闻摄影实践课教学模式的方法进行创新调整，尤其是更加注重课程的实践教学方法的运用，对提高学生的学习兴趣，将学生培养成为能够在工作后迅速投入实践中的专业性人才有重要的作用。

➤ **参考文献**

董春阳 . 2010. 对高校摄影专业实践教学改革的思考［J］. 教育探索，（6）：43-44.

刘峰 . 2012. 关于当前高校摄影教学工作的实践与思考［J］. 中国科教创新导刊，（28）：199-200.

刘佳 . 2012. 浅析高校摄影实验室教学管理方法［J］. 吉林广播电视大学学报，（10）33-34.

娄世民，袁丁月 . 2012. 浅谈高校摄影教育的发展现状［J］. 美术教育研究，（23）：145.

孙羽盈 . 2012. 关于高校摄影教学内容改革的思考［J］. 科技创新与应用，2012（10 上）：291.

王昌保 . 2008. 实现高校摄影专业教育促进摄影艺术更好发展［J］. 中国校外教育，（12）：58.

王瑶 . 2010. 高校摄影课程教学改革初探［J］. 高教前沿，（8）：83.

吴磊 . 2012. 浅论高校摄影棚实验室的建设与管理［J］. 高教高职研究，（63）：160.

严峰 . 2011. 对新闻传媒专业摄影课教学的思考［J］. 媒介教育，（8）：140-143.

曾晓剑 . 2010. 普通高校摄影课程教学改革的探讨［J］. 云梦学刊，（1）：127-128.

曾飚，熊静 . 2012. 实践教学在新闻摄影中的应用［J］. 教育研究，（11）：262.

张睿 . 2009.《新闻摄影》课程实践教学模式改革［J］. 江西广播电视大学，（4）：77-79.

多媒体时代
新闻编辑学教学模式改革[①]

二十四

多媒体时代的到来，使得新闻编辑行业面临着一场前所未有挑战——报纸纷纷推出网络版、电子报、手机报等，广播电视也纷纷上网，不同媒介之间的融合正加速发展。近年来，新生的报纸微博、微信客户端再次掀起新的热潮，新闻资源共享、编辑技能提高、发布平台多样，这种种行业前沿变化都要求新闻编辑从新闻来源直至新闻终端，均应依照多媒体的标准进行选择、编辑和发布。行业的深度改革和快速发展，使得传统新闻编辑教学模式的改革迫在眉睫，无论从课程内容上、教学手段上，还是实践环节的设计上，都需要围绕多媒体时代的要求进行课程体系的重构。

（一）传统新闻编辑学课程存在的问题

以大连理工大学广播电视新闻专业传统的新闻编辑学课程为例，理论教学以报纸编辑为主，网络编辑仅在报纸编辑发展趋势章节中提及；课程内容主要包括新闻编辑发展史、新闻编辑基本理论、新闻编辑实务操作三大部分；课程以课堂讲授配合课堂作业的形式进行，课堂作业集中在编辑微观业务层面的基础训练，如改稿、制作标题、配写评论等，内容相对比较单一，教学手段也较简单。与此相对应的新闻编辑学实验课程，内容也以报纸编辑为主体，主要包括电子编辑流程、报纸排版两方面，教学手段为上机操作，实验项目以验证性实验为主。这种传统的课程布局，导致新闻编辑学教学存在以下问题。

① 本文为大连理工大学 2012 年教育教学改革基金面上项目"依托我校文科实验教学中心的广播电视新闻实验教学改革与实践"（MS201263）的阶段性研究成果。本文由大连理工大学人文与社会科学学部讲师柴玥编写，研究方向为新闻实务研究。

1. 理论课与实验课衔接性差

在传统的教学内容布局中，新闻编辑学所涵盖的内容都在理论课上进行讲授，实验课仅仅作为上机验证操作，是理论课的附属，且由于需要相关的理论支撑和业务基础，必须在理论课程结束之后才能进行，这种课程安排促生的一个弊端就是理论课与实践课结合不紧密，衔接性差，存在较强的时滞性。学生无法及时进行理论验证，教师也不能及时探测教学效果，对于实验课中反映出的普遍问题，也无法及时在理论课进行强化和纠正，无法实现学以致用，反而造成了学用脱节的局面。

2. 理论课教学内容滞后

由于传统媒体的新闻编辑业务局限于微观层面，新闻编辑的主要任务就是组稿、选稿、改稿、制作标题和设计版面，新闻编辑学的教学和研究也主要围绕这些微观业务展开。传统的理论教学以报纸新闻编辑为主，且业务集中在报纸实体的新闻编辑上，缺乏对新兴媒体（如手机媒体、网络媒体等）编辑实践的重视。传统的理论课内容虽然对具体的新闻编辑业务能力有很好的强化效果，但对于报纸所拓展的电子报、数字报、多媒体报纸等业务涉及较少，缺乏对新闻编辑行业发展前沿的知识补充，严重滞后于报业的实际发展，且对于日益得到重视的编辑宏观业务如新闻报道策划、改版等缺乏实训，在学生实习和就业阶段体现出课程内容的行业针对性和应用性较弱，也容易使学生丧失对新闻编辑的学习兴趣。

3. 实验课内容过于单一

传统的新闻编辑学实验受到实验室软硬件条件的限制，无法充分发挥实验课的优势。原有的新闻编辑实验室有电脑 20 台，方正飞腾 4.0 排版软件 2 套，学生分组循环上机操作，使得实验课时不足，内容重复、压缩，主要集中在报纸网络化编辑流程和报纸版面编排上，学生通过上机操作和设计，验证教师的讲授演示，并以小组为单位排出一版报纸即可，版面内容由小组成员自行商定，多数为网络搜集。这种实验课程内容不够充实，实验项目主题过于单一，缺乏对报纸前端策划、中端采编等环节的涉猎，以报纸最终呈现版面为评判依据，无法充分体现学生实际的编辑思想、编辑能力和业务水平。而仅仅一版报纸的操作，也无法充分发挥小组成员的优势，体现一定的工作量，在实验成绩的评定上，也体现出角色不明晰，分工不明确的劣势。

（二）新闻编辑学教学模式改革措施

2011 年，在大连理工大学国家级文科综合实验教学示范中心的支持下，广播电视新闻专业与北大方正电子有限公司合作建立了数字艺术实验室，实验室配有电脑 36 台，全部安装方正文采四溢采编系统和方正飞翔排版软件，同时配有 5 套方正数字报系统和 2 套多媒体报刊系统。在软硬件条件得到大幅度提高的背景下，为了适应多媒体时代的编辑要求，更好地培养多媒体时代的编辑人才，新闻编辑学课程进行了系统的教学模式改革。

1. 优化课程内容布局，整合课程资源

新闻编辑学实验虽然较早独立设课，但一直缺乏准确的定位，始终作为理论课的附属，无法充分发挥实验课程的实践优势和学生的创新意识，教学实践使我们深刻体会到，理论部分是实验部分的基础，而实验部分是理论部分的承接和升华，二者不可偏废。因此，在教学模式改革之后，突破了实验课从属于理论课的地位布局，将新闻编辑学与新闻编辑学实验作为两门独立课程并行教学，相互辅助，做到理论课讲到什么，实验课就练到什么，实验出现什么问题，理论课就强化什么训练，实现课程资源的整合；将部分实践性、综合性、设计性较强的内容，如报纸策划、新闻报道策划、版面设计等移至实验课程部分（表 24-1）进行讲授与实训，强化理论与实践的统一深化；对实验项目性质进行合理布局，增强设计性、综合性实验项目，适当弱化验证性实验项目，使学生以主体身份进行自主实验。

表 24-1　新闻编辑学实验课程内容设计（24 学时）

内容	学时	实验性质
报纸策划	4	设计性
新闻报道策划	4	设计性
采编平台操作	2	验证性
报纸版面设计与制作	4	综合性
数字报制作	4	综合性
多媒体数字报刊制作	4	综合性
iPad 多媒体报刊制作	2	演示性

可以说编辑的思想就是版面的主导思想，编辑的组稿、编稿方式直接决定着版面的内容、风格、特色。因此，编辑的业务基础能力决定着媒介最终的产

品质量，在实验课注重编辑宏观业务的同时，理论课继续强化编辑业务的基础，增加编辑实务学时，如改稿、制作标题、配写评论等（表24-2），在教学过程中增强实训，多写多练，并在实训之后增加点评学时，通过反馈交流真正提高学生的编辑技能。

表 24-2　新闻编辑学课程内容设计（32 学时）

内容	学时	教学方法
新闻编辑工作概述	2	课堂讲授
数字时代的新闻编辑	4	课堂讲授、案例
选稿	4	课堂讲授、案例、实训、点评
改稿	7	课堂讲授、案例、实训、点评
制作标题	7	课堂讲授、案例、实训、点评
版面的内容配置	6	课堂讲授、实训、点评
图片编辑	2	课堂讲授、实训

2. 采用案例教学，活化教学手段

采用案例教学法，选取热门新闻事件为案例，由学生分组搜集纸质媒体、广播电视媒体和网络媒体的相关主题报道，分析其新闻价值，不同媒体的选择标准、编辑手段和呈现形式，由学生分组进行主讲，教师主持进行小组交流总结，使学生更好地领悟到不同编辑方针的指导、不同媒体衡量的标准和不同媒介平台的呈现，都影响着新闻编辑的具体工作和最终效果。2011 年来，我们在课堂上对"奥运羽球""钓鱼岛""辽宁舰""凯特王妃生子"等各类主题的热门新闻均进行了详细的分析解读，既可使学生深化对理论知识的理解、强化对新闻编辑实践的认识，又可与课堂研讨式教学方法有机结合，有效组织学生针对案例进行课堂研讨，活跃课堂气氛，加强教学互动。在教学中增加实训、点评、讨论等环节，充分发挥学生的主动性、积极性和参与性，使得理论知识更加具象化，更加"实用"，增强理论学习效果，切实提高学生的新闻编辑实务技能。

3. 改革实验项目，贯穿多媒体主线

进入新媒体时代，以互联网文化为代表的媒介文化左右着编辑理念的产生、运作和发展，原有的实验项目以报纸编辑为主线，围绕报纸编辑的采编平台和版面设计进行实验，实验项目改革后，在原有报纸编辑的基础上，一方面增加多媒体编辑的实验项目，如数字报制作、多媒体数字报刊制作、iPad 多媒体报刊制作等 3 个实验项目；另一方面从新闻报道策划实验项目开始，就指导学生

在搜集新闻素材时注意对多媒体素材的采集，不仅要进行文字和图片的新闻素材采写和摄制，也要在采访时进行声音、视频的收录，并针对新闻内容适当进行图示、漫画的制作，为后续的 3 项多媒体实验项目做准备。

媒体之间跨界融合的基础正在于编辑活动的交融性，编辑在这个过程中起着主动的作用。在多媒体实验项目中，同样的新闻主题，通过多媒体呈现时要重新进行素材的选择、整理和加工，使学生体会到不同的呈现方式下，对新闻的选择标准、编辑技巧都有所区别，这种多媒体主线的贯穿，使得实验项目之间既有梯度逻辑性，又有内容连贯性；既能节约有限的课时，又能最大限度地丰富实验类型。

4. 实验分组情境化，体验职业角色

改革后的实验分组以项目组的形式组成，4～5 人组成一组，竞聘总编辑、责任编辑、编辑、记者等角色，小组组成后要模拟现实情景，召开编前会，对报纸和新闻报道进行策划，在实验课堂中每组由总编辑进行报纸策划方案的讲解，通过学生互评、教师点评、讨论交流的方式确定最终方案，小组成员根据角色不同，进行分工，并依照方案进行后续实验项目，最终每组编排出一份 4 版报纸，1 份离线电子报，1 份多媒体报刊。实验作品完成后，在实验中心举行作品评比，作为最终成绩的参考，并根据小组成员的不同角色进行工作评鉴，使学生体验到媒体职业所负担的责任内涵。这种情境式教学，是一种全程配套实验，对于学生来说也是一种体验式学习，因为亲历亲为，教师在课堂上传授的知识能够最直接、最有效地转化为学生的能力。

5. 鼓励学生参赛，拓展实验领域

数字艺术实验室依托实验中心，组织、鼓励学生参与相关专业大赛，如"方正杯"报纸版面设计大赛、"方正杯"全国高校 pad 版面创意大赛、全国大学生广告大赛等，邀请相关讲师和组织者到校宣讲，针对各类大赛所需软件进行专业培训，并组织校内相关教师为学生指导作品。与此同时，实验中心开设多媒体实验课程，由学生按兴趣自由选择跨媒体实验项目，修得学分，拓展实验领域，如采取"主题实习"的方式，参与报刊社的一场改版改刊策划、某项或几项重大新闻报道的策划与组织、一期或多期特刊专刊的组稿与编辑等，如制作广告、纪录片等，灵活设置实验主题及实验项目，将学生的校内科研项目、校外实习、校外实践与学分修习相结合，激励学生岁参赛、实习、创业等实践活动的兴趣，满足学生对校内学分和校外实践的双重需求。

6. 保障实验环境，促进快速发展

实验中心成立以来，对数字艺术实验室先后投入软硬件设施共达 100 余万元，实现了"一人一机"，避免过去因硬件数量少，实验项目多次循环，浪费课时的情况出现；采购了方正文采四溢采编系统、方正数字报系统、方正多媒体报刊系统、方正飞翔排版系统等专业软件，保障了学生最大限度地接触行业前沿，实现与媒体实际工作环境的对接。

在实验室软环境的建设上，重视对教师和学生的专业技能培训。在实验中心的支持下，新闻编辑学实验任课教师赴北大方正公司参加相关软件的集中培训学习，考取资质；实验中心还不定期邀请北大方正到学校指导、培训相关的教师及学生。以往的新闻编辑学实验由于实验内容过于单一，没有实验讲义，仅以理论课教材和实验软件所需说明书作为实验参考书目，改革后，实验中心组织教师编写了新闻编辑学实验讲义，包含实验项目所需的理论知识和实践技巧，并对相关软件的使用进行详细阐释，便于学生预习、课上学习和复习，并根据与理论课的结合情况随时进行调整，大大提高了实验效率。

作为一门操作性较强的专业主干业务课程，新闻编辑学通过课程改革建构了全新的教学体系，丰富了教学手段和方法，也强化了教学效果，随着传媒行业的发展和教学改革的深入，未来的新闻编辑学将会更多地向移动媒体的新闻编辑业务延伸，充实教学内容，以期培养出基础扎实又掌握前沿技术的新闻编辑人才。

▶ **参考文献**

蔡雯 . 2008. 继承、拓展与创新——对新闻编辑课程的教学改革及思考 [J] . 新闻战线，(3)：40-42.

蔡雯 . 2009. 试论新闻编辑业务的变革与发展趋势 [J] . 中国编辑，(5)：13-17.

蔡雯 . 2010. 新闻编辑学研究在新时期的探索与突破 [J] . 中国编辑研究，(4)：88-94.

常馨予 . 2013-05-28. 自媒体时代新闻编辑要提高策划能力 [N] . 吉林日报，第 008 版 .

李玉恒 . 2013. 新媒体时代新闻编辑的变化分析 [J] . 编辑之友，(7)：78-81.

唐亚娟，喻健 . 2010. 报刊新闻编辑实践教学的实施方案——报刊新闻编辑实践教学研究（二）[J] . 中国科教创新导刊，(5)：133-134.

王立新 . 2010. 新闻编辑学应用性教学的改革与探 [J] . 乐山师范学院学报，35 (11)：89-91.

王芹 . 2012. 《新闻编辑学》课程实践教学改革探索 [J] . 大众文艺，(12)：261-262.

薛红玉 . 2010. 网络新闻编辑的发展与创新策略研究 [D] . 北京邮电大学硕士学位论文 .

邹春安，刘力 . 2008. 报刊编辑实验教学的现状、问题及建议 [J] . 实验技术与管理，25 (11)：150-152.

新闻演播室
实践课的定位与思考①

（一）新闻实践课程与新闻演播室

新闻类课程，尤其是电视节目编导制作、摄影摄像等与应用有关的课程，教学中在理论讲授的基础上安排一定量的实践内容，使学生在校内学习阶段就可以感受和接触实际中的新闻活动，已经是教学计划中人所共知的必备内容了。新闻是一门实践教育和职业教育，新闻学需要的是实战和实践。

与以报纸等平面媒体为主的新闻类课程的教学比较，电视节目的编播制作很难停留在书本知识和普通课堂的讲授上，学生必须通过逼真的实践环境和有效的实践手段才能理解所学内容，也就是说，学校要为学生提供与专业学习内容一致的、通过动手实操掌握书本知识和技术要素的试验场地及设备条件。从室内电视节目拍摄和制作的角度说，满足以上要求的校内新闻演播室的建立就是水到渠成的事情了。

新闻演播室是高校众多实验室的一种类型，它承担的实验内容应该符合新闻，特别是电视新闻的特点、规律和要求。新闻演播室应该提供便利师生进行电视节目编播制作实践的设施设备、环境条件和其他相应软硬件需求。学生在这个场所，利用这里的设备可以完成符合教学规范、达到相应水准的实验项目。

（二）新闻演播室实践课的定位与特色

1. 新闻演播室

在电视台，演播室是演播室和导播控制室的统称，是电视节目的生产车间。

---

① 本文由北京联合大学应用文理学院实验室管理员魏琦编写。

具体地说，新闻演播室是新闻节目拍摄的现场，是新闻节目主持人、摄像师拍摄的工作场所；导播控制室是导播、放像编辑、视频音频工程师等的工作场所。

新闻演播室是专门为新闻节目的制作建造的场所，装修、布局、空间安排都比较合理。同时，新闻演播室里的光照、摄像机、话筒、调光台和摄像机控制器、调音台、切换台、监视器等，也都是事先设计布置好的，只需在节目开始录制前逐一进行测试即可使用。

2. 北京联合大学应用文理学院新闻演播室实践课的基本类型

北京联合大学应用文理学院的新闻演播室是在 2011 年秋季验收合格后开放使用的，开放之初，对新闻演播室的简介中有这样的定位：

多功能演播室安装有 4 台索尼摄像机、LED 照明灯具和松下 W70 切换台、三维虚拟演播系统及非编工作站，具备 4 个机位的视频信号切换及虚拟制作功能，可以把现场的实录信号，在虚拟及非编系统中按照需要的场景做抠像和参数处理，最终生成新的演播画面。

多功能演播室可以承担北京联合大学应用文理学院新闻与传播系开设的如下课程的实践与实训任务："电视节目策划编辑与制作""播音与主持""影视策划创意训练""视听艺术"等。可以拍摄制作的节目包括：①室内新闻类栏目如新闻播报、访谈及专题；②相关课程（如精品课、实训实践课）；③学术讲座；④小型文艺演出或娱乐活动。

将近 3 年的时间，经过师生之间、设备软硬件之间在预想与实际、追求与要求、计划与变化的磨合，新闻演播室的课程已经初具形态，有了大体固定的实践类型和内容，基本达到了相关课程教学及实验计划的规定水平。

这些实践课的基本类型包括：

第一，单人主持类。此类型的实践课以电视新闻播报为训练内容，学生（单人）坐在主持台后面，面对固定机位的摄像机，利用提词器播报事先规定的新闻资讯，每条资讯的播报时长 1~2 分钟。这类实训主要目的是培养、锻炼学生的播音能力和镜头感觉，对学生理解和掌握课堂授课内容帮助很大。

第二，两人访谈类。此类型的实践课以对话为训练内容，学生一人为节目主持，一人为受邀（访）嘉宾，就事先确定的话题进行交流，叙述事实，表达观点，每个节目的时间长度在 20 分钟左右。这类实训以培养、锻炼学生对谈话节目主、客两个角色的不同定位、感受、把握、处理为目的，尤其是对学生在担任节目主持的角度的实战训练大有益处。

第三，3~4 人的谈话类。此类型与上述访谈类有同有异，同在均就某一话题发表议论观点，异在节目主持与受邀（访）嘉宾的身份界限相对模糊，节目主持只起一个穿针引线的作用，嘉宾相互间的交流（主持人同时也是交流方之一）是重点。另外，此一类型还可以包括场上场下的互动，即主持、嘉宾与观众的对话沟通。节目的时间一般为30~40分钟。这类实训要求学生做到：在场地准确把握题目内涵，谈话收放有度；有良好的镜头意识，自然得体、自如大方；互相照顾，配合默契。

在新闻演播室，经过以上述类型为核心的实践课，在与类似的新闻媒体十分接近的空间和环境中，学生可以得到比较正规、真实、具体的专业训练，满足他们从书本知识到模拟实操的学习需要。

（三）对北京联合大学应用文理学院新闻演播室实践课的设计思路

2012年秋季，北京联合大学应用文科综合试验教学中心验收合格，伴随而来的，既包括对已有实践课程的进一步规范、改造，更有对新课程的开发。沿着这个思路，新闻演播室的实践课自然应该有追求新的目标、规划和设计，显现出与国家级文科中心的地位相适应的定位和水平。

具体而言，笔者对新闻演播室今后的实践课，提出如下思考和设计。

1. 实训一：节目类型——消息播报

（1）定位：播报员将消息的文字稿转化为有声语言，以新闻、资讯播报为主。

（2）要求：本节目采用三维虚拟演播技术。节目脚本策划需在课前完成并通过指导教师审核。

（3）实训岗位及人员安排：①播报员1人。②拍摄现场2人——机位1人；灯光、提词器、话筒1人。③录制室2人——导播1人；虚拟软件操作1人。④录音室3人——配音1人；录音2人（拍摄阶段，这3人在录制室做辅助工作，如道具、服装、化妆等）。数字媒体实验室——上述8人完成录制任务后到数字媒体实验室，编辑加工节目素材。

（4）实训准备：本组全部人员拍摄前20分钟进入拍摄现场，最后阅读节目脚本；由导播分派岗位。小组成员各自归位，调试设备。

（5）实训流程：①拍摄现场：机位、镜头取景、光照及调光、话筒、提词器、效果测试、开始拍摄。②录制室：虚拟抠像操作、监视器、调音台、切换台、效果测试、开始录像。③录音室：配音间、录音间、效果测试、开始录音。④数字媒体实验室：节目视频采集、画面剪辑、声响剪辑、画面组接、配字幕、节目合成、保存实训成果（节目）。

2. 实训二：节目类型——新闻专访

（1）定位：主持人运用记者采访的形式与访谈对象就一定主题进行对话交谈，包括事实、意见、人物三类专访。

（2）要求：本节目采用实景拍摄。节目脚本策划需在课前完成并通过指导教师审核。

（3）实训岗位及人员安排：①节目主持1人，专访对象1～2人。②拍摄现场5人——机位4人；灯光、提词器、话筒1人。③录制室2人——导播1人；操控台1人。④录音室3人——配音1人；录音2人（拍摄阶段，这3人在录制室做辅助工作，如道具、服装、化妆等）。数字媒体实验室——上述11（12）人完成录制任务后到数字媒体实验室，编辑加工节目素材。

（4）实训准备：本组全部人员拍摄前20分钟进入拍摄现场，讨论并最终确定节目脚本；导播分派岗位。小组成员各自归位，调试设备。

（5）实训流程：①拍摄现场：机位、镜头取景、光照及调光、话筒、提词器、效果测试、开始拍摄。②录制室：实景录像操作、监视器、调音台、切换台、效果测试、开始录像。③录音室：配音间、录音间、效果测试、开始录音。④数字媒体实验室：节目视频采集、画面剪辑、声响剪辑、画面组接、配字幕、节目合成、保存实训成果（节目）。

3. 实训三：节目类型——谈话

（1）定位：讨论型：拍摄现场，主持人与观众互动，围绕共同关心的话题展开讨论。评论型："脱口秀"，主持人以个性的风格评说新闻或社会生活现象。

（2）要求：谈话节目的两个类型，小组成员可根据实际情况在实训时选择其中一类。本节目采用实景拍摄。节目脚本策划需在课前完成并通过指导教师审核。

（3）实训岗位及人员安排：①主持人1人。②拍摄现场5人——机位4人；灯光、提词器、话筒1人。③录制室2人——导播1人；操控台1人。④录音室3人——配音1人；录音2人（拍摄阶段，这3人在录制室做辅助工作，如道具、服装、化妆等）。数字媒体实验室——上述11（12）人完成录制任务后到数字媒体实验室，编辑加工节目素材。

（4）实训准备：①本组全部人员拍摄前20分钟进入拍摄现场，最后阅读节目脚本；由导播分派岗位。②小组成员各自归位，调试设备。③本节目需要有与场内外的观众互动，实训准备应增加以下内容：第一，设置观众席，安排10～15位观众（观众应提前熟悉节目选题内容和提问环节，做好现场互动准备）。第二，增加灯光照明（从影棚借用灯具布光）。第三，调整机位，用1～2个摄像机拍摄观众。第四，为观众准备话筒。

（5）实训流程：①拍摄现场：机位、镜头取景、光照及调光、话筒、提词器、效果测试、开始拍摄。②录制室：实景录像操作、监视器、调音台、切换台、效果测试、开始录像。③录音室：配音间、录音间、效果测试、开始录音。④数字媒体实验室：节目视频采集、画面剪辑、声响剪辑、画面组接、配字幕、节目合成。

（四）对开设和上好新闻演播室实践课的新思考

1. 北京联合大学应用文理学院新闻演播室使用的基本情况

北京联合大学应用文理学院新闻演播室自2011年秋季装修改造完毕投入使用以来，已经有三个年级多个专业的学生在这里上过课，其中以在任课老师指导下进行的实践课所占比例最大。课程主要有"电视节目类型""播音与主持""广播电视节目策划""演讲与口才"等。学生利用课余时间制作与专业学习有关的节目、完成老师布置的作业，也是演播室使用的常见状态。此外，演播室还接待并完成了科普讲座录制、教师微课录制等任务。

2. 充分合理使用演播室上好实践课

作为为有关新闻课的理论教学与实践相结合提供场地、设备、条件的场所，新闻演播室已经具备了相当完善的实践环境，学生在这里可以感受体验到与新闻媒体相差无几的拍摄、录制场景和过程，可以更好地理解理论教学的精髓，真正领悟所学内容的关键。特别是，通过在新闻演播室的实践，学生的动手能力得到锻炼、检验和提高，可以为他们迈进职场，尽快地、顺利地进入角色奠定良好的基础。所以，无论是从宏观的教学理念的角度，还是从具体的课程设计的角度，都应该高度重视对新闻演播室的使用，让学生的素质和能力从各个层面都得到培养与提升。

1）保证完成课程教学计划中的实验课时

目前在新闻类课程的教学计划中，已经明确提出实践的要求和课时，在老师提交的教学进度表中，也要求标出对实验课时的安排。实验课能够真正按照数量完成吗？种种现实中遇到的麻烦让这个疑问总是难以消退。除了有些老师在观念上对实践教学的重视程度不够，另外的显而易见的原因有：实践框架粗糙、实践环节手生、理论内容过多、课堂讲述拖沓，等等。如上所述，既然承认实践环节在整个教学体系中发挥着重要作用，是整个教学体系不可分的组成部分，那么就没有理由轻视这一块。完成实践课时，应该是执行教学计划的不能打折扣的自觉的行为，只有这样才能保证学生学到应当了解和掌握的内容。

2）从具体细节落实实践课内容

从学生的角度观察，与课堂教学相比，实践课的核心在于动手能力的培养和测评，听讲认真、笔记详细、会抄书、善于背讲义等方法，在实践课上很难有用武之地。这就要求老师必须注意：从新的思维出发设计实践课，落实实践课。

在教学内容上，实践课的难点是如何让学生掌握具体的环节、步骤和操作方法，其中任何一个节点都有可能成为影响学生学习的障碍，所以老师在设计实践内容时的追求宜细不宜粗，充分全面考虑到实践内容的各个要素，准确掂量学生掌握这些内容需要做好的各种准备，还应该尽量预想到学生可能遇到的困难和麻烦。总之，在设计之初，对实践课的内容安排和流程越是去粗取精，注重细节，取得的效果肯定就越好。

3）详细规划上课方式，认真组织课堂训练

实践课从普通的教室换到了新闻演播厅，这种空间上的转换已经要求老师，至少必须在形式上重新设计上课方式，何况还有更重要的——因课程内容的定位和要求导致的变化，需要老师对怎样上课、怎样上好课花很大的心思。

一般说来，实践课面对的新问题有：书本知识如何转化为动手实操；老师的讲如何转化为学生的做；技术技巧的掌握如何转化为合格的实践成果。这些都需要从上课方式上动脑筋、找突破口、明确思路、发现答案。一旦形成了成熟的、可行的方案，就应该认真组织、付诸实施，通过实验课进行效果检验，并在不断的实践过程中加以改进更新，让师生共同找到感觉最适宜的，学生收获最大的和课程实践效果最好的实践方式。

4）确立新的考核模式，制定明确的细则和要求

受限于实践课的性质和定位，其考核也体现出明显的特殊性。由于常规的

习用的课堂考试模式无法达到检测学生实验能力和水平的效果，从考核的设计思路上就需要有创新，要找到真正符合课程特点和规律的、具体可行又行之有效的考核模式。特别是新闻类课程的实践，北京联合大学目前只是起步阶段，尚处于尝试、摸索、积累经验的状态，对考核这一块的设计，有相当大的成分属于研发创新，所以应当予以较大关注和投入。

实践课的目的是以锻炼和考查学生的动手能力为核心的，所以上课内容和方式，与普通课堂的以思维、思考能力训练为主有不少差异，这种差异决定了必须寻找新的考核思路，确立新的考核内容，特别是采用新的考核方式。不同实验课，在总体的考核框架一致的前提下，又要有各自的侧重和要求。考核内容应该具体，某一流程、某一环节、某一操作、某一结果，都应设立相应的检查评定标准，检查评定的方式应该具体、明确、周全。

应该注意的是，实践课的考核既有一个从模糊到清晰，最后确定成型的递进过程，又是随着学科发展、社会进步以及随之产生的实验课内容方式的变化，处在不断调整、不断定位、不断优化的活动状态中的。对考核模式的设计和操作，应该充分考虑到这一特点。

➤ 参考文献 ··

董从斌，于援东．2010．影视节目制作技术简明教程教程［M］．北京：清华大学出版社．

何一辉．2011．虚拟演播室在电视教学节目制作中的应用［J］．广西广播电视大学学报，(9)：36-37．

汪洋，孙力，汪黎明．2011．电视现场制作与导播［M］．南京：南京师范大学出版社．

王艳红，胡斯文．2009．演播室实验教学课程弹性设计理念探讨［J］．实验室研究与技术，(3)：110-113．

吴郁．2008．当代广播电视播音主持［M］．上海：复旦大学出版社．

徐威，李宏虹．2004．电视演播室［M］．北京：中国传媒大学出版社．

杨金月，胡智锋．2005．电视新闻演播室的设计与制作［M］．北京：中国广播电视出版社．

于凤静，何长文．2009．新闻专业实践教学探索［J］．当代传播，(1)：72-74．

张蕊．2010．关于改进新闻实践教学模式的思考［J］．今传媒，(4)：108-110．

Moshkovitz M．2005．虚拟演播室技术［M］．北京：清华大学出版社．

数字艺术实验室与数字雕塑教学[①]

（一）关于数字艺术实验室的构建

近年来，越来越多的高等艺术院校在专业设置和教学上进行改革，以数字艺术教学的提升最显著。实验教学是高等教育教学的重要组成部分，对艺术专业学生而言，实践能力是考核其专业素质和水平高低的重要指标。数字艺术实验室给学生提供了这样一个实践平台。在这个平台之上，不仅可以运用先进的教学手段，还可以培养学生实际动手能力和创新思维能力。

1. 传统雕塑专业教学的弊端

对艺术类雕塑专业的学生而言，主干课程都是传统的泥塑课程。由于课程周期比较长，固定的课时量对于一般的学生往往不能保持一开始时对雕塑的大型阶段和模特产生的兴趣，转而觉得课程内容枯燥乏味，长期下来会使学生学习的积极性下降。

2. 数字艺术误区

在数字基础教育领域中，普遍认为高校的数字艺术基础课就是学习几大软件，如 Photoshop、3ds max 等。以便设计专业的学生学会一些技巧来实现自己的设计作业。但是一直以来雕塑专业的教师和学生普遍对计算机辅助设计采取

① 本文由大连理工大学建筑与艺术学院邓威、陈雪编写。第一作者邓威为大连理工大学建筑与艺术学院副教授，主要研究方向为数字雕塑。

一种"敌视"的态度，认为软件改变了对实体雕塑材料的客观性认识。主要表现在以下几个方面：3D软件一般被认为是创建简单形体，如建筑，而对雕塑这样的纯艺术作品，没有能力表达出类似材料肌理之类直接刺激感官的空间肌理特征；掌握能够创建复杂雕塑造型的技术的确需要除了感性雕塑技巧以外的相关学科的理论知识，甚至是数学、计算机程序设计等理工科的基础知识，导致计算机美术神秘化而产生一种惧怕感；对计算机渲染所产生的炫目的效果，产生不信任的危机，认为现实中不可能存在的材料和如此完美的材料加工技术，计算机有欺骗的嫌疑，甚至在建筑、规划、景观的实际工程中，有关单位看到绚丽夺目的效果图也有提出同样的问题，归根结底，如何实例化数字雕塑。

（二）数字雕塑在教学中的应用

1. 数字雕塑的出现与发展

1）数字雕塑概念的出现

数字雕塑概念在1990年美国雕塑家协会（ISC）的双年会上第一次被提出并进行了讨论，1995年在法国举办了第一个以数字雕塑为展览主题的"数码雕塑95"大型国际展览。这一时期计算机硬件与软件都比较落后，因此数字雕塑作品呈现出几何化、抽象化的特征，但是却开创了数字技术进行雕塑创作的先河，使数字雕塑的概念初步形成。

2）我国数字雕塑的发展

近年来，在我国数字雕塑也取得了一定的发展，2008年10月，由美国著名3D软件开发商Autodesk公司赞助的"数码石雕展"首次亮相中国，成功地在北京今日美术馆举办。随后在上海多伦现代美术馆、重庆锦瑟美术馆以及温州万和豪生大酒店画廊进行了为期6个月的巡展。该展览展出了来自美国的著名现代雕塑家布鲁斯·比斯利、肯尼斯·斯内尔森、乔恩·伊舍伍德和罗伯特·麦克尔史密斯的作品。所展出作品均是使用了数字造型技术进行创作与加工，所谓的数码石雕就属于数字雕塑的一部分。2010年7月，国内首家数码雕塑画廊"北京明日艺术画廊"正式开幕。以上事件说明数字雕塑在国内虽属于新兴的艺术种类，但有着很强的生命力与很大的发展空间。

2. 数字雕塑教学的优势

1）数字雕塑激发学生的学习积极性

在数字雕塑教学中，主要用到的数字造型软件为 ZBrush。ZBrush 提供的笔刷可以很好地模拟传统雕塑的塑造方式，在 ZBrush 中通过设置不同的笔刷可以实现传统泥塑中削、切、压、抹等效果，配合数位板使其建模方式可以像传统泥塑中塑造黏土一样灵活、自由。这样就打破了初学者对陌生软件的恐惧感，在老师的积极引导下，使学生对 ZBrush 软件产生浓厚的兴趣。

2）数字雕塑帮助学生更好地学习雕塑基本功

在传统的雕塑教学中，基本功的训练体现在临摹、写生头像和人体衣纹等课程，目的是培养学生的造型能力，通过泥巴的可塑性并利用塑刀等工具切割拍打同时用手塑造形体。拿人体泥塑为例，对形体的理解除了学习书本理论外，还需要结合模特真人和教学骨骼肌肉解剖模型。现在的人体解剖课教学不可能到医学院的解剖教室去研究尸体，更不可能满手泥巴地去触摸模特。数字雕塑教学手段开设人体解剖课就有了很重要的意义。利用数字手段实现的解剖课程可以将人体的骨骼、肌肉、表皮逐一剥下，深入研究人体的结构及骨骼运动造成的肌肉变形对人体姿态的影响，为写实人体雕塑创作提供科学根据。

3. 数字雕刻的优势

1）雕刻方法的创新

为了迎合雕塑家对传统泥塑方法的迷恋，一些软件诸如 ZBrush、Mudbox 等的雕刻工具（如 ZBrush 的 Clay 笔刷），其效果和工作原理是最接近于传统泥塑的思想，与此同时这些软件还提供了一些很先进的数字黏土塑造方法，都是我们用传统方法很难达到的。它们为雕塑家提供了多种实现造型设计的手段，甚至从根本上改变了我们对传统雕塑的认识。

2）利用对称模式快速建立初始模型

在传统的泥塑创作中，雕塑都是从搭建骨架开始的，而数字雕塑的制作不同于传统泥塑，传统雕塑要求一开始在骨架阶段就要把基本姿态建立起来。而数字雕塑可以从建立一个对称的基础模型开始，在进行前期形体塑造时开启对称雕刻模式，虽然大部分物体本身拥有不对称的特征且具有姿态，但是在前期雕刻阶段忽略这些特征，当基本形体雕刻到一定程度后，再关闭对称模式进行姿态的调整以及局部形体的塑造。这样可以在前期塑造阶段快速地建立大形且不必担心对称的问题，这是数字雕塑优越性的集中体现。

3）强大的笔刷功能

在雕塑形体塑造方面，数字雕塑软件还能实现传统泥塑中没有的形体塑造方法，如对表面纹理的塑造，通过设置笔刷雕刻方式与 Alpha 形状可以快速地为模型表面创建特殊纹理。笔刷的设置不仅限于此，使用者还可以根据个人的操作习惯与塑造手法的不同，对笔刷进行自定义设置，且 ZBrush 提供了很灵活的笔刷自定义方式。

4）观察方法更加自由

在观察方法方面，ZBrush 继承了三维软件在视图控制方面的优势。对形体的认识主要通过观察，并且要学会立体的观察方法，在现实中进行泥塑的创作往往受到场地的限制而不能全方位地观察。数字雕塑模型在虚拟的三维空间中通过移动、旋转、缩放等操作可以随意地改变观察角度，不会受到空间的限制，这就使学生在做模型时可以从全新的角度观察模型，更有利于培养学生立体的观察方法与思维模式。

5）有更多的材质选择

在材质方面，ZBrush 还提供了丰富的材质资源及简单易用的材质选择与编辑功能，并且可以实时的渲染出材质的效果。材料给我们的视觉感受同样会影响对形体的分析与塑造，在传统泥塑中，雕塑通常只能限制在一种材料上，这就很容易造成视觉疲劳，视觉疲劳会影响对形体的判断，达不到训练造型能力的目的。而数字雕刻软件可以使模型不必束缚于一种材质，在 ZBrush 中可以在不同的材质中切换，使学生时刻保持对作品的新鲜感，保持对形体的新鲜感，从而激发学生的学习兴趣。ZBrush 在材质列表中为我们提供了一个 Flat Color 的材质类型，该材质可以使模型变成单色显示，默认是白色。当学生将其赋予模型时，模型将以高亮的纯白色进行显示，配合黑色的视口背景，学生可以很清楚地看到模型的外轮廓。在传统雕塑中找准轮廓线可以帮助学生更好地塑造形体，通过分析模型的轮廓也可以帮助学生找到模型的问题所在。在没有内部形体干扰的前提下检查模型的轮廓线，这在传统雕塑的塑造过程中是很难实现的。雕塑模型的表面细节会影响眼睛对轮廓的准确判断，而 Flat Color 材质使学生更加专注于轮廓的观察。

6）可以保留过程文件

数字软件一个非常大的优势就是可以随时地对数据进行保存。在数字雕塑中，从初始模型到雕刻过程以至最终完成的每一个步骤，都可以进行数据信息的保存，这样可以更好地保留雕塑作品的阶段性成果。学生在建模期间可以撤销命令，通过重新打开存盘的文件或者一步一步撤销命令回到原来的状态，这对雕塑创作过程中的实验性感受是非常重要的。在 ZBrush 4R6 中，新增加的自定义、自动保存功能，这样就很好地避免了由于软件运行错误导致电脑崩溃、死机，模型白做的问题。有了这个功能就可以减少模型保存问题的隐患，软件运行更加人性化和趋向完善化（图 26-1）。

图 26-1　学生课堂作业
（2011 级雕塑，王忠强）

4. 数字雕塑实验室的特色

1）数字化雕塑教学的优势

数字艺术实验室的构建，打破了传统的教学模式，利用计算机进行数字雕塑教学，学生在这个平台中继续学习专业知识，点燃了学生对专业软件学习的热情，激起了学生对专业探索的兴趣。对老师而言，利用实验教学设备不仅快速地完成课程教学，还可以实现老师与学生之间的交互功能。对于学生反馈给老师的信息得到快速有效的解决，提高师生的工作效率。

数字艺术实验室为数字雕塑教学提供了一个很重要的学习场所。实验室配备设置专业化、完善化，多媒体、高端计算机、摄影录像、数位板等设备的配置，为数字艺术教学提供了便利条件。数字雕塑教学正是在这样的平台中顺利进行的，把数字化带来的教学变革发挥得淋漓尽致。

2）AA 艺术档案管理系统

利用数字化实验室教学带来的另一个好处就是资源的共享。依靠学校数字艺术实验室网络教学平台，利用网络技术和计算机技术，开发了一款使作业的发布、提交、批阅及答疑于一个软件系统单独完成的课程多维教学网站——AA艺术档案管理系统。此系统的主要功能是对艺术学院学生的图纸类作业的存档和管理，方便任课教师及时地发布作业和批阅作业，方便学生查看最新作业信息和作业成绩，其流程简单、方便操作、节约时间，提高了师生的工作效率。

3）知识库平台

笔者为大连理工大学建筑与艺术学院的档案管理开发的 AA 艺术档案管理系统中附属的一个论坛（或知识库平台）是教学互动的一个重要环节，它和档案系统互相支持，使档案信息内容更加丰富多彩。其意义体现在以下方面：①教学环节中的所有文件和消息都在论坛中以链接的形式提供管理和下载；②教师可以创建自己的版面，根据其所在专业、所授课程和自身的教学特点和风格，提供具有教师特色的信息内容；③教师与学生之间的学术研讨与互动交流。在数字化教学中，论坛给该校师生提供一个资源共享和交流的平台，在这个平台上大家可以分享心得体会，可以通过发帖和回帖的方式进行交流。通过这个知识库平台，鼓励学生在学有余力之际跨专业学习，通过不断的学习和交流会使理论更加成熟，思路更加开阔，经验更加丰富。

（三）结束语

数字艺术实验室的构建，不仅可以增加数字技术在艺术创作中的运用，还可以提升和检验实验室的教学质量和实践能力，很好的体现综合类大学艺术类专业的办学特色与优势。依靠数字艺术实验室的数字雕塑教学在高校艺术专业教学上是一个新的发展趋势，把传统泥塑教学与数字雕塑教学有机结合起来，使雕塑专业不再局限于纯艺术泥塑教学行为。而是使雕塑数字化，要求雕塑家不仅掌握深厚的专业功底，更要具备把架上泥塑搬到计算机里面雕刻的能力，这样才能为社会培养更多的优秀复合型人才。另一方面，雕塑数字化后可以应用到更广阔的领域，利用数字雕塑软件雕刻的模型，导入到其他软件里进行修改、渲染等后期处理，可以很好地和影视、动画等产业结合在一起，彻底颠覆了传统模式下雕塑的应用范围。雕塑教学数字化是艺术教育界的一大变革，丰富了传统的雕塑教学，为传统雕塑带来了崭新的曙光，这些实验性的教学经验和成果都对数字艺术实验室的合理利用具有重要意义。

➤ 参考文献

邓威，温洋 . 2010. 数字雕塑运用在雕塑专业教学中的重要性［J］. 雕塑 Sculpture，（02）：70-71.

邓威 . 2013. 数字雕塑发展现状分析［J］. 美术大观，（03）：71.

邓威 . 2013. 数字雕塑拓扑研究［J］. 美术大观，（04）：64.

何保利 . 2008. 数字艺术实验室建设初探［J］. 高校实验室工作研，（4）：81，92.

李沙 . 2013. 数字雕塑在艺术教学中的应用与探索［J］. 美术教育研究，(07)：124-126.

刘畅，邓威 . 2011. 数字雕塑在美术造型训练课程中的重要性［J］. 上海艺术家，(05)：86-87.

龙晓苑 . 2001. 数字化艺术［M］. 北京：北京大学出版社 .

吕丽蓉 . 2010. 浅谈当代背景下的雕塑教学［J］. 大众文艺，(13)：227.

沈涛 . 2013. 论数字雕塑技术对传统雕塑艺术的冲击与渗透［J］. 美术观察，(05)：109.

王颖 . 2009. 关于中国美术教育改革的一点思考［J］. 才智 Intelligence，(08)：27.

Spence S. 2012. Zbrush：人体结构解析［M］. 北京：人民邮电出版社 .

传统与趋势——鉴于包豪斯艺术教育模式浅析现代陶艺教学①

（一）现代陶艺具有合乎当代艺术理念的优选性——三位一体的联结

1. 艺术、技术、科技三位一体

德国现代艺术教育创始人格罗皮乌斯提出的"艺术与技术的统一"远远超出了当时社会拘束于专业范围内的狭隘眼光，而看到了艺术创造在世界进步道路上的远大意义。20 世纪初的社会正处于工业化初步发展的阶段，整个社会物质还比较贫乏，在精神上还没有达到环境艺术化、生活艺术化的需求。他的思想不能被当时的人们所理解和全面认识。在当代，艺术与生活已经不是相互封闭的，而是开放的、相互作用的两个系统，尤其是现代科技的发展，新的空间开拓、新的材料发明、新工具的完善，将为人类创造新的艺术生活空间提供新的想象天地。艺术为生活服务，艺术将成为生活的一部分。

如果说，格罗皮乌斯时期的设计强调的是艺术与技术的结合，继任者迈尔时期强调的是技术与科学的结合，而当人类社会进入一个人文科学和自然科学的大综合时期，则强调的是技术、科技、艺术三位一体相结合。科学的理论、艺术的符号将由科技为媒介转化为人类生活中的有用之物，为人的精神世界和

① 本文由"中央高校基本科研业务费专项资金资助"（supported by "the Fundamental Research Funds for the Central Universities"）（DUT13RW405）。由大连理工大学建筑与艺术学院讲师陈健编写，主要研究方向为自由艺术与现代陶艺。

物质世界服务。

2. 陶艺具有合乎当代艺术理念的优选性

今天，人们生活在艺术的环境里。不断向前发展的社会为人们提供一个新的艺术生存环境，在生活的各方面都按照艺术的原则来设计人的环境。这种艺术对生活的深化，扩大了艺术的包含面，不是稀释艺术，而是一个泛艺术化的过程。新材料、新技术和新工具给人们提供了诸多方便，许多人不仅可以欣赏艺术，同时可以参与创造艺术，艺术将为人类生活带来无限的创造力和乐趣。陶瓷艺术领域中，丰富的黏土世界、神秘的火、无限的创造力、变幻莫测的视觉美感和感人的艺术魅力提供了历史的契机和自身的优选性，也体现出艺术与技术之间不容忽视的关联。利用陶瓷这一特殊的艺术载体及其自身的艺术语言来表现艺术观念，显然没有技术的支撑是难以实现的；反之，技术也不是唯一的因子，毕竟构成艺术形态的核心和支点并不是工艺手段，而是艺术观念所表达的世界观。因此，现代陶艺教学应在艺术视觉效果、艺术理念和制作技术等教学环节中寻找重点和导入的平衡点加以研究。使学生具备全面的素质：对陶瓷工艺材料的了解、把握生活体验与开阔的审美眼界以及艺术创作能力。

（二）陶瓷艺术形态演变中的技术因素和艺术理念变革

1. 概述我国传统陶瓷艺术的技术发展

陶的产生是人类社会文明与智慧划时代的共同标志。随着漫长的制陶技术发展，烧火建窑技术的不断提高，我国出现了以瓷土为原料的瓷器。瓷是中国对人类社会科学技术、文化艺术等方面的重大贡献。瓷发展到宋代达到了艺术的高峰。随着科技的不断进步，我国的陶和瓷并驾向前，陶器发展出无釉陶和釉陶；无釉陶又分普通无釉陶和名贵紫砂陶。瓷器发展出薄胎瓷、骨瓷、高温硬质细瓷；各种名贵的色釉，如祭红、宝石红、祭兰、天青等，以及釉上彩、釉下彩装饰等。造型技法由捏塑到轮制、装饰技法由刻画到雕镂、彩绘。技术与艺术融合为一，难分彼此。各大名窑因独特的制作技术确立了明确的风格特征。例如，宋定窑的印花，透过柔和的乳白色釉层显露出精美的花纹来，图案构图完整、繁密、线条细致、一笔不苟，给人优雅而又瑰丽的美感；宋汝窑青瓷胆式瓶，简洁的造型突出了器皿形态的优雅、瓷质的细腻和釉色的莹润；南宋龙泉窑（又名章窑），无论素器、还是凸雕花饰的器皿，都能显示青釉润泽清莹"如玉类冰"的美感等，不胜枚举。

2. 概述我国传统陶瓷文化中的艺术理念

原始陶器的美感建立在功能的基础之上，而其装饰纹样则服务于原始图腾崇拜和宗教礼仪，美感产生于一种视觉的符号性传达。由"意"生"艺"。经过秦汉魏晋南北朝的发展，中国的瓷器不仅在技术上已经成熟而且受到宋代美学思潮冲击，上层艺术已经基本脱离了功能的束缚而直意审美。宋代艺术所崇奉的创作原则是"合于天造，厌于人意。"（《净因院画记》，苏轼著）宋代艺术追求的最佳境界是"天工与清新""疏淡含精匀"（《东坡题跋·书鄢陵王主薄所画折纸》，苏轼著）而制陶者不以模仿自然为满足，而是巧夺天工。

我国传统陶瓷也因融汇了大量的外来艺术因素而更加博大精深。例如，元青花瓷是中国传统器物造型、中国白瓷、阿拉伯的苏麻离青色料、源于古埃及的缠枝纹、佛教艺术的八大码装饰性构图和阿拉伯文化的二方连续图案的综合产物。元青花的伟大之处也正是多元文化的结合；清代康雍乾三朝时期的瓷器带有明显的欧洲巴洛克艺术风格，可以从中了解到当时宫廷艺术追求和国际间广泛的文化交流，具有典型的时代特征。

中国陶瓷艺术在历史长河中不断发展与成熟，在技法上提高、题材丰富、种类增多、理论深化及艺术性不断增强，在表现形式和艺术内容方面广泛吸收了其他艺术因素。

3. 欧美日现代陶瓷艺术的发展——新艺术表现形式的诞生

20世纪初，西方社会进入工业文明时期。新的美术思潮，导致奠定在文艺复兴基础上的传统文化观念全面崩溃、中断和更新。人们对艺术本质的渴求，促使在新的艺术对象上寻找自我的本质，艺术家在回归大自然的艺术新潮中发现了陶艺这一新的艺术表现形式。陶艺从此脱离了古老的陶瓷母体，脱离了功能的束缚，跻身于绘画、雕塑等纯艺术的行列。例如，日本陶艺家八木一夫的名作《萨穆萨先生的散步》成为现代陶艺界的扛旗大将，人们对他的盛赞来自"封住用来插花的小口，使之完全抛弃了实用观念"和"把器身立起来，使之脱离了器形的困扰"。无论是有意还是无意的，在当时其被视作是一种创造，他用纯艺术的观念给陶艺一个新的诠释。陶艺与其他现代艺术一样产生于欧洲现代艺术中心法国，后随艺术中心转移至美国。澳大利亚和日本也深受影响。目前，欧美、澳大利亚、日本、韩国等国家和地区的现代陶艺创作极为繁荣活跃，建立了专业的现代陶艺美术馆举办国际陶艺展。陶艺创作活动由作坊到工作室，由学院进入社区和家庭。陶艺作品从室内走向公共空间，成为与建筑、园林相结合的景观艺术，开拓了现代陶艺新的领域。

近代，中国陶瓷亦向现代陶艺发展，既具有历史发展的必然规律性也具有机遇性。发展至今，中国的现代陶艺成为一门综合性的现代艺术，具有极强的本土特征，中国现代陶艺并没有抛弃传统，继承传统与创新趋势之间存在着一种转化的联系。

（三）现代陶艺教学的发展趋势

1. 德国包豪斯现代艺术教育理念形成早期的教育模式

1）创始人格罗皮乌斯时期的理念——艺术与技术的统一

现代艺术教育的先驱德国魏玛包豪斯大学在初建宣言中写道："建筑师、画家、雕塑家，我们都必须回到手工艺！所谓纯粹的艺术是不存在的，艺术家和手工艺师没有本质的区别，艺术家是高超的手工艺师。虽然，天赋的灵感在超越意志的辉煌瞬间里，通过艺术家不自觉的手工技艺，能使艺术绽放花朵。熟练的工艺技术是一切艺术家必不可少的基础，那是孕育创造的根本源泉。"从而提倡"艺术与技术的统一"。德国魏玛包豪斯大学将不同专业的学生分在不同的车间，采取双规制的教育方法，每一个车间有两位教师，一位是形体大师，一位是工艺大师。一般形体大师都是由当时在美术界享有盛名的前卫艺术家担任。20世纪最有影响力的三位艺术家，除了毕加索以外，康定斯基和克利都曾长期在包豪斯任教。担任陶艺技术大师的是德国著名陶艺家的奥拓·林狄希。这种从艺术与技术两个方面教授学生的方法，使学生的艺术想象力与实际制作能力有机地结合起来。培养出一批具有艺术创造力、又深谙工艺材料性能的新型现代设计师。

2）继承者迈尔时期的教学理念——技术与科技的统一

作为继任者的迈尔是一位踏踏实实的现实主义者，一位彻底的功能主义的信奉者。迈尔把教育建立在科学的基础上，因此，从各方面聘请与艺术没有直接关系的其他诸学科的专家讲课，举办讲座。随着人类分工的日益专门化、精神化，使得许多专门人材的知识越来越局限于自己狭隘的专业范围内。而随着科学的发展，人们日益认识到，各类知识就像一张相互联结的网，不是孤立存在的。因此，美国最早提出了"通材"教育，力图改变这种状况。迈尔在20世纪初即意识到了这个问题是难能可贵的。迈尔时期的包豪斯在学科建设的内容呈现出工科大学的科学的、学术的景象。使手工艺转向了现代的、科学的、机械化的设计，强调产品的功能性，使艺术设计从繁缛的、柔弱的装饰风格中解放出来，形成了简洁、统一、大方的现代设计风格。

2. 欧洲现代陶艺教育的包豪斯模式

陶艺的创造性和丰富的表现力，需要陶艺家有从原料加工、成型塑造、装饰处理直至最后烧成全过程的坚实基本功。欧美、日本陶艺的繁荣与重视陶艺教育分不开，在其综合性大学，尤其是艺术院校，陶艺教学占有相当比重。以德国的国立美术学院为例，沿用包豪斯教育模式的卡塞尔、哈勒古堡、杜塞尔多夫等美术学院的现代陶艺教学仍采用双轨制度，即艺术教授指引艺术理念的形成和陶瓷专业导师介入工艺技术的传授。陶艺材质黏土、釉药、成型、烧成都有基本原理和专门理论课程，必须学习研究；而培养学生在艺术理念上的个体性则融汇在学院多元的讲座、教授引导和其他方式中，如作品公开展示、小组观摩讨论、参观美术馆等。

3. 我国现代陶艺教学的发展趋势

1）传统技艺认知——民俗是基因，传统是根，哲理是魂

近年来兴起的陶艺热，似乎是力图超越传统而做出适合潮流的回应。这种潮流为我国现代陶艺发展增添了活力，但也不无文化上的断裂之虞。面对西方现代艺术思潮的冲击，应从理论上对传统进行冷静地反思，找出新旧文化和中西文化的交融点。确立引导学生根植于祖国本土广博的文化精髓，思考现代艺术观念形成的基础。传统技艺的传授使学生认识到自己的文化基因，具备认同感的艺术永远只能源于本民族文化的特性和根基。民族化的艺术在国际交流与传达中显示出独特的魅力，并由此表明自我的民族文化身份，因此，教学中渗透对传统技艺的认知，能树立教与学双向的使命感。优秀的传统文化可以帮助我们树立正确的价值观，提高综合素质、陶冶情操，这正是陶瓷艺术综合素养的核心。

2）启发创新思维——避免"由技入道"或"由理入道"

现代陶艺教学无论是教学内容、教学方法和教学手段，在院校陶艺教学中尚处于一种探索状态。现代陶艺从审美观念到创作方式以及工艺技术的运用，正向纯表现的领域的拓展。陶瓷艺术作为一种文化形态存在并影响着我们的生活。现代陶艺呈现出多元发展的态势，风格趋向多向探索。陶瓷艺术家独特的认识世界、表达思想情感的方式，在很大程度上依赖于感性思维来获得。因此，

现代陶艺的创作思维明显带有时代艺术创作的感性思维特点。

陶艺作为艺术教育中的内容，并非仅仅是一种艺术技法的训练，更不以使用为唯一目的，它更多的是一种开发智慧的方式。因此，陶艺的艺术特征、形式、材料与工艺技术的关系表现的不可预料性和无法精确测定的抒情价值，以及将工艺技术特征和泥性的变化特征转化为艺术表现的语言特征的把握能力是现代陶艺教学的重要内容。在教学初始阶段中，采用大量不加限制、随心所欲的形态和肌理练习，捕捉泥性表现的多种可能性，从中发现具有陶艺语言特征的元素，并加以发展，最终成为作品。力图通过这种由感性到理性的往复而逐渐入道的方式。尽可能避免单纯"由技入道"或"由理入道"所可能产生的偏颇。这种主动体验式学习方式能有效地激发学生创新探索的能动性。在教学提高阶段中，将由材质体验进入到主题性创作，将当代艺术的观念性导入陶艺创作中。

（四）小结

陶艺的创造性和丰富的表现力，需要陶艺家有从原料加工、成型塑造、装饰处理直至烧成全过程的坚实基本功。而构成艺术形态的核心和支点并不是工艺手段，而是艺术观念所表达的世界观。综上，现代陶艺教学培养未来的艺术人才应具备的全面的素质，具备熟悉陶瓷工艺材料，了解陶瓷史的脉络，把握生活体验与开阔的审美眼界以及艺术创作能力。导入的平衡点是科学的教育模式和创新的教学方法。

➤ 参考文献 --

陈健.2011. 德国国立卡塞尔艺术学院的教学模式研究［A］大连理工大学教育教学论文集．［EB/OL］http：//teach. dlut. edu. cn/jxyik//unwen24/lunwen. asp［2013-6-20］.

董俊卿，顾冬红，干福熹.2009. 中国古代釉砂的起源和特点［M］. 上海：上海科学技术文献出版社.

方李莉.2010. 中国陶瓷［M］. 北京：五洲传播出版社.

彭卿云.1995. 中国文物精华大辞典. 陶瓷卷. 上海：上海辞书出版社

三上次男.1983. 陶瓷之路——东西文明接触点的探索［M］. 天津：天津人民出版社.

中国硅酸盐学会.1987. 中国陶瓷史［M］. 北京：文物出版社.

Nil Blau，2003. Katalog für Ausstellung im Keramikmuseum Westerwald.

Petersen S，Petersen J. 2009. 陶瓷工艺与艺术. 第四版. 王霞译. 武汉：武汉理工大学出版社.

Ralf. Busz，Peter，Gercke Wolfratshausen. 1999. Türkis und Azur-Quarzkeramik im Orient und Okzident.

Wingler H M. 1960. Das Bauhaus. Berlin：Dwnont Literatwr U. Kunst.

　　大连理工大学雕塑专业的增设和发展是大连理工大学艺术类学科向综合性、高水平、特色性发展的一个重要举措，作为文科综合实验教学中心开放的陶艺实验课程与造型实验课程，其发展建设势必会带动相关艺术学科的发展，加强艺术学科基础理论研究，加大艺术类学科的影响力。雕塑专业是大连理工大学第一次建立纯艺术类学科，也是大连理工大学自建校以来成立的第一个正规的艺术类学科。建设这样一个代表艺术类高层水平的学科，会使大连理工大学的艺术类学科在知名度、学术水准上有所提高。雕塑学科教学的内涵与创新意识发展迫在眉睫！基础教学应该大胆革新，应该主动尝试学科交叉、渗透融合。

　　在近几年来的雕塑教学中，笔者发现许多教学经验无法满足快节奏的社会意识的需求。很多高校雕塑专业都突破传统的各种制约，在师资、课程、教学内容与方式等问题上进行了调整和改革，使雕塑教学进一步向多元化方向发展。广州美院雕塑系教师陈克认为，学生在入学考试和毕业时都受到传统标准的规范，走入社会后则要在各方面探索艺术道路，因此学院教育应与当代美术大环境接轨，回归到学院为基础，加强学生自身的艺术探求。湖北美院雕塑系主任项金国认为，他们一直遵循严基础、宽创作的教学理念，扎实打好专业基础，放开学生的创作思路，只要是健康向上的都可以，这并不矛盾。清华美术学院雕塑系教授杜宏宇认为，中青年教师以开放的教学心态进行课程调整，从毕业创作中可以看出，大多作品都力争赋予对当代性的探寻，这预示雕塑专业未来一个时期的发展状态。中央美术学院雕塑系副教授吕品昌认为，在扩招和风格多样化背景下进行的雕塑教育打破了以往单一的表现格局，却陷入了另一个怪

　　①　本文由大连理工大学建筑与艺术学院艺术系讲师郑淼编写，主要从事新具象雕塑研究。

圈，那就是形势类别趋同，缺乏特色。以上探讨非常值得深思。

（一）雕塑艺术在教学中的发展

我国雕塑教学体系的建立要追溯到 20 世纪 30 年代，第一代留法雕塑家刘开渠、曾竹韶、滑田友等带回的欧洲古典主义写实传统。五六十年代又受到苏联现实主义艺术形态的影响，形成一套写实主义教学体系。并且多年一直保持这个传统，基础教学方面一直以大量的人体写生特别是长期的人体泥塑课程来安排教学。

最近几年，随着社会的发展我国的学院教学体系也有了一定的改变，陆续开设了公共艺术、综合材料和多媒体等新的教学内容。对雕塑基础教学概念认识有所改变，这就要求学生既要快速掌握对自然形态描写的能力从中获得技法和规律又要具有对自身与自然关系的思考和探究意识。需要用多种方式表达对雕塑作品的感受与理解。一件作品包含的信息是多方面的，有思想内容方面的、社会史、文化史方面的等。只用一种方法表达艺术作品，显然是匮乏的。雕塑语言表现手段早已走出了过去单一的方式，变得丰富多样，强调与大众交流的可能性，开始借用大众文化的资源，表现更具有当代性的生活；重视如何更有效地运用一切语言方式传达观念，对于传统的资源、民间的资源抱着一种更加灵活的态度。在重材料、技术形式基础上向思想深度和观念延伸。充分地展现人的观念和充分地展现材料的美感，也就是充分挖掘材料本身所具备的语言表达功能是现代艺术的一个显著特征。

在美术研究领域，具象艺术和抽象艺术构成一对相关的概念。无论抽象艺术还是具象艺术，都是人类美术史上长久存在的艺术形式，是人类创造的精神财富。两类不同的艺术，能够表现人类不同的精神内容，创造出不同的形式感，给人以不同的审美享受，它们各自拥有不可替代的美学价值。

据华语国际通讯社记者戚音茵 2007 年 5 月 25 日华盛顿报道，美国亚洲文化学院校董会主席、国际中国文化出版社社长、著名文化战略学家赵晓明教授当天在华盛顿作了一场题为"传统、全球化，以及影响东西方当代艺术的几个问题"的专题学术报告。演讲从大卫·克拉克的观点为前提展开，从历史的角度看待现代美欧艺术与前现代东方艺术相交汇的切入点。美欧对中国艺术及东方思想的简单化认识主宰了过去的全部艺术史，美欧艺术界基本缺乏对现存中国文化的兴趣与接触。从 21 世纪初开始，美国对当代中国艺术的兴趣开始增长，但这种兴趣的动力是源于中国经济和世界经济的日益融合。

在当代世界全球一体化的背景下，中国以自身的特设姿态崛起并屹立于世界的东方，其政治、经济、文化都受世人瞩目。那么深受西方现代艺术影响的中国当代艺术发展如何？中国当代雕塑艺术发展如何？中国当代具象雕塑能否体现中国的当代精神？这不得不令中国的雕塑家深思，并已逐渐成为诸多雕塑家不断探索和研究的课题。

（二）雕塑教学的当代演变

在王宁宇编著的《雕塑艺术》中清晰地呈现出从人类原始雕塑艺术的诞生到早期文明曙光及古典文明时期不同文化中雕塑发展的成就，从佛教雕塑在亚洲的传播到欧洲在中世纪与文艺复兴之间的艰难前进，从近 500 年间西方雕塑激进裂变之路到全球视野下各大洲雕塑艺术留下的多元文化遗产，以及 20 世纪世界各国雕塑不同方向、不同道路的探索发展，作者力图沿着人类雕塑艺术的根基和脉络及其整体面貌出发，从世界全局及人类文化发展的大格局与大规律着眼，阐述雕塑艺术发展的规律及其面对时代的种种演变。在孙振华博士的《中国当代雕塑》中更加深入分析总结出中国当代艺术所经历的复杂而多元的发展过程。四川美术学院当代视觉艺术研究中心主任张强的《现代艺术与中国文化视点》这本书的题目注定了文章介入的角度，即我们关注的是西方艺术作为语言和方式的母本在中国当代文化情境中的遭遇及变化。中国的当代艺术家正是在这个变化过程中，寻找自己的感觉，使自己真正步入新的发展。谋取平等的对话接轨于"国际规则"，这是一厢情愿的臆想，还是艺术发展的必然呢？当"后现代主义""后殖民文化"这一"主体明确"的概念认同原则不时激发在中国艺术家面前，一切现有资源的利用也就成为既成的表演，忐忑不安地听训于最终的判断。在这个层面上来看，中国的现代艺术仿佛困惑与迷茫总是挥之不去。这的确是一个令人尴尬而又宿命的怪圈，它令中国当代艺术家深感恼怒与无奈。四川美术学院焦兴涛教授在最近出版的《新具象雕塑》一书中则从当代雕塑对于"极致真实"的呈现、与现场及其他艺术形式的关系、平面和图像的巨大影响，以及"材料意识"的重新认识几个方面，探讨了当代雕塑的特征。着重分析了当代具象雕塑在材料观念更新、语言方式突破、自身形态界定等诸多方面的转型，其中不乏生动敏锐的艺术感悟、对中国雕塑的批判和思考。《1985 年以来的当代艺术理论》是佐亚·科库尔的一本开创性的论文集，它探讨了当代艺术的本质与边缘关系，荟萃了已有的和正在涌现的艺术之声，以跨学科的方法立足于广泛的资源，整合了学术论文、艺术家撰述以及艺术再生产成果，以反映当下的艺术现场的活力和多样声音。在中国当代雕塑的标志性著作邵大箴的《中国城市雕塑50年》中全面地反映了当代中国雕塑发展的新局面、新探索、新变化。

回顾人类文明史，中国的文化源远流长，古代雕塑历史悠久，震撼世界。但进入20世纪后，中国传统的雕塑已处于衰落时期，仅是在部分民间艺人那里延续，未能成为主流。之后随着国门大开、东西方文化交汇，西方的雕塑体系渐渐被植入中国，成为在中国大地上的一种西式文化。这明显与中国的传统文化格格不入，面对已有百年历史的西方现代文化，中国的现代脚步才刚刚开始，在很长的一段时间里，中国现代雕塑的发展仅仅是政治教化的工具。当中国真正崛起的那一时刻，中国具象雕塑艺术也在世界快速变化的冲击下随之清醒。就这样，具象雕塑的造型特征和语言方式发生了根本的改变。寻求当代精神积极开拓、求新、求变成为中国当代雕塑艺术的共鸣。

当代中国具象雕塑在东西方文化碰撞下所产生的当代性质的语言变化。了解并掌握雕塑发展的历史状况，理解当代艺术观念的发展演变，熟知运用雕塑基本内涵，体会学术领域热点问题，以研究具象雕塑在当代文化语境下的表达为指导：一方面利用传统具象雕塑的基本原理和技术手段，进行多元化、多层面的发挥和转变，另一方面剥离具象雕塑与传统元素的滞垢，以求对具象雕塑语言的释放。要研究它在各个阶段发展变化的艺术坐标，从而可以测量出雕塑语言的变化及其影响它拓变的社会背景、人文环境，以及哲学、社会历史、文化学等意识形态对它的作用。从当代社会背景、人文环境鸟瞰当代雕塑语言，用历史的辩证的方法审视并做出客观的判断，为当代雕塑语言的拓展空间提供理论指导，并加以对当代雕塑语言拓展的终极限定，以避免其艺术概念极度宽泛。

通过研究中国具象雕塑所体现出来的当代性和具有中国当代性的具象雕塑是如何开拓、求新、求变的。可以看出当代具象雕塑的发展脉络、方向、重点及特点，从而，寻求一条继续拓展、挖掘、变通的当代具象雕塑之路。一个民族的文化精神是不断发展的，静态地描述难免顾此失彼、以偏概全，而动态地追踪则可以更接近历史的原貌。中国雕塑正好可以成为我们动态地把握民族文化精神的重要参证。相对于文献资料，雕塑则可以更直观、更不加掩饰地将我们民族的文化精神以形象的方式展现出来，从这个意义讲，一部中国雕塑风格的发展史在一定程度上又是一部民族文化精神的嬗变史。这样，就使人们找到了将雕塑风格与民族文化精神联系起来的连接点。

（三）关于雕塑专业基础教学所引发的思考

创作是一个艺术家的灵魂，培养一个艺术人才，创作应首当其冲，雕塑创作是把一个艺术家的主体思想意识通过雕塑作品的形式体现出来，它不仅能反映艺术家的创作能动性，也能把积淀的思维构筑成自身的精神体系，并使这种精神体系转化为综合思考的能力渗透到对周围各事物的观察中而得到一种语言，这种语言的探索与创造则应该有意识地培养和引导，然而在现有的教学中注重的程度远远不够。

雕塑语言即雕塑的风格个性，语言的差异又演化为风格的多样化，这种差异又不仅仅是指技能和形式的问题，应该是思维、观念上的综合差异，我们可以从古希腊的菲地亚斯看到文艺复兴的米开朗基罗、多纳泰罗，再到 18 世纪的乌东·奥尼尔等雕刻大师们的风格和语言，应该归结为同一类语种里的多种语言方法而已，那么从 19 世纪的罗丹到以后的现代派，乃至发展的后现代主义，直至今日的西方后工业文明的出现，还能将其归结为同一类语种么？罗丹、不得尔、布朗库西、亨利摩尔、马里尼、曼祖、贾格梅帝的诸位雕刻大师们，绝不仅仅是形式上的对古典艺术的反叛，而完全是从不同风格、不同语言上对历史进行宣判，他们带来了前所未有的新语言，确立了艺术新的社会角色和社会地位，使艺术成为一个可以自足的社会系统，现代艺术让我们领悟到艺术的真谛，它不是技巧上的卖弄，也不是技术上的升华，而是站在人类文化历史的高度对自然、社会、人生的思考与揭示。

不同风格、不同样式的作品正是由于每个艺术家对自然、社会、人生的不同思考，反映在生活中寻找适合自己思想、情感的契合点，正所谓艺术来源于生活。对于大学生而言，他们心理上、生理上逐渐趋于成熟，行动与生活基本独立，他们的思维是跳跃的、直接的、明确的；生活是丰富多彩的、五彩斑斓的，他们的艺术语言需要挖掘并表达出来，即使是幼稚、无知的，也是最珍贵的，因为那是他们寻找思考与探索的开端。

在雕塑专业的基础课教学中发现，学生们虽然技艺有很大长进，理性认识和具象思维逐渐建立，但他们的创作意识太淡薄，找不到创作语言和创作思维，这种现象实际上背离了对基本功训练的真正意义，也就是说让雕塑语言和思想有所结合应用，否则将无意义。

在近几年来的教学中，发现许多教学经验已过时，无法满足快节奏的社会意识的需求。因此，艺术教学也要与时俱进，抓住时代精神的脉搏，把握好契机和根本点，当今的时代是飞速发展变化的时代，以远远不可用具体的或恒定的生活方式来衡量人们的思维已不再局限于存在的物质，而是着眼于多维空间中，并关注人类的自身命运，诸如时空、生态、环境、和平、战争等，而我们怎样去面对这样频繁、巨变的意识形态呢？我们的时代生活内涵是什么呢？

在我们的记忆中，无论是直接触及的还是间接影响的，一种惯性的艺术语言一直在传染着我们乃至"无知"的年轻人，那种惯性的艺术语言即是生活所提供出来的现成品，如伟人的形象、势态、民族服饰与类别，身体外部特征等，回顾20世纪七八十年代的艺术创作，更注重的是生活的具体行为，如去煤矿反映矿工的生活，去内蒙古反映蒙古人的生活，去新疆反映维吾尔族人的生活……而这种反映其实就是选择情节，调换情节的塑造，如此往复，极易僵化、更为单调乏味，而现今人们的思维意识活跃，现代媒体发达、科技成熟，那些现成品早已无法满足艺术语言的需求，所以要把握住创作教学的方向，提高创作教学的内容含量，揭发生活的真实意义，思考更深层的东西，探究精神支柱和思想载体，与时俱进，才能使创作有新的语言和灵魂。

艺术形式是多种多样的，雕塑艺术也是五花八门的，培养艺术人才，适合自身特点与性格的艺术方向是因材施教的具体体现也是分导教学的战略方针，雕塑艺术教学应该是一种启发式教学，通过教师讲解介绍信息，提出问题来调动每个学生进行思考、探讨，并启发和引导学生的综合思考能力，从而找到符合自己个性、习惯的艺术语言，而不再是单纯地概念、定式、形式，或是技能的叙述与辅导，作为现今的学生，他们接受信息量大，且尝试欲望很强，如卡通动漫艺术的飞速成型、游戏造型语言的扩展、网络软件的开放、计算机多媒体的广泛应用等，都无不刺激着学生的兴致，从而使学生产生非定式的爱好及所长，教师此时万不可作以否定，应当提倡并加以引导，使他们较弱的信息和思想的综合能力得到把握，避免语言的探索单调而流于形式化。

总之，把握明确的教育方针，及时清理教学思路，改革教学陈腐内容，与时俱进，创新求实，探索思想和艺术真谛，这不是简单地安排工作，而是具有强烈的历史文化意义的交流活动，甚至是一种艺术形式的语言方式。

▶ 参考文献

阿纳森. 1999. 西方现代艺术史［M］. 天津：天津人民美术出版社.

伯尼斯·马丁. 2000. 当代社会与文化艺术［M］. 李中泽译. 四川：四川人民出版社.

曹小欧. 2000. 新视觉艺术［M］. 北京：中央编译出版社.

胡师正. 2007. 艺术论纲. 长沙：湖南人民出版社.

李泽厚.1999.美学三书 [M].合肥：安徽文艺出版社.

罗伯特·休斯.1989.新艺术的震撼 [M].刘萍君，汪晴，等译.上海：上海人民美术出版社.

孙振华.2002.雕塑空间 [M].湖南：湖南美术出版社.

孙振华.2009.论新时期的中国雕塑 [M].北京：中国美术馆杂志编辑部.

王子云.2005.中国雕塑艺术史 [M].北京：人民美术出版社.

许正龙.2001.雕塑学 [M].沈阳：辽宁美术出版社.

法学专业
模拟审判课程的设置与建设[①]

模拟审判是我国高校法学专业传统的实践教学的手段之一，所具有的培养学生实际工作能力的功能与作用，愈发引起人们的广泛重视。近年来，区域之间、校际之间开展的模拟审判比赛有力地促进了模拟审判教学活动的开展。然而，许多高校以往的模拟审判教学活动通常依附于法学的各门专业课，由任课教师在讲授的专业课之中组织随堂进行，或者由学生在课外自发地组织开展。即便是在集中实践教学期间组织的模拟审判教学活动，仍具有较大的不确定性，尚未形成其他专业课所具备的那种成熟教学过程。为此，应当将模拟审判教学纳入法学专业实验课程的体系，形成选课、组织模拟审判教学、提交作业，以及学习成果评价的完整教学过程，努力克服现存的问题，最大限度地发挥模拟审判实践教学的积极作用。

（一）模拟审判教学的课程化

目前，我国高校法学专业的实践教学主要包括法律诊所、专业实习，以及模拟审判等形式，与前两种实践教学形式相比较，模拟审判可以有针对性地选择具有典型意义的案件组织教学活动，配合专业课程的授课内容，使学生在演练中体会、解读实体法规则的实际适用，练习各类案件诉讼过程中不同工作岗位的基本工作技能。而且，这种实践教学活动无需占用审判、公诉机构等社会资源，不受案件实际审理时间、周期等影响，各个高校都能够在现

[①] 本文由北京联合大学应用文理学院副教授王小明编写，主要从事合同法、律师实务、法律诊所教育等课程的教学与研究。

有教学条件的基础上，有计划地组织开展较系统的模拟审判教学活动。所以，不断完善模拟审判教学是我国各个高校法学专业深化实践教学改革的一项重要任务。

1. 模拟审判教学的功能

模拟审判是学生在教师的指导下，在模仿真实的人民法院案件审判场所的环境中，分别以法官、诉讼参与人的角色，依据真实的案件材料与诉讼程序，模拟从事各类案件的审理活动，从中获得相关的法律知识，锻炼司法实践中的基本工作技能。

模拟审判教学起源于14世纪的英国，那时英国著名的林肯、格雷、内殿、中殿四大法学院以模拟审判的方式决定哪些学徒可以成为律师协会的会员。1921年，模拟审判被引入我国，那个时期我国的东吴大学每周六都组织法官、律师与本校的教师、学生组成审判庭，采用不同的诉讼程序演练案件的审判过程。目前，世界各国高校的法学院系都把模拟审判作为培养学生实际能力的重要手段，一般由教师指导学生按照相应的诉讼程序模拟演练各类案件的审理活动。

模拟审判教学活动主要分为以下三个阶段：

第一，准备阶段。这个阶段主要是选择适合模拟审判教学的案件，分派学生在模拟审判中的角色，组织各方研讨案情、拟订诉讼方案，组织相关证据，起草起诉状、答辩状等法律文书。同时，指导学生拟写委托书、出庭函、当事人身份证明等参加庭审的必要书面文书。

第二，模拟审判的实施阶段。学生按照事先分派的角色，依据人民法院审判案件的程序与步骤，模拟进行各类案件的开庭审理活动。各方学生通过提出诉讼请求、答辩，以及辩论，展示各方对案件的看法与观点，其他同学则作为案件审理的旁听人员，观摩模拟审判活动，从中获得必要的知识。

第三，模拟审判的总结阶段。模拟审判开庭审理结束后，指导教师现场点评各方学生对案件所持有的观点，以及庭审中的表现。之后，各方学生提交起诉状、答辩状、判决书等法律文书，由指导教师评阅。

从教学的过程来看，模拟审判是学生在教师的指导下，依据案件事实材料提炼当事人的诉求，以及该案应当适用的法律规则，求证案件适用法律规则所依据的法学原理，假设在案件审理中法律适用的可能的障碍，在法庭审理的辩驳中印证对法律规则的解读，校正法律规则的认识与理解，从中获得较为深刻的法律知识。同时，模拟审判教学具有高度的仿真性与演练性，在学生按照真实的案件材料与诉讼程序参加模拟案件审理的过程中，能够获得近似于实际工作的经历，明确各项实际工作的基本要求，锻炼实际工作的技能。所以，模拟审判教学活动具有培养学生的法律思维、锻炼实际工作能力的双重功能。

2. 模拟审判教学的形式

目前，我国高校法学院模拟审判教学，概括起来主要有以下三种模式：

第一，设置为独立的课程。我国的一些法学院已经把模拟审判设置为正式的独立课程，将其作为法学本科的专业必修课或者选修课列入培养方案，设定相应的课时与学分。模拟审判纳入正常的教学轨道，有利于规范、促进这种教学形式的开展。

第二，课内教学模式。我国多数法学院将模拟审判设置在专业课程之内，通常在专业课的教学计划中，为模拟审判留有一定的课时，在专业课的授课过程中由任课教师随堂组织实施，作为辅助性的实践教学活动，丰富了专业课的教学形式，强化了专业课的授课效果。然而，模拟审判仅仅是作为专业课的辅助性教学活动，显然偏离了模拟审判教学的目的，使得模拟审判的教学效果大打折扣。

第三，集中实践教学环节中实施。目前，各高校法学院在培养方案中都设置了集中实践教学环节。期间，一般组织学生参与社会调查、旁听案件的审理、开展法律援助与普法宣传等活动。同时，许多法学院都把举办模拟审判作为主要的实践教学形式，在集中实践教学期间组织实施，这种做法固然为模拟审判教学提供了时间上的保证，但却未能从根本上解决模拟审判教学规范化建设的问题，模拟审判教学的质量难以得到保证。

除此之外，尚有一些法学院未将模拟审判纳入教学计划，缺乏组织与指导，交由学生自行组织开展，带有很大的随机性，模拟审判教学活动根本就无从谈起。各高校可以依据自身的优势、教学条件采用不同的模拟审判教学模式。但从学生实际工作能力的培养为出发点，应以模拟审判设置为独立的课程为最优。从当今社会对人才需求的角度来看，人们可以理解、允许法学专业的毕业生，在校学习期间从未参与过任何案件的审理过程。但是，无法想象人们可以接受、认同一个法学专业的毕业生，在校期间甚至从未经历案件模拟审判的学习过程。

3. 模拟审判课程化的设想

模拟审判教学的课程化是参照法学专业各门课程的教学管理模式,将模拟审判设定为专业课程,合理地确定学时与学分,确定选课、开课、提交作业,成绩考核等教学过程,使其规范化、固定化,使学生与教师能够像其他专业课一样按部就班地开展模拟审判的教学活动。

我国高校法学院通常都设有实践教学环节,一般采用教学模块的方式,组织学生参与法律咨询、社会调查、专题辩论、模拟审判、疑案辩论、专业实习等,在教学计划中为各项实践教学环节设定相应的课时与学分。这些教学活动均为非讲授式、实践性的教学方法,与传统的法学专业讲授方式存有较大的区别。目前,各高校法学院都在探索实践教学环节的具体形式与教学内容,以期改善、增强实践教学活动的实际效果。长期以来,我国各高校法学院一直广泛地开展模拟审判教学活动,具有较为成熟的教学形式与教学经验,拥有众多的专业教师能够指导模拟审判教学活动,所以,是法学专业各项实践教学环节中最具有课程化可行性的一项实践教学形式。

模拟审判教学的教学过程是引导学生从实际案例出发,寻找、设定法律规则适用的场合,通过模拟案件的审理来理解、掌握相关法律规则的知识。这个过程如同理科学生在教师指导之下所完成的有关实验,通过实验证实,说明某个自然科学的原理,使学生掌握有关的知识或者技能。法学专业具有较强的社会实践性,可以借鉴理科专业实验课程的模式,尝试将模拟审判教学纳入法律专业的实验课程的体系。

为加强模拟审判教学的规范性建设,据以提出以下的设想:

第一,模拟审判教学具有高度的仿真性、演练性,依据真实的案件材料,按照现有诉讼程序开展各类案件的模拟审理活动,是这门课程最基本的要求。所以,模拟审判课程的教学过程,以及学生所提交的作业,都应当以司法实际工作的步骤、要求为教学活动的基本标准,应由从事实际工作的法官、检察官、律师参与教学指导活动,评定学生作业的成绩。

第二,模拟审判教学应当设置成为独立的课程,可以分别开设不同案件的模拟审判课程,模拟仲裁教学也可开设不同类型案件的模拟仲裁课程。

第三,每门课程的教学内容是以学习小组为单位,分别以法官、公诉人或原告、被告的角色,完成三个不同案件的模拟审理过程。

第四,模拟审判的各门课程均为法学专业正式的实验课程,每门课程以 48 课时,3 学分为宜。选课学生完成三个案件的模拟审判、提交的作业合格者,应予结课并给予相应的学分。

第五，选课学生以小组为学习单位，每组成员一般为3～4人，由学生自由选择、组合。在课程学习过程中小组成员一般不得更换。同时，要求每名学生至少在一起案件中作为主办人参与模拟审判的教学过程。力求使所有参与学习的同学都能够从中获得体会与锻炼。

总之，模拟审判必须依据我国的司法实际工作来开展教学活动，参照其他专业课程的管理要求，建立、形成自身的教学规范，以及充实、完善模拟审判的教学内容。

（二）模拟审判课程的设置

1. 模拟审判课程体系

模拟审判课程按照我国人民法院现有受理案件的范围作为课程的划分标准，大体可以设置民事案件模拟审判、刑事案件模拟审判，以及行政案件模拟审判课程。除此之外，模拟仲裁也可以分别设置商事纠纷模拟仲裁、劳动争议模拟仲裁，以及国际贸易争议模拟仲裁等课程。

模拟审判实验课程体系见图29-1。

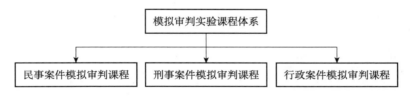

图29-1　模拟审判实验课程体系

模拟审判实验课程体系中所有的课程，一般应以相对应的法学专业实体法、诉讼法课程为前置先修课程，选课学生在学习了法学专业相关的课程之后，得以选修具体的模拟审判课程。然而，从跨学科、专业交叉融合，以及培养复合型人才的角度来看，在条件具备的前提下，应当允许不同专业、不同年级的学生，自由结合参加模拟审判的教学活动。当然，模拟审判课程中案件审理时的角色分派，应当从司法实际工作着手做出一定的资格限制，例如，各类案件审理的合议庭中的审判长、书记员、公诉人，以及原被告的代理人，一般应当由法学专业的学生来担任，陪审员、原被告当事人则可以由其他专业的学生来担当。

2. 模拟审判课程的内容

模拟审判课程均以选用的典型案例的模拟审判作为教学内容，一般应当选择当前或一个时期内，司法实际中高发、热点，以及具有典型理论研究价值等案件。当前，我国各地房价变化较大，房屋交易模式较为复杂，致使房屋交易纠纷案件数量激增。同时，交通肇事民事责任赔偿案件增长幅度较大。除此之外，网络侵权、人身伤害民事赔偿等，都是人民法院审理的主要的民事案件。所以，民事案件模拟审判课应将这些类型的案件作为教学内容的重点。贪污、受贿、渎职等犯罪，是利用职务之便谋取私利或者滥用权力的犯罪，历来是我国司法机构惩治的重点，另外，盗窃罪、人身伤害，以及危害公共安全等犯罪，社会危害性较大，应当列入刑事案件模拟审判课的教学内容。在我国城市化建设迅速发展期间，占地、拆迁补偿，城管执法过程中，牵涉过多的利益主体，矛盾较为尖锐、冲突较为激烈，有必要使学生在校期间接触到这类案件，所以，这些案件应当作为行政案件模拟审判课的主要教学内容。

模拟审判每门课程应当选择一定数量的典型案例作为教学内容，一般来说，首轮开课使用的案例的数量不应少于 5 个，即可供 5 个审判庭同时开展模拟审判教学活动。选用的案例应当具有真实性、可靠性。在实际教学过程中，应当格外注意纠正学生普遍不重视证据，不会使用证据的现象，必须选用真实案件的事实、证据材料，在假设案件尚未审理的前提下，要求学生按照人民法院实际案件审理的步骤，自行归纳、提炼诉讼请求，组织应诉答辩。事先不披露案件实际审理的结果，不提供当事人起诉、答辩的主要观点，不归纳案件审理的争议焦点。在模拟审判教学的总结阶段，以真实案件的审理结果作为参照物，对比分析学生作业的优点与不足。

模拟审判各门课程可以根据具体情况，以及学生的要求，在案件角色分派之后，由指导教师负责召集学生集中统一讲解案件涉及的一些重大问题，也可在具体的业务指导中分别解答有关问题，具体讲解的教学形式，由指导教师与参与的学生协商后自行决定。

3. 模拟审判教学的运行

人民法院审理各类案件，一般要经过立案、分派案件、庭前准备、开庭审理，以及宣判等步骤，模拟审判教学同样应当依据这些步骤来运行。为此，应当指定专门的机构负责模拟审判各门课程的教学活动。各高校设有的文科实验中心、实验基地或者相关的机构，得以为模拟审判各门课程提供有效的教学运行平台。

以文科实验中心为例，所负担的模拟审判教学运行的主要工作包括以下几个方面：

第一，组织选课。在开课之前，文科实验中心应当公布该学期可供模拟审判教学的案件、开庭审理的时间与地点。每个案件的审理均设合议庭、公诉人或原告、被告三个角色，学生可以自愿组合成学习小组，在规定的时间内选择参与某个案件的某个角色，并在文科实验中心报名登记。案件审理的角色确定之后，文科实验中心为各组学生安排指导教师，并向各组学生提供案件的事实材料、证据，以及各种诉讼文书的格式等。

第二，开庭审理前的准备工作。各个案件审理角色落实后，充当该案公诉人或原告的学生小组，应当按照在人民法院立案时的要求，在规定的时间内向文科实验中心提交公诉书或起诉状，提交证据目录，以及有关人员出庭的公函、委托书等手续。文科实验中心应当将这些文书转发给该案的合议庭、被告小组。被告学习小组应当在规定的时间内向文科实验中心提交答辩状、证据目录，以及有关人员出庭的公函、委托书等手续。文科实验中心应当向合议庭、公诉人或原告小组转交这些文书，同时，应当将全部文书提交给该案的指导教师。

第三，接收各组学生提交的模拟审判的工作卷宗。模拟审判结束后，充当合议庭、公诉人或原告，以及被告的学生小组，应当在规定的时间内向文科实验中心提交案件审理的法庭、公诉人或原告，以及被告的工作卷宗，作为该案模拟审判教学的学习成果，由文科实验中心分别交由各指导教师评阅，负责登录、通知学生模拟审判学习的成绩。

模拟审判教学的运行应注意以下问题：

第一，为了保证模拟审判教学的真实性、可靠性，以及教学的基本秩序，必须强调各组学生在参与案件的模拟审判过程中，只能使用文科实验中心提供的案件事实、证据材料，超出这个范围而使用的事实、证据材料，在案件审理时合议庭一律不予采信。

第二，开庭审理案件是模拟审判教学的核心，模拟审判开庭审理过程应当全程录像，指导教师必须到场观摩，并现场做出点评。学校聘请的法官、检察官、律师等校外指导教师，如不能到场观摩，可以观看模拟审判的全程录像，据以评判各组学生的庭审表现。

民事案件模拟审判课的运行流程如图 29-2 所示。

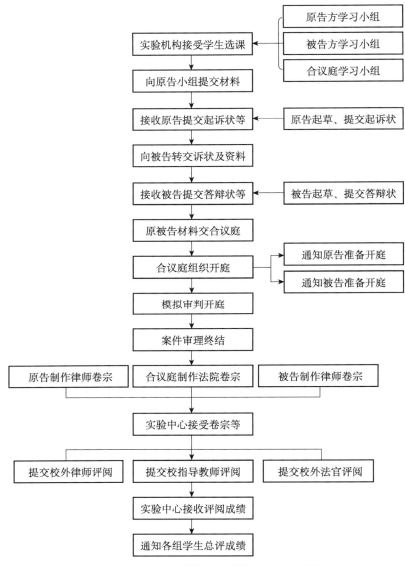

图 29-2　民事案件模拟审判课的运行流程图

4. 模拟审判课程的书面作业

人民法院、检察院、律师在各类案件的审理过程中，一般都会根据需要制作询问笔录、调查笔录、谈话笔录，以及庭审笔录，组织拟定证据清单目录，整理相关的证据，按照规范要求制作公诉书或起诉状、答辩状，判决书或者调解书。这些文书是从事各类案件审理工作的记录，反映了各方对案件事实、证据的认识，以及案件法律适用的不同看法与观点，体现了各方的法律思维与法律意识。能够与不同的当事人交流谈话、调查取证、组织证据，以及参加法庭辩论，是一名法律工作者应具有的基本素质与技能。

学会制作各类笔录、各类法律文书，懂得组织证据的步骤与技巧，是模拟审判教学的目标之一。为此，参加模拟审判教学活动的各组学生，必须学会制作模拟审判案件的各类笔录，学会拟定证据清单目录，组织整理证据，学会制作公诉书或起诉状、答辩状、判决书或调解书。在模拟审判教学活动结束后，各组学生应当按照法院、检察院、律师工作规范的要求，按照装订顺序正式装订成法院、检察院，以及律师的案件卷宗，作为模拟审判学习的书面作业提交指导教师评阅。

5. 模拟审判课程学习成绩的评定

模拟审判各门课程的学习成绩由指导教师负责评定，学习成绩主要由两大部分构成：一是庭审表现，满分100分，二是制作的各类文书，满分100分，两部分的得分合计后按照百分制计算出实际得分。指导教师一般分为三人，分别负责指导同案件中的三个不同的学生小组。开庭审理时，指导教师应当到场观摩，并现场做出点评。

模拟审判的指导教师应由本校教师，以及一定比例的外聘教师来担任，外聘的指导教师应当选聘资深律师、法官、检察官来担任，所评判的成绩交由本校指导教师综合给予学习成绩。

（三）模拟审判实验课程的建设

课程建设的重点主要集中在教材编写、教学形式的完善，以及教学运行的有效管理上。笔者所在的北京联合大学应用文理学院，在模拟审判实验课程建设的过程中，主要展开教材编写、课程设置与教学形式的论证等工作，并取得了一定的成效。

1. 模拟审判课程教材的编写

模拟审判各门课程的教材是该课程运行的基础，依据课程的具体情况，模拟审判实验课程体系至少应有三门课程的教材，即民事诉讼模拟审判教程、刑事诉讼模拟审判教程，以及行政诉讼模拟审判教程。

模拟审判各门课程的教材，应当阐述重要的法律规则及其适用，同时，应当从案件审理的实际工作入手，着重讲解有关司法解释的内容与适用场合，不仅应当说明法庭审理组织具体工作的内容与步骤，还应当明确检察院、律师参与案件审理的具体工作的步骤。同时，应当说明案件审理过程中所使用的各种文书的格式、式样与要求。在教材中，应当选用典型案例，翔实提供案件事实、证据材料，使学生得以执书开展案件的模拟审判活动。

编写的模拟审判课程教材中，以民事诉讼模拟审判教程为例，该教材分为上下两编，上编为总论，主要介绍民事案件诉讼程序、法庭审理的组织、律师代理民事案件的步骤，以及各类法律文书的式样与写作要求。下编为分论，分5章编写了5个民事案件，包括：民事侵权赔偿、交通肇事民事责任赔偿、网络域名权属侵权纠纷、房屋买卖合同纠纷，以及房屋租赁合同纠纷。所选用的案例均以实际审理过程中的素材为基础，除去更改了当事人的姓名，以及审理法院的名称之外，其他事实、证据材料一律保留，原汁原味地提供给读者。案件中的各项证据采用了原件复印或照片的形式，所以，只需简单处理即可作为实物用于实际教学。模拟审判课程教材的编写为课程的实际运行提供了基础保证。

2. 模拟审判课程设置与教学形式的论证

模拟审判实验课程体系的形成，需要调整已有的培养方案、教学计划，重新分配课时、学分等，必须进行全面的论证与调整。加之模拟审判各门课程依托于文科实验中心来运行，还需要协调整合利用场地、设施等资源，通过论证为模拟审判各门课程的教学提供坚实的物质保障。

经过论证，初步打算将现在正在开展的模拟审判实践教学活动与模拟审判课程体系对接，逐步向模拟审判各门课程教学过渡，在条件成熟的情况下，逐一实现模拟审判各个课程的实际运行。

以往的教学经验已经证实模拟审判是一种较好的理论联系实际的教学形式，是培养学生实际工作知识及基本技能的一个有效的途径，模拟审判教学的课程化，有利于模拟审判教学活动的规范化、固定化，促进模拟审判教学的发展，为造就高质量的法律专业人才发挥更大的作用。

► **参考文献** --

侯晓蕾，田春雷 . 2008. 试论模拟法庭实验教学［J］. 辽宁大学学报（哲学社会科学版），(2)：164-167.

刘潇潇 . 2010. 论高校模拟审判教学模式的构建［J］. 经济与社会发展，(01)：178-181.

马晨清 . 2010. 模拟法庭教学中存在的问题及解决对策［J］. 法制与社会，(下)：221-222.

曲玉萍 . 2013. 模拟审判实验教学探讨［J］. 长春师范学院学报，(03)：127-130.

宋立新．2010．论中国法科生教育中的模拟法庭与法律思维［J］．学理论，(15)：113-116.

王小明，张瀛．2013．法学专业模拟审判教学改革的思考［J］．实验技术与管理，(1)：25-27，32.

吴东镐．2008．论模拟法庭教学方式［J］．吉林师范大学学报（人文社会科学版），(3)：94-96.

鄢焱．2012．浅析模拟审判在法学专业实践教学中的运用——以河南工业大学法学院的做法为考察对象
［J］．教育教学论坛，(37)：65-67.

于晓丽，高云鹏．2008．"模拟法庭"课程设置分析［J］．青岛大学师范学院学报，(4)：87-90.

《知识产权法》
实验教学的探索①

　　法学教育是"以培养大量精通法律、躬身实践的法律人才为根本任务"，而"我国传统的法学教学更多的是注重法学理论的阐释、演绎以及法律条文的注释"，以致造成法学教学脱离实际，"不适应新时期法律职业对法律人才提出的基本要求"。正是在这种背景下，各大法学院校纷纷进行教学改革，强化法学实践教学和开展实验教学就是其中最重要的举措。与法学实践教学的起源不同，"法学实验教学的提法首次出现与本科教育评估期间"，是各个大学在组织申报省级、国家级实验教学示范中心的活动中日益开展起来的。法学实验教学虽然"从形式上看是教育行政主管部门推定的结果"，但鉴于"法学本科教育的特性更加要求这种应用型人才必须加强包括法学实验教学在内的实践教学改革和探索"。"作为 11 个国家级文科综合类实验教学示范中心建设单位之一的北京联合大学应用文科综合实验教学中心"其中就包括了系列法学专业的实验教学平台，为北京联合大学应用文理学院法学专业教学改革提供了强有力的保障。本文结合笔者知识产权法教学经历，在继续加强知识产权法理论教学的同时，拟就知识产权法开展实验教学的必要性、知识产权法实验教学体系的构建以及知识产权实验教学的完善等问题展开讨论，以期更好地开展知识产权法实验教学，真正实现学生在知识产权法理论教学、实验教学与实践教学的互动中掌握知识产权法的精髓。

（一）开展《知识产权法》实验教学的必要性

　　在我国，尽管已经建成不少法学类的国家级实验教学示范中心，但关于法

　　① 本文由北京联合大学应用文理学院副教授李菊丹编写，主要从事知识产权法研究及其教学研究。

学实验教学的界定却鲜有人关注，为此，中南财经政法大学实验教学中心主任王均平教授在通过分析实验教学定义的基础上提出了关于法学实验教学的定义："法学实验教学是在人为控制条件下，让学生通过系列的人际互动、人机互动与实物操作，将特定法学理论和法律规则转化为实践过程，从而让学生体验该理论和规则并培养其法律实践能力的教学活动。"这一定义鲜明地指出了法学实验教学的几个特点，即"人为控制""互动"和"实践"。笔者认为，所谓的法学实验教学就是在教师的设定条件下，让学生互动地参与到具体的法律实践中，从而加深学生对相关法学理论和法律规则认识与理解的教学活动。就实验教学的形式来说，可以是多种多样的，如法律诊所、模拟法庭、模拟仲裁庭、现代企业法律运行实验室等。根据笔者的法学教学经验，正是这种在教师控制下的互动性实践，能够较好地弥补法学理论教学过程中所缺乏的互动性，这种互动性能有效地给予学生检验是否真正理解有关法律规则的机会，从而激发学生参与课堂教学活动的积极性，激发学生的求知欲。就知识产权法而言，实验教学的这种特点也很好地切合了知识产权法教学的需要。

1. 知识产权规则的专门性

"回顾我国近年来各个部门法学的发展状况和它们在社会上的影响，可以发现：《知识产权法》是发展最为迅速、在社会上影响最大的部门法之一"，并且通过各类媒体的报道，"知识产权"已经成为我国近年来社会各界最为耳熟能详的名词之一了，但这并不代表社会公众，包括正在学习法律专业的学生，真正了解知识产权这一名词背后的法律规则。相反，《知识产权法》历来被学生认为是最难学习和掌握的法学课程之一。究其缘由，在于"《知识产权法》中的许多规则与和制度，却恰恰与我们日常生活经验，甚至我们认为理所应当的常识相去甚远"，并且不能将法律专业学生认为最容易理解的民法一般原理应用于《知识产权法》领域。总之，一句话，《知识产权法》有其独特的专门规则。《知识产权法》的这种专门性是由《知识产权法》的保护客体为智力活动成果所决定的。简单地举个例子，某超市为改善顾客购物环境而购买一个正版的音乐唱片进行播放，这一行为在一般人的观念中一定认为是一种合法行为，因为超市只是在使用其合法拥有的财产（光盘）而已。但对于粗略学过《知识产权法》的学生来说，会很迟疑地认为超市的行为似乎构成侵权。之所以说迟疑，是因为对于大多数学过《知识产权法》的学生来说，其仍然很难判定超市的行为到底侵犯了谁的权利，只是感觉到这是一种侵权行为。实际情况是，超市播放光盘的行为属于对光盘音乐的机械表演，对音乐作品进行机械表演的权利属于该作品的作者，超市只有经过作者的许可才能播放该音乐作品。也就是说，超市尽管播放其合法购买的音乐光盘，但仍应当向该音乐作品的词曲作者支付许可费，否则构成著作权侵权。为什么仅向音乐作品的词曲作者付费，而不像音乐光盘的制作者和表演者付费，是由《著作权法》赋予作者、表演者、录音录像制作者等不同的权利所决定的。在《专利法》《商标法》中，这样独特规则同样广泛存在。

2. 知识产权规则的应用性

"《知识产权法》是一门与现实生活和技术发展密切相关的学问"尽管"知识产权（法）的内容庞杂，不同类型的知识产权同质差"，但作为《知识产权法》学的各个分支，无论是《专利法》《著作权法》，还是《商标法》等法律法规，具有一个共同的十分明显的特征，就是相关规则的实践应用性很强。例如，版权法的核心问题之一是关于版权侵权的界定。在各种《知识产权法》教材中，学生很难找到一个关于版权侵权的界定标准，有的只是十分模糊判断规则，如"《著作权法》不保护思想，保护的是关于思想的表达""原作品与被控侵权作品是否存在表述上的相同或实质性相似"等，但在实践中什么是思想，什么是表达，什么是表述相同或者实质性相似，没有统一的标准，都需要在具体的个案中进行判定。也正是在这一意义上，研究《知识产权法》的学者关注更多的是实践的发展，而不是有关《知识产权法》的纯理论研究，对于《知识产权法》的教学也是如此，应从实践应用的角度出发，让学生在相应的实践情形下了解、掌握和运用相关的《知识产权法》规则。

3. 知识产权规则的抽象性

相对于传统的民法主要规范有形物的所有与流转问题不同，《知识产权法》规范的是以作品、发明、商标、商业秘密等为代表的智力活动成果，因此相关则相对于首先接触传统民法的大学本科生来说，具有一定的抽象性，因为很容易将知识产权与含有知识产权的产品相混淆，而且往往用规范有形物的规范套用于知识产权问题。正是知识产权具有无形的特征，知识产权的保护、使用与流转的规则具有鲜明的与有形物的不同的特征。例如，对于有形财产，只要权利人将自己的房屋或汽车等财产看管好就可以防止他人窃取，但对于知识产权来说，作品、专利技术、商标等信息都属于公之于众的信息，权利人根本无法通过自己简单的看管加以有效保护。因此，要保护好知识产权，就必须由法律明确规定权利人对于相关知识产权具有哪些权利，这些权利在未经权利人许可的情况下，任何人不得行使，否则就构成侵权。这就是知识产权是一种法定权利的真正内涵。

知识产权规则，尤其是与传统的民法规则以及人们常识性观念相比，除具有上述特征外，还具有一些非经专业训练就无法理解的特点，比如，知识产权规则具有地域性，知识产权规则会随着特定国家的科技和产业的发展发生变化等特点。知识产权规则所具有的这些特点，使得《知识产权法》这门课程显得深奥而抽象，法学本科学生是无法仅仅通过教师在课堂上的理论讲授就能切实理解和掌握的。唯有在理论授课之外，恰当地安排校内的实验课程和校外的实践课程才能帮助学生领略知识产权法的真正精髓和风采。基于上述考虑，笔者尝试性地进行知识产权法实验课程的探索和设计。

（二）《知识产权法》实验教学体系的建构

一门实验课程的设计与开设应当考虑多种因素的存在，如实验课程的目的、内容与实施机制。就《知识产权法》实验课程而言，笔者认为应详细论证下列内容，首先应该考虑的是该实验课程的设计原则。

1. 实验教学的设计原则

根据知识产权法的教学规律，我们在进行《知识产权法》实验教学的过程中，应遵循其"与理论教学在整个教学过程中相辅相成"，其目的在于"通过它可将知识与技能融合、可把理论知识转化为实际动手能力，从而使学生获得整合知识、寻找规律的能力"。首先，《知识产权法》实验教学应遵循辅助性原则，其课程应以《知识产权法》的理论教学为中心展开设计。对于《知识产权法》的教学来说，理论教学是核心，实验教学起到辅助性的作用，其目的在于通过实验教学强化和加深学生对相关理论知识的理解和掌握，同时提高学生运用理论知识解决实际问题的能力。其次，《知识产权法》实验教学还要强调典型性原则，这是由教学课时的限制所决定的，选择具有典型意义的《版权法》、《专利法》和《商标法》领域的相关案例进行实验。再次，《知识产权法》实验教学应强调学生的自主性，在整个实验过程中，教师起到的是指导作用，必须让学生自主参与实验的全过程。最后，教师在整个实验教学中要对学生进行过程管理，务必使学生做到全员参与和全程参与，否则很容易导致实验教学流于形式。

2. 实验教学的内容安排

依据《知识产权法》的整体教学目标与各个知识产权分支的特点，根据各实验项目所能够实现的学习目标、理论教学的进度及学生的认知能力进行实验项目的设定。教师应根据理论教学的重点和难点以及进行实验项目可行性，设计好实验项目的数据库。学生可以根据教师设定的条件与自身特点选择其中部分项目进行实验。一般来说，《知识产权法》实验项目主要包括《版权法》、《专利法》和《商标法》等实验板块。在条件允许的情况下，还可以增加植物新品种、集成电路布图设计、商业秘密等板块的实验项目，具体内容参见表 30-1。

表 30-1 知识产权法实验项目

实验板块	实验数量/个	实验内容			
《版权法》实验	3～5	版权侵权认定与损失计算（文字作品、绘画作品、计算机软件、模仿讽刺作品等作品侵权案例）	版权典型制度应用（合理使用制度、技术措施保护、直接侵权与间接侵权等案例）	版权许可/转让谈判（版权许可协议的签订与磋商）	版权纠纷模拟审判
《专利法》实验	3～5	专利侵权认定与损失计算	专利申请与无效程序的实施	专利许可/转让谈判（专利许可/转让协议的签订与磋商）	专利纠纷模拟审判
《商标法》实验	3～5	专利侵权认定与损失计算（尤其是商标混淆、驰名商标的认定）	商标申请与无效程序的实施	商标许可/转让谈判（商标许可/转让协议的签订与磋商）	商标纠纷模拟审判

3. 实验教学的实施

《知识产权法》的实验教学不应作为一门实践课程放在期末阶段单独进行，而应穿插于理论教学之中，在教师就相关专业知识完成课堂教学之后，即指导学生实施相应板块的实验。根据以往的教学经验，在上课第一周可以将全班学生进行分组，一般 6～10 人为一组，每组在本学期至少承担一项实验，相应理论板块教学完成后，可以安排一次实验演示课程。各实验由具体承担实验任务的小组进行演示，其余学生进行观摩和提问。实验地点应根据不同的实验内容，分别选择企业运行法律实验室、模拟法庭、模拟仲裁庭和法律诊所等实验室进行演示，以强化实验仿真的效果。

（三）《知识产权法》实验教学的完善措施

近年来，各高校的实践证明，实验教学在促进和提高法学专业人才的实践能力、为学生切实理解和掌握相关理论知识等方面起到了不可忽视的作用。但实验教学作为法学教育改革的一项重要举措，涉及人才培养和教学体系的改革，也涉及教学管理、学生管理、实验室管理和队伍建设等方方面面的变革，仍有许多方面有待不断完善和改进。具体到《知识产权法》的实验教学，笔者根据目前组织和开展实验教学的情况，认为仍然需要在课时分配、师资力量和教学效果的评价机制等方面进行改进，以更好地组织和落实好实验教学，协调好实验教学与理论教学的关系，达到实验教学的应有目的。

首先，实验教学的切实开展缺乏充分的课时支持，建议在修订法学本科培养方案的时候应适当增加该课程的总教学课时。目前的《知识产权法》的教学课时为48学时，根据以往的教学实践，48课时对于《知识产权法》这一有点难度的法学核心课程来说，只能较好地完成理论教学的任务。如果要开展实验教学，就必须利用学生的课外时间，这就大大影响学生参与实验教学的积极性，无法保证实验教学的效果。

其次，要较好地开展《知识产权法》实验教学就必须具有实践经验的教师予以指导，才能更好地使学生在参与实验时具有实战效果。《知识产权法》是一门以应用和实践为基本目标的部门法学，其实验课程的宗旨就是将相关的法律实践融进教学，教师只有亲身经历相关法律实践后才能更好地指导学生的实验。

再次，《知识产权法》实验教学与理论教学的效果评价机制应有所区别，教师应建立实验教学的过程管理制度，实行标准化的考核方式，以更好地考查学生在实验教学中的学习效果。通常来说，与理论教学面对的是学生个体不同，实验教学通常采用学习小组的形式展开，如何把握小组成员全面参与实验，并且恰当考查每个学生的学习效果历来是实验教学的难题之一，也是通常导致实验教学流于形式的关键。笔者发现，要求学生在项目报告中明确各成员的实验任务，要求全员参与项目演示，能够较好地避免部分学生"搭便车"的可能。在项目考核的时候，应小组记分和成员记分分别进行，不能完全以小组成绩作为成员的成绩。成员的成绩应以小组成绩为基础，结合考查学生个体在项目中的作用与项目演示表现进行评价。

此外，还应协调好《知识产权法》理论教学与实验教学的关系，发挥好实验教学作为理论教学的补充作用。尽管不少学者认为实验教学"与理论教学具有同等重要的作用", 但就《知识产权法》教学而言,《知识产权法》的实验教学更多的是为促进学生理解和掌握理论知识, 提高运用理论知识解决实践问题进行设置的, 因此应做好对理论教学的配合工作, 应根据理论教学的进度和知识点来实施实验项目的教学。当然, 教学资源的恰当调配也是保证实验教学顺利开展的一项重要条件。总之,《知识产权法》实验教学的完善也是法学教育改革中的一项系统工程, 只有在教学内容、教学形式、师资力量、实验设施都得到充分保障的前提下, 教师、学生和教学管理者均积极配合的情况下, 才能真正发挥其锻炼学生法律实践能力的作用。

➤── 参考文献 ─────────────────────────────────────

杜承铭 . 2011. 法学实验教学的改革目标与法学实验教学中心建设的实践［A］//杜承铭, 邓世豹, 房文翠 . 法学教育改革与法学实验教学模式探索［C］. 厦门: 厦门大学出版社: 283-287.

李明德 . 2003. 美国知识产权法［M］. 北京: 法律出版社 .

刘平 . 2011. 讲授知识产权法学课程的几点体会［A］//杜承铭, 邓世豹, 房文翠 . 法学教育改革与法学实验教学模式探索［C］. 厦门: 厦门大学出版社: 109-113.

彭新一 . 2011. 文科综合实验教学体系构建研究——华南理工大学文科综合实验教学中心案例［J］. 实验室研究与探索, 30 (9): 1-3.

王海霞 . 2006. 实践性法学教学模式的设计与选择［J］. 通化师范学院学报, (5): 116-118.

王均平, 鲍必功 . 2012. 法学实验教学及其实现［A］//杨建广, 郭天武 . 创新型法学实验教学研究［C］. 北京: 中国法制出版社: 157-167.

王迁 . 2009. 知识产权法教程［M］. 北京: 中国人民大学出版社 .

许均秀, 周树清 . 2008. 法学专业实践性教学模式建构的思考［J］. 中国成人教育, (36): 138-139.

张宝秀, 朱科蓉 . 2013. "文科综合"的内涵与文科综合实践课程体系建设［J］. 实验技术与管理, (1): 18-21.

张彪, 杨凤萍, 潘志明, 等 . 2008. 生物学实验教学课程体系的设计与构建 . 实验室研究与探索, (2): 76-79.

创新型模拟法庭
实验教学的探索与实践[①]

三十一

法学乃经世致用之学，是一门兼具理论性与实践性的学科。因此，法学教育应当也具有二元性，既要注重法学理论的传授与学习，又要重视与加强实践性教学。作为一个完整的法律人才培养体制，法学教育既包括通识教育，又包括职业教育，正确处理二者的关系，是法学教育健康发展的重要前提。当前，法学教育还是无法避免在传统的法学教育模式之下，以理论传授和被动接受为主导，以教师为讲授知识的主体，以学生为接受知识的载体的模式。此种模式忽略了培养学生的实践能力，容易导致法学教育理论与实践脱节，也使学生毕业后不能很快适应社会，动手能力、实操能力不强。为了顺应法学教学转型时期的新目标，根据培养卓越法律人才的新要求，近年来提出了法学实验教学这一概念。作为法学教育新的教学理念与新的教学方式，法学实验教学提倡将实验教学置于与理论教学同等重要的位置，通过加强对在校学生的法律职业教育与能力训练，以情景模拟、教学实验、实务训练等方式，培养出具有优秀思辨能力、法律运用能力和灵活应变能力的复合型、应用型、综合型的卓越法律人才。

（一）内涵与目标：模拟法庭实验教学概述

模拟法庭实验教学，是法学专业学生熟悉法律规定与诉讼程序，了解诉讼活动参与人的权利义务，全面掌握法庭辩论、证据规则、司法文书写作等法律

① 本文为 2013 年广东省高等学校教学质量与教学改革工程本科类重点项目"高校法学实验教学评价改革研究"（杨建广主持）、一般项目"卓越法律人才培养模式改革研究"（郭天武主持）的阶段性成果。本文由中山大学法学实验教学中心实验员李懿艺编写。

职业技能的重要途径与方式。当前的模拟法庭实验教学，有狭义与广义之分。狭义的模拟法庭教学是指以模拟法庭审判为内容，以现实中的法庭审判为参照，由学生亲自担任法官、检察官、当事人、辩护人及其他诉讼参与人等角色，综合运用所学的理论知识、司法技能等，模仿案件运作过程的一种教学方式。广义的模拟法庭教学不仅包括立案、侦查、起诉、审判、执行、代理等多层次的诉讼程序，还包括对普通程序、简易程序、特别程序等各种类型的程序，是一种综合了诉讼程序、法庭辩论、司法文书、证据制作、现代教育技术等各种法律技能与职业能力训练的教学模式。笔者认为，模拟法庭并不能完全等同于模拟审判，模拟审判是模拟法庭教学的重要组成部分，但不能简单地等同于法庭审判，因为模拟法庭既涉及案件实体问题（适用法律），也包含诉讼程序问题（正当程序），还应关注证据规则的适用与司法文书等问题。随着法学实验教学的兴起与发展，模拟法庭所包含的要素更多、内容更加丰富，模拟法庭教学的途径也更加多样化。笔者认为，对模拟法庭教学应当采取广义的解释，将模拟法庭视作具有开放性的教学系统，系统内各个要素（实体、程序、证据、司法文书等）遵循整体性、有序性与协同性原理，模拟法庭教学过程具有很强的自主性、探究性与实践性特征。

模拟法庭的"自主性"强调了以学生为主体，发挥学生自主意志，整个实验过程主要是由学生参与，教师从旁引导。模拟法庭的"探究性"要求学生在模拟法庭中不受案件结论的影响，尽量避免从既定的审判结果来倒退案件所经历的诉讼程序，而是应当根据案件的具体情况和自己模拟的角色来参与到模拟法庭活动中。模拟法庭的"实践性"着眼于促进学生实践能力、法律职业能力的提高，让学生将教科书中的知识灵活运用、活学活用、学以致用，最大限度地激发学生的创造能力与学习热情。

当前的法学教育承载着多重目标，而对此学界也多有争论。笔者认为，应当在精英教育、通识教育和职业教育之间寻找平衡点，不应顾此失彼、本末倒置。在法学教学中体现为复合性、综合性、应用性的教育，在模拟法庭实验教学中，应当体现为以培养学生的"三项能力"为目标，即法律运用能力、法律职业能力、创新能力。

第一，法律运用能力。模拟法庭的目标应当以检验学生对理论掌握的程度为基础，率先贯彻理论教学的观念与主张，将理论学习与亲身实践相结合，培养其理论联系实际的能力、逻辑分析的能力、熟练的法律分析与应用技巧、灵活的应变能力、优秀的语言表达能力和敏捷的法律思维。

第二，法律职业能力。通过模拟法庭实验教学，加深学生对法律职业的了解，树立正确的法律职业价值观、伦理观，使学生具备良好的法律职业道德以及高度的社会正义感。高校应当承担部分职业教学功能，包括训练学生掌握法律分析与推理、法律研究、事实调查、交流咨询、谈判、诉讼等技巧，学会"像法官一样断案""像律师一样辩护与代理"。

第三，创新能力。通过模拟法庭训练，培养学生打破传统，自主探究的创新能力，在教师的指导下，进行独立自主的推理判断，学生自主收集、选择案例素材，准备实验所需要的司法文书，自主组合、选择、分配角色，自主合作、准备资料，自由讨论、参与辩论，甚至自主地进行评价，在自主选择的过程中自始至终发挥一种学习的主动性、创造性。

模拟法庭实验教学是一个具有整体性、有序性、协同性的开放系统，它联结了理论教学与实验教学，包含了实体、程序、证据、辩论、司法文书等多个要素，以课程、项目、比赛等形式，培养学生的法律运用能力、法律职业能力及创新能力，是高校培养合格法律人的重要训练平台（图31-1）。

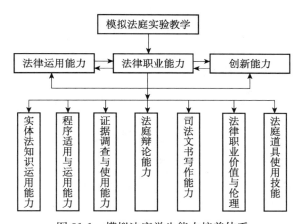

图31-1　模拟法庭学生能力培养体系

（二）问题与反思：传统模拟法庭教学的不足

近年来，我国模拟法庭实验教学日益受到重视，越来越多的法学院校设立独立的模拟法庭课，并将其设置为核心的法学实验课程，设计了相应的实验学分、实验学时，并提供专门的实验场所、道具设备供师生进行实验。但由于法学实验教学仍然属于新生事物，当前的教学理念、教学方法容易受制于传统的教学观念与教学模式，还存在很多不完善之处。

1. 形式演练有余，实质对抗不足

当前的模拟法庭教学仍然存在过于注重形式演练，忽略培养学生实质对抗的能力的问题。这主要体现在以下两个方面：

第一，在模拟法庭教学环节，主要着眼于还原当前司法实务中的庭审现场，较少关注未来法庭庭审模式的发展趋势与走向。我国的刑事诉讼曾长期处于超职权主义原则的指导下，从侦查到生成有效判决的过程，形成了以线性结构和卷宗中心主义为基本特征的职权主义诉讼模式。当前的模拟法庭更多地以模仿现实中的庭审为主，习惯全然照搬法庭的一整套程序，甚少出现具实质性的法庭对抗，教师较少引导学生思考相关的问题，如当前庭审是否是最优的设置？程序是否已然是最优的选择？法庭质证是否足够充分？司法文书是否已经是最优的成品？等等。显然，从司法实践来看，此种改良的职权主义诉讼模式并不是当前最优的选择，并生出很多弊端。笔者认为，模拟法庭实验教学也应紧贴司法实务中的新要求，例如，模拟法庭教学可以紧抓 2013 年修订的《刑事诉讼法》的新契机进行一些超前的探索，思考、研究并积极寻求符合我国实际情况的对抗制诉讼模式，探索增强庭审实质对抗的程序，并得出一些针对当前弊端的改革建议，真正有益于当前的司法实践。

第二，在模拟法庭演练环节，存在过度关注形式演练的问题，笔者将其归纳为"以预设的庭审表演为中心"的教学模式。该教学模式预设了整个模拟法庭的过程，学生按照组内分工进行以角色表演为中心的庭审，专设一名或数名"导演""编剧"作为案例演练的总指挥，在此过程中，学生对模拟法庭实践课程投放的主要精力，在于上演一场事先已经反复排演，每一句话甚至精确到每一个眼神、每一个动作，整个法庭现场就是一个大剧场，没有唇枪舌剑，也没有剑拔弩张，庭审过程无异于一部沉闷的"话剧"。该教学模式下，学生更多地进行体验性的庭审活动，没有即时的现场感；相较"以预设的庭审表演为中心"的教学模式，理想中的实战型模拟法庭教学模式则更注重自主性、探究性与实践性，该教学模式下各方没有实行事前的沟通，可即兴地在现场直接进行模拟性的对抗演练，演练的目的在于锻炼学生运用法律知识解决实际问题的能力，以及在法庭上进行实践中庭审对抗的能力。

2. 忽略对证据的可采性进行实质性的探讨

证据之所以成为证据，应当具备客观性、关联性与合法性。当前的模拟法庭教学，过于重视证据的合法性问题，即在法庭调查、法庭辩论中的举证、质

证阶段，对证据的合法性探讨较多，相对而言，证据的可采性（或是证据的相关性、客观性）方面鲜有关注。包括对非法证据、瑕疵证据、各种证据规则的适用、被追诉人的对质权的权利保护等方面更是鲜有关注，也未在模拟法庭中有所体现。诚如学者所言，"调查证据的能力，表现为在特定的案件中确定证据收集的方向、搜集证据的性质和种类、搜集证据的技巧和对证据收集过程中出现问题的判断和解决这些问题的技能等"。现代司法实务中，证据往往是庭审胜负的关键。证据的数量、质量，以及质证能力的强弱直接关乎结果的走向，因此，对学生质证能力的培养，不能停留在形式的合法性上，还应当注意在证据的可采性方面进行探索性的创新与实践。教师应引导学生在质证阶段充分论述证据与待证事实之间的关联性，重点关注证据之间的相互印证性，不断加强质证过程的逻辑性和条理性，发挥出法律人应有的思维优势和职业特点。

3. 关注庭审程序有余，对司法文书训练不足

当前的模拟法庭过于关注"热闹"的程序而忽视了相对"沉默"的司法文书写作训练。当前的模拟法庭实验教学容易忽略了实体、程序、证据、司法文书等诸要素的协同性，参与模拟法庭的学生往往特别重视对程序的模拟，从开庭、法庭调查、法庭辩论等诉讼程序中，各诉讼参与人的语言、行为与动作，均依照庭审程序一板一眼、有条不紊、滴水不漏。相比较而言，学生对法庭上使用的文书则相对没有那么重视。法庭上使用的司法文书种类、格式规范、文书内容等不一定能得到充分训练，出了错也不一定能够被及时指出。至于庭审上对所采用的司法文书是否妥当、为什么采用此种司法文书也绝少被讨论。

4. 过于注重庭审程序，对其他程序的关注不足

一方面，当前的模拟法庭更多的是对法庭审判进行模拟实验，对于法庭审判以外的其他程序包括刑事诉讼中的立案程序、侦查程序、起诉程序、特别程序如未成年人犯罪的相关程序关注不足，忽略了模拟法庭的完整性；另一方面，模拟法庭一般选取的案件中刑事诉讼较多，民事诉讼较少，行政诉讼几乎没有。刑法中的自由裁量权较少，法条比较严谨容易适用，刑事诉讼程序简单明了，容易操作。民法涉及的利益纠葛以及我国民商事法律还较为欠缺，法律适用困难，而行政诉讼很难"打官司"。

（三）拓展与创新：构建"以实践中的庭审对抗为中心"的模拟法庭实验教学

传统的模拟法庭教学过多注重表演，以事先排练的方式预先排演案件审理过程，传统的"以预设的庭审表演为中心"的教学模式容易让学生将庭审理解成为"走走过场""演演戏"的刻板印象，容易造成学生的"现场感"不强，理论知识僵化，不能解决实践中遇到的问题等弊端。创新型模拟法庭实验教学模式改革，应当引导当前的"以预设的庭审表现为中心"教学模式向"以实践中的庭审对抗为中心"教学模式转变，强调从培养学生的法律运用能力、法律职业能力与创新能力为目标，坚持构建"以实践中的庭审对抗为中心"教学模式，通过庭审对抗、诉讼类型化训练、证据制作与司法文书、模拟法庭项目、模拟法庭大赛等形式，培养学生熟练的法律分析和应用技巧、灵活的应变能力、优秀的语言表达能力和敏捷的法律思维、良好的职业道德以及高度的社会正义感。应当强调的是，模拟法庭实验教学的重心落在"法庭"实践之上，即学生对法庭庭审的实践性体验，而非"模拟"本身，即不能根据预先的安排进行表演。正如有学者所说，"向实践学习并不等同于机械地向所有的实践学习，而应是向实践的精华学习，向正确的、经过实践检验的并切实可行的实践去学习，应当学习实践的经验，而不是对实践的简单模仿"。应当强调的是，教师应当引导学生学习并掌握如何对案件进行有益的重塑与创造，学会利用逻辑思维去辩证思考、推理判断、尝试驾驭或控制案情的走向，学会锻炼自身法律职业能力，包括法庭辩论、文书写作、程序适用、道具使用等等，均要经过训练，达到掌握与运用的程度。

1. 引入对抗制理念，多途径展开庭审对抗

随着司法制度中当事人主义因素不断渗入到庭审程序的具体制度设计，法官在庭审中的干预逐步减少，诉讼各方通过庭上的举证、质证、辩论影响庭审程序和实体判决结果的情况日益增多。相应的，高校中的模拟法庭教学实践应当敏锐捕捉并积极回应这一现实变化，引导学生关注转型时期庭审程序的各个关键细节，使模拟法庭真正成为学生迈向现实法庭的训练场。实验教师可以通过转变观念、案件选择、庭前程序、权利义务、证据制作、司法文书、效果评价等方式对模拟法庭实验进行引导与控制，促使以实践中的真实庭审对抗为中心开展模拟法庭教学。

第一，转变教学理念，优化教学案件的选择。一方面，教师应引导学生转变对我国传统庭审模式的认识，引入对抗制理念，确立控辩平等原则。首先，应当保证被告人与公诉人的地位平等，模拟法庭更多地进行的是开庭审理部分的模拟训练，因此，控辩平等主要体现在公诉人的地位与被告人地位平等，同时允许被害人作为参与审判的一方接受法庭调查或者控辩双方的质询。其次，法官的角色也从主动追求客观真实者转变为消极中立的判断者，而不再是主导整个庭审过程。再次，在法庭调查阶段，法官应更多地根据控辩双方提出的证据来中立地判断。最后，律师权利也得以行使更充分，根据刑事诉讼法的新修改，律师在侦查阶段会见当事人的权利放宽，在法庭上也可以与公诉人平起平坐，就焦点问题充分发表自己的意见。另一方面，优化庭审案件的选择。教师可以引导学生对社会的热点案例和近期最高法院案例指导中的典型案例进行必要的改编，特别是对证据和案情的设计，使其在富有我国的典型意义和时代特征的同时，在事实认定和法律适用方面进一步加强复杂性和争议性，以保证庭审过程能够融入更多的对抗因素；可依靠先进的现代教育技术，建立模拟法庭案例库，由教师收集、设计或改编能够体现实践中的庭审对抗的一批教学案例。

第二，探索庭前准备的新内涵。相较于目前相当一部分参与模拟法庭的学生担任一些锻炼程度不大的角色（如旁听观众、法警等），可以考虑开拓以庭前会议的新方式来提高参与的实效。一方面，拓宽庭前准备的范畴。广义范围的庭前准备，不仅包括法官的庭前会议，还有公诉人、辩护人、代理人的庭前准备。将学生划分为法官组、检察官组、律师组，让学生自由选择自己参加的组别，然后，各个小组组织庭前准备活动，集思广益。这样既可以消化吸收表演性过于强而实战性不足的学生，真真正正实现"全民参与"；又可以大大拓宽学生增强模拟法庭的各方面能力。此外，也可以通过加强庭前证据交换来保证庭审对抗性。教师应向学生充分论述证据与待证事实之间的关联性，重点关注证据之间的相互印证性，并主动引领学生转换准备的方式。比如，让学生从一次次的排练变成多次的庭前证据交换；要求学生在法庭上脱稿进行，鼓励学生根据现场的情况即时进行诉讼策略和质证方式上的应变和调整，锻炼学生即场进行法律运用、法律分析、法庭辩论的能力。

第三，加强法庭辩论训练，强调证据的重要性。模拟法庭不仅应当注重培养学生对程序的掌握与控制，还应当注重对学生的言词能力与证据能力进行综合训练。正如学者所言，"刑事审判是一个高度技巧化的竞技场。在这里，公诉人的机智、被告人的黠猾、审判长的威严都能得到淋漓尽致的体现。刑事审判又是一个和文明程度息息相关的剧场，在这里，被告人获得尊重的程度和一个社会的文明程度几乎是一脉相承的。刑事审判还可以是一个热闹纷繁的广场，在这里，尘世的喧嚣、公众的情感、法律的理性，均可以得到尽情地宣泄。"一方面，要加强学生的辩证思维与辩论能力。不一定要达到唇枪舌剑、巧舌如簧的效果，但是基本的说理、论证、谈判、调解等技巧应当通过模拟法庭的训练而掌握；另一方面，应当强调证据的重要性，对于法庭调查阶段对证据的调查、证据的开示、举证、认证、质证等诉讼环节，均应当通过创新的模拟法庭改革而得到充分的锻炼。

第四，明确诉讼角色履行权利义务的新内容。教师应引导学生探索不同诉讼角色所需履行的权利与义务，重点对法官澄清义务、检察官客观义务、被告人告知权、对质权、程序选择权等设置有针对性的实验与练习。

第五，加强对庭审司法文书的训练。教师应当适当增加证据制作实验环节，如物证提取、痕迹鉴定、现场侦查、文书制作等。在同一学期开设司法文书课程，在刑事诉讼法课程中增加刑事侦查实验环节，提高学生的司法文书写作技能、刑事侦查知识。司法文书是法律运用的重要依据，是明确当事人权利义务的必要说明，是反映司法活动的全面记录，同时是法制宣传的重要教材。在模拟法庭实验教学过程中，应当注重实体、程序与文书各个要素之间的协同互动，应用"以实践中司法文书的形成为中心"的教学模式，以个案带动司法文书整体协作的方式，以发生在身边社会影响较大的案件，引领学生以该案的进展为主线，循序渐进地训练该案的一系列重要的司法文书，从呈请立案报告书到逮捕证、侦查终结报告书、起诉意见书，到起诉书，到辩护词、庭审笔录、一审判决书，到上诉状、二审辩护词、二审裁定书，再到复核裁定书等，围绕该案将我国司法实践中的一般案件从立案、侦查到起诉、一审、二审到执行的整个司法流程相关的典型司法文书都系统地训练，通过紧密结合实践的生动直观的教学方式让学生不但熟悉司法文书的写作，而且熟悉司法实践的运作，很好地做到理论与实践的融合。

第六，完善教学效果评价机制。通过设置合理的教学效果评价机制，有利于推进"以实践中的庭审对抗为中心"教学模式。笔者认为，可通过阶段评分的办法，采取现场表现评分和庭后总结评分相结合的方式。一方面，由指导教师对学生在庭审中的表现进行综合评分，评分标准主要围绕是否有效实行了庭审对抗，可就证据问题、程序问题、司法文书、辩论能力等数个重要方面进行评分。另一方面，要求参与学生在庭审结束后撰写实验报告，并分别由个人、小组、教师进行评分。将两个分数按一定比例综合成学生的最终得分。小组及教师评分时，应基于对学生团结协作意识的鼓励与组内公平的考虑，进行差异性评价，对于临场应变能力强，凸显思辨意识和对抗能力的同学给予一定加分奖励，反之做出适当扣分的处理。这种评价模式也能够激发对抗制的精髓和内核在实践中真实地展现。

2. 模拟案件类型化，拓展教学内容的广度与深度

当前的模拟法庭实验教学较为单一、过于集中，体现在：第一，更多地模拟刑事诉讼案件，对于民事案件、行政案件模拟法庭的教学关注度不够。第二，案件程序多数集中为普通程序，对于简易程序、特别程序等涉及不多。第三，更多地集中在审判程序上，对于侦查、起诉、执行等程序训练不多。因此，笔者认为，应当将模拟法庭实验教学中的案件进行类型化，同时拓宽模拟实验的广度与深度。

模拟法庭适用的案件应当作类型化处理。按照诉讼类型划分，可分为模拟刑事诉讼实验、模拟民事诉讼实验、模拟行政诉讼实验；按照诉讼程序所处的阶段划分，可分为模拟立案实验、模拟侦查实验、模拟起诉实验、模拟审判实验、模拟执行实验、模拟代理实验、模拟调解实验与模拟会见当事人实验；按照诉讼程序类型划分，可分为模拟普通程序、模拟简易程序、模拟特别程序。笔者所在的法学实验教学中心，采取了对案件类型化的分类模拟方式。在实验课程方面，开设了模拟刑事诉讼实验课程、模拟民事诉讼实验课程，并就模拟少年审判实验做了有益的尝试。在教学场地方面，专门设置了模拟法庭、模拟少年审判庭、模拟劳动仲裁庭、模拟国际民商事仲裁庭等独立的实验室，让学生了解与掌握在不同类型的案件中庭审程序的异同，及时掌握各种程序的特点与处理方式。

模拟法庭教学应当结合学科实际，努力拓宽教学内容的广度与深度。一方面，对案件演练可以片段化、碎片化，精简至法庭辩论阶段，这样能够高效、最大化地让学生多接触不同的案件类型。另一方面，相应着重对一样或几样程序进行有重点地实验，针对某项程序的某个问题进行重点训练，加深学生对程序设置或司法文书写作的理解。例如，可以创设机制，将法庭调查变成多次的庭前证据交换，这样既能够避免学生利用庭前时间进行一次次刻板演练，又能够节省庭审实践，最大限度地提高模拟庭审的效率。

3. 诉讼环节精细化，设计可控的模拟法庭实验教学模式

作为法学实验教学的重要实验室之一，可以通过对模拟法庭各个诉讼环节的精细化处理，以诉讼环节作为变量，设计出可控的法学实验教学模式。模拟

法庭是作为对真实司法的模仿与参照，具有可选择性与可逆性，并不会产生真实的司法后果，因此可以讲模拟法庭作为模拟诉讼运行全过程的实验室，通过赋予参与人不同变量来模拟实际可能发生的情况，来考量某一程序的设置、法律的规定或政策的导向为司法实践所带来的影响。

例如，在探讨刑讯逼供对判决可能产生的影响这一问题时，我们可以在不告知模拟法庭诉讼各方的前提下单独令犯罪嫌疑人当庭提出刑讯逼供的问题，以此观察模拟法庭诉讼各方对此的反应。又如，我们在讨论批评审判委员会存在的正当性的问题时，可以让学生法官亲身感受一下假如没有审判委员会时自己独立做出判决的难度大小，从而可以得出对审判委员会的存废问题一些更贴近实践、更加深入的理解。

除了可以利用可控的模拟法庭实验来探索未知，还可以用其检验已知的理论是否正当。例如，法律经济学能否在我国目前引入审判领域，完全可以尝试在模拟法庭中利用法经济学的数学模型来进行分析与判决，从而观察模拟法庭诉讼各方的法庭策略变化，以及审理者的心证。凡此种种社会科学性质的实验，虽然不可能在现实中都经历，但我们可以在我们可控的模拟法庭中加以实验。

4. 适当运用现代教育技术，跨学科、跨地区开展模拟法庭实验教学

教育技术在教育教学中的应用，优化了教学过程，已经成为除教师、学生、教材等传统教学过程基本要素之外的第四要素。模拟法庭教学过程中适当运用现代化教育技术，能够增强模拟法庭的真实性、对抗性，增强模拟法庭教学的参与面与张力，还可以开展普法宣传教育。"现代教育传播媒体可以以近乎实际的形式，逼真、系统地呈示各种动态事物，为学习者提供生动具体的事物形象。它所提供的活动图像不受时间、空间因素的限制，既能显示肉眼无法看到的微观世界，也能将浩瀚宇宙尽收眼底。利用多种媒体组合教学，往往可以产生"1＋1＞2"的效果，从而提高教育信息的传输效率。"正是由于现代教育技术提供远程视证、同步录播等教学手段，促进了模拟法庭教学形式的多元化与立体化，主要体现为以下几个方面。

第一，跨学科开展模拟法庭实验教学，扩大了模拟法庭参与面，加深模拟法庭的影响力。先进的远程实证教育技术让法学学科及相关专业的学生均能够无障碍地参与模拟法庭。除了法学专业学生担任各诉讼参与人的角色，法医学、会计学、心理学等专业学生均可就自己专业知识担任模拟法庭的角色。例如，法医学专业的学生可以就法医病理方面的鉴定结论担任证人出庭作证，会计学专业的学生可就会计账簿的真伪方面担任专家证人，等等。这不仅增强了不同

学科专业之间学生的互动与交流，有力促进了学科融合，还极大地扩大了模拟法庭的参与面与影响力，使模拟法庭更具通识性、普及性。

第二，跨地区开展模拟法庭实验教学，能够提高实验教学效率，并可连通真实的庭审现场。目前不少高校均是多校区建设，每个校区均有不同年级的学生，借助较为先进的远程视讯系统能够极大地缩短距离，提高实验教学效率。笔者所在的法学实验教学中心，依托校内法学专业与法医学专业建设，共享资源，优势互补，积极合作，共建法学实验教学中心。在模拟法庭课程中，既有法学专业的学生参与课程，又有法医系专业的学生参与到模拟案件审理过程中，担任鉴定人、专家证人的角色，以专业的法医知识、鉴定知识出庭作证。同时，依靠中心安装的远程实时审判现场教学系统进行远程的视讯交流。如此安排，既能够检验法医系学生对专业理论知识的掌握程度，又让法学专业学生增加了专业知识、拓宽了视野，真正实现了跨学科、跨专业、跨校区的远程视证，做到学科间的优势互补。此种做法在国内尚属初次尝试，值得继续探索与推广。

此外，模拟法庭还可以通过网络与国外高校或司法实务部门进行远程旁听或远程教学，例如，与美国高校共上刑事诉讼法课程，与地方法院进行远程网络视频连接，实现网络庭审直播、网络旁听。

5. 以模拟法庭课程为中心，促进模拟实验、实验项目与竞赛的开展

模拟法庭教学是一个动态的、系统的、立体的教学系统，它能以点带面，不断拓展。法学专业本科中高年级的学生主要是通过模拟法庭课程体验庭审的现场感；在本科高年级或研究生阶段，学生可进行自主创新、自主设计实验、自主申请项目或者自行组织实践竞赛等。此种"以点带面"的方式，能够整体地、系统地、协同地进行相关活动，实验项目与学科竞赛就是学生成果的孵化器。

首先，通过模拟法庭促进法学实验教学的开展。模拟法庭是法学实验教学的重要组成部分，从模拟法庭可以衍生出多个实验课程、实验与项目，包括模拟少年审判庭、模拟劳动仲裁实验、模拟国际民商事仲裁实验、法律诊所、司法文书写作等方面，不断丰富实验教学的内容。

其次，通过模拟法庭实验教学促进创新型实验项目的开展。模拟法庭课程培养了学生法律运用能力、法律职业能力以及创新能力，为创新型实验项目提供了实践基础。笔者所在的法学实验教学中心，建立并完善了创新型法学实验教学项目孵化机制，引导学生自主承担探究性实验项目。例如，学生依托模拟法庭课程，制作了模拟法庭操作指南、制定了模拟诉讼程序规则、研发了法院

信息管理系统、建立了法学教学典型案例数据库、亲自设计了诉讼服饰道具观摩馆，等等，很好地展现了学生的创新精神与较强的实践能力。

最后，通过模拟法庭实验教学促进相关竞赛的开展。模拟法庭能够为学校参加各类专业大赛输送思维活跃、专业素质高、综合能力强的优秀学生，取得优异的教学成绩。笔者所在的法学实验教学中心，充分利用具有示范性的教学模式、教学方式、教学场地等条件，培养出的学生参加中国国际刑事法院模拟竞赛、"理律杯"全国高校模拟法庭大赛、"胜伦杯"广东省法律院校辩论赛中屡获奖项，并成功联合广东省 12 所法学院校，承办了广东省首届大学生模拟法庭大赛，取得了良好的效果与优异的成绩；此外，中心培养的学生组队参加了由国际刑事法院主办的 2013 年国际刑事法院审判竞赛（中文）国际决赛，在激烈角逐中脱颖而出，勇夺国际冠军，队员王巍荣获决赛中唯一的最佳辩手奖（图 31-2）。

图 31-2　模拟法庭实验教学创新体系图

（四）结语

模拟法庭教学是法学理论教学与法学实验教学相结合所催生的重要教学方式。我国目前大部分法学院系已经开设模拟法庭等实践教学的课程，这种不同于以往的课程也受到了普遍的肯定。当下实行的模拟法庭教学固然有其自身的价值，但同时也面临着改革的需要。随着司法改革重视借鉴英美法系制度，当事人主义因素不断渗入到庭审程序的具体制度设计中，法官在庭审中的干预逐步减少，诉讼双方庭上的举证质证情况对庭审程序和实体判决结果发挥出日趋重要的作用，对抗制必将成为诉讼的核心制度。因此，在模拟法庭教学中，必须注重培养学生的法律运用能力、法律职业能力与创新能力，让学生能够熟悉对抗制的理念、程序以及规则，从而为其在日后的法律实务中能够真正地对抗起来做好职业前的准备。

参考文献

程龙.2008.关于模拟法庭缺陷的分析和未来的展望 [J].法制与社会，(8)：1-5.

房文翠.2003.法律职业技能及培养途径 [J].现代法学，1：128-131.

顾明远.1998.教育技术学和21世纪教育 [A] //.学校教育现代化建设 [C].北京：中央广播电视大学出版社.

霍宪丹.2002.法律职业的特征与法学教育的二元结构 [J].法律适用，4：10-13.

龙宗智.2001.刑事庭审制度研究 [M].北京：中国政法大学出版社.

邵俊武.2003.对我国法学本科教育实践性教学的思考 [J].汕头大学学报（人文社会科学版），1：73-78.

吴西彬.2007.模拟法庭教学效果评价 [J].教育评论，2007.

谢进杰.2012.迈向'以实践中司法文书的形成为中心'的教学模式——司法文书课程实验教学模式改革研究报告 [A] //杨建广，郭天武.创新型法学实验教学研究 [C].广州：中国法制出版社：95.

杨建广，骆梅芬.1996.法治系统工程 [M].广州：中山大学出版社，69-93.

易延友.2010.证人出庭与刑事被告人对质权的保障 [J].中国社会科学，2：160-163.

张剑平.2006.现代教育技术——理论与应用.第2版 [M].北京：高等教育出版社：68-69.

外语实验教学环境下的语义网应用研究①

将动态学习者社区的构建、演化和反馈机理的研究建立在云计算的语义网环境中，使研究成果能迅速适应社会和技术发展的需要；既能将基于语义网的知识、资源组织和整合策略用于改善我国教育资源整合，及时地让受物理校区、地理区域或传统互联网逻辑区域限制的资源更好地适应泛在网络或泛在学习需要，又能将基于语义网的动态学习者社区模型用于通过有目的、有意识的社区构建、演化和反馈引导等方式，为优化教学行为、繁荣高效率的教学方式提供服务，最终让无处不在的信息资源和知识为无处不在的学习需求提供服务。

（一）外语实验教学环境下的新一代语义网应用和发展研究意义

虽然人们从不否认外语实验教学环境下的新一代语义网是未来互联网发展的趋势，但历时十年的语义网的研究却并没有像1991年出现的 Web 那样飞速发展，主要原因如下。

1. 过于偏向理论和技术规范的研究

在早期语义网的研究中，W3C 和高校将注意力集中于技术规范的制定，提出了语义网的七层方案，并致力于在每一层中制定相应的标准。语义网技术规范集非常复杂，使得一些实验室的方法根本无法有效地推广到实际的 Web 应用中去。例如，标准强调逻辑层必须具备准确和完备的推理能力，而事实上许多

① 本文由北京邮电大学国家级实验教学中心国家级语言实验教学中心主任范姣莲编写，主要从事实验室教学及实验室管理的研究。

语义网应用仅需用到元数据，同时语义网应是多技术的融合，而非以逻辑推理为主。

2. 对用户应具备能力的要求过高，致使受众面小、可推广性不足

本体建模和标注是语义网的核心技术。现有的语义网技术规范通常假设用户能进行本体建模，如区分概念、关系和实例等，并能使用本体编辑器或某些标注工具来提供元数据，以至于从事语义网相关产品研发的公司也不少，但却过于集中于一些特殊行业，如生物制药、医学、出版等大型企业和研究机构。这些从特定用户、特殊案例中得到的经验，也仅适用于小范围的目标用户，难以推广到广大的普通 Web 用户中。

3. 忽视现实数据的异构、低质量和多来源特点

源于实验室的规范，是一种 Web 科学而非 Web 工程，过于要求实验数据的来源、质量等都是符合规范的。然而，现实的 Web 应用环境中，异构并夹杂错误的数据较为常见，不符合标注规范或标注不准确等问题时有发生，现有的语义网技术无论从技术规范还是从新技术融合的角度，都未曾考虑数据多来源、异构和低质量的问题。

4. 语义网的实现对技术的综合运用不足

语义网的实现，应当是包括信息检索、机器学习、自然语言处理、数据库等的多技术融合，但目前的语义网技术实现时除本体模型中对自然语言处理、数据库技术运用外，过于依赖规则和逻辑推理，同时强调采用本体映射的方式处理来源异构的数据集，却鲜有对统计机器学习、信息检索的综合运用，以至于无论在语义标注还是在应用阶段上，都存在较大的束缚，需要大量的人工干预。

事实上，到目前为止对语义网的应用研究还采用的是一种自上而下规划技术发展的模式，背离了通过应用需求驱动技术发展的正常模式。而无论是 Web 1.0 时期产生的雅虎和谷歌，还是 Web 2.0 时期产生的 Facebook，都遵循了后者，将应用和技术相结合在互联网上创造了历史。那么，Web 3.0 时代的语义网也必不例外。所以对外语实验教学环境下的新一代语义网应用和发展模式的研究，有利于推动技术革新、扩大应用范围。

同时，经调研发现我国高校外语教学主要存在三方面问题：①忽视对教学资源（异构媒体资源，如教程文本、图像及听力音频等）的组织与管理。虽然

外语教育资源极为丰富，但这些资源彼此间的孤立及封闭性，使得资源不能共享，学习资源、教育信息、高级的个性化功能往往成为信息孤岛，长期处于重复开发的状态。②学生在自主学习的各个环节中对教师的依赖性仍然很强。由于普遍缺乏自我计划、自我管理以及明确的学习目标，导致网络学习效率低、效果差。③形成性评估缺乏合理的、有效的、翔实的数据，难以发现学生个体化的差异，无法实现有针对性的个性化教学。

因此，本文拟以高校外语教学中的异源、异构与非一致资源的个性化集成应用为背景，通过搭建语义网环境实验床，对包括外语教程、课件、词汇、语句、篇章、图像及听力音频等各类资源进行规范标注，引入新的教学模式和新兴应用，构建语义网环境下有效的多技术融合框架。在自下而上研究语义网技术对高校外语教学资源、教学模式与协同自组织学习行为优化的同时，探索语义网自身相关技术的改进及应用、发展和有效的推广模式。

（二）外语实验教学环境下的新一代语义网应用价值

外语实验教学环境下的新一代语义网应用价值主要价值体现如下。

1. 服务群体庞大

众所周知，高校外语教育是我国外语教育的重要组成部分。根据教育部统计，截止到 2010 年年底，我国共有本科院校 1090 所、研究生培养单位 796 个，这提供了一个规模极其庞大的外语学习群体。外语是关系到每一位大学生的重要基础课，无论是本科生、硕士生还是博士生，都需要学习英语或其他语种。外语教学涉及面广、影响大、任务重，如何利用网络来提高外语教育的个性化和效率，多年来一直都是备受关注的焦点，而对于语义网的开发应用研究正是解决此问题的关键所在。

2. 符合高校对外语教学资源整合、个性化、协同性学习的需求

随着我国扩大教育规模、提高教育质量、增强办学效益、建立终身教育体系、办好教育的重大战略措施开始实施，国家开始大力发展现代远程教育，并且以"网络建设是基础，资源建设是核心，教学应用是目的，管理服务是保证"作为方针。为了提供急需的、成系列的优质网上教学资源，国家开展实施了一系列的相关项目。例如，教育部高等教育司的"新世纪网络课程建设工程项目"，教育部师范教育司的"中小学教师继续教育网络课程开发重大项目"，教

育部职业教育与成人教育司的"现代远程中等职业教育与成人教育资源建设项目"，教育部高等教育司的"网络教育统考网上考试系统与题库建设项目"和"高等学校教学质量与教学改革工程"中的精品课程建设、大学外语教学系统建设等。

但是，高效的教学资源整合及网络化建设目标不能被局限地认为是资源上网、信息发布，这种传统的资源整合模式是一种单向的"教学资源—学生"的广播模式。在该模式下，学生必须借助传统搜索引擎，低效地寻找（因为传统搜索引擎采用的是一种简单、不区分目标用户真正需求的资源单向"推（push）"的工作模式）和手工进行有用信息的提取和组织，并不能体现以学生为中心、学生主动按需有效提取和个性化整合资源的需要，以至于外语教学资源重复建设，低水平建设，缺乏可重用性、互操作性和可组织性。虽然学习技术标准的提出使学习资源的重用与管理成为可能，但更多的是局限于某一类学习管理系统内部，而不同的学习管理系统之间依然缺乏互操作机制。同时，更具教育意义的用户资料和学习策略、学习活动等目前仍难以迁移和重用，建设观念亟待由"资源"向"服务"转变，而对语义网的开发应用能有效地为外语教学提供个性化、自主性和协同学习支持。

不仅如此，在外语教学资源以外的其他各类互联网上的信息资源整合也存在同样的问题，因此可以通过语义网技术对外语教学资源的标注与整合，为教学活动的教师主体、学生主体之间提供更优化便捷的信息获取渠道，促进学习兴趣社区的形成，推而广之地为其他同样具有多来源、异构资源整合提供建设性的方案和建议。

3. 实现新技术的融合

高校外语教育资源丰富多样，囊括了文本、图像、音频及视频等各类信息，因此需要一种有效的方式对分散、松散、多样且动态性极强的资源进行标注、整合和集成。首先，将丰富多样的媒体资源进行标注，除可以增强信息检索的准确率之外，更可有效地将图像内容检索、跨媒体检索等技术引入，同时结合本体构建技术，为信息资源发布、自主学习提供便利。其次，自组织、协作式学习是将来教学的一个趋势。高校师生在获取资源的时候，语义网代理可通过统计机器学习技术，迅速发现具有社会属性的资源偏好群体，帮助师生建立多个兴趣社区，更容易实现交流、分享与协作。另外，除了以虚拟社区的模式提供高效的资源共享外，高校作为手机网民聚集区，也为一定范围内以语义网为基础，开展基于位置服务（LBS）的外语学习、知识共享经验传递等方面的研究提供良好的实验环境。

4. 首次开展将语义网作用于高校外语教学资源及教学活动方面的研究

如前所述，当前关于语义网的应用研究主要集中在生物信息、医药、出版及用于新闻挖掘的语义检索领域。在教育领域，仅有少数国外大学从事受众面极窄的应用研究，如澳大利亚卧龙岗大学基于语义网技术优化专题课堂学习时的网页资源，西班牙穆尔西亚大学设计本体用于分析学生对课堂教学评价以及荷兰的开放大学将语义技术用于具有一定导向能力的在线学习等，尚未发现有将语义网用于推动高校外语教学的相关研究。

而此时，项目团队在外语资源标注及语义网技术相关领域有较强的前期研究基础。目前已经在双语标注方面完成超过 20 万个英汉词条（约 2500 万字），以及超过 65 万个英汉句对（约 5000 万字）的平行语料库等，在外语教学资源标注方面，已经迈出坚实的一步。同时，理工高校聚集了大量追随新技术的人群，可为语义网技术研究和测试提供新的思路、技术和最直接的测试反馈，确保语义网的应用研究顺利进行。

5. 以高校外语教学需求为背景，进一步推动语义网的多技术综合应用、推广及发展

通过语义网技术与高校外语教学环节的融合，一方面用语义网技术推动外语教学过程中的资源组织优化、教学活动任务化、学习活动的个性化和自组织化，建立更为有效的师生沟通桥梁；另一方面高校外语教学环境典型的多样化需求可直接推动对语义网研究的多技术综合框架的研究。高校外语教学受众面极广，为语义网自下而上地进行应用、推广及发展研究提供有力的支持。

（三）外语实验教学环境下的新一代语义网的预期目标

外语实验教学环境下的新一代语义网的预期目标是以语义网应用为主，相关技术创新为辅，既要填补研究空白，又要防止重复建设。语义网已经实现了在某些领域的应用，如数据库文献检索、图书馆管理系统等。但将语义网技术应用于大学外语教学，在国内，甚至国际都尚属首次。因此，笔者根据北京邮电大学、上海外国语大学等一线大学外语老师的教学实践和调研结果，全面获取当前大学外语教学及学习系统不足及改进需求，利用语义网的技术优势，最终建立一个个性化大学外语网络学习服务系统。

应用性目标：

（1）建立适于高校外语教学应用需求（含网络课件、网络测试、词典结构、内容描述以及双语平行句对等）的资源语义标注体系，以及灵活开放的元数据管理平台。

（2）建立基于态度和级差的观点语篇体裁的本体模型。

（3）基于语义网技术，构建基于用户需求的智能、开放、个性化大学外语网络自主学习系统框架，实现即时效果检验的动态教学评估体系。

（4）搭建语义网与传统互联网可融合的异构资源组织、管理平台，并为其建立有效的访问控制体系。

（5）建立具有灵活扩展能力的外语教学任务化本体模型。

（6）形成自下而上的语义网应用的多技术综合与推广模式。

学术性目标：

（1）构建具有语义描述和关系表达能力的外语教育资源标注模式。

（2）基于机器学习技术，提出科技语篇本体建模和体裁分析模式。

（3）基于语义网建立外语实验教学的学习者模型。

（4）提出基于机器学习技术的自动语义标注与检测方法，以提高资源检索效率。

（5）探索跨媒体资源的多特征提取、捆绑与语义 Web 知识向量化模型。

（6）建立基于语义网的跨媒体信息资源检索模型。

（7）探索语义网环境下信任管理、安全的数据挖掘新思路。

综上所述，尽管在过去 10 年间，对语义网的研究已经取得了相当的研究成果，建立了较为完备的理论体系和技术规范，并且在一定领域的成功应用也证明了它必将是 Web 3.0 时代的支撑技术。此时，以自下而上、应用驱动的模式研究语义网在新形势、新环境中的应用、发展及其与新技术的融合框架，并以具体的应用推动以语义网为基础和核心的关键技术研究具有现实的理论意义和应用价值，但在具体的应用研究中却常局限于数据集成或者对特定领域、特定事件的研究，而且各项研究互不相关，在服务集成方面取得的进展较为缓慢。实际上，对于语义网的应用实际上需要多技术综合运用，但截至目前的研究却仍采用自上而下的研究模式，缺乏对新技术和新需求的考虑，以至于产生的研究成果难以应用推广。因此，在国内外对 Web 3.0 时代以语义网作为技术基础具有一致的认同，并逐渐重视的背景下，采用自下而上的研究方法，以高校外语教育资源整合应用为基础，支撑对语义网的应用和发展的研究探索是必要而且迫切的。

► 参考文献 --

陈建林. 2004. 大学英语教学网络概念及应用前景分析 [J]. 外语教育, (6): 46-49.

贾国栋. 2006. 关于大学英语教学改革的成就、问题及措施 [J]. 外交部门, (51): 42-47.

贾国栋. 2009. 基于课堂与网络的大学英语教学模式 [J]. 中国大学教育, (6): 82-85.

教育部高等教育司. 2007. 大学英语课程教学要求 [M]. 北京: 外语教学与研究出版社.

王守仁. 2008. 高校大学外语教育发展报告 [M]. 上海: 上海外语教育出版社.

Cai M, Zhang W Y, Zhang K. 2011. ManuHub: a Semantic Web system for ontology-based service management in distributed manufacturing environments [J]. IEEE Transactions on Systems Man and Cybernetics Part a-Systems and Humans, 41 (3): 574-582.

Cuellar M P, Delgado M, Pegalajar M C. 2011. Improving learning management through semantic web and social networks in e-learning environments [J]. Expert Systems with Applications, 38 (4): 4181-4189.

Gavrilova E A. 2011. Implementation features a university data portal using the Semantic Web technology [J]. Programming and Computer Software, 37 (1): 48-55.

Janev V, Vranes S. 2011. Applicability assessment of Semantic Web technologies [J]. Information Processing & Management, 47 (4): 507-517.

L Tovar E, Vidal M E. 2010. A language to express reactivity in the Semantic Web [J]. Revista Tecnica De La Facultad De Ingenieria Universidad Del Zulia, 33 (1): 68-76.

Memon Q A, Khoja S A. 2009. Semantic Web approach to academic program assessment [J]. International Journal of Engineering Education, 25 (5): 1020-1028.

Zheng J M. 2007. Experiment on university teaching PCT issues analysis [J]. Laboratory Research and Exploration, (12): 132-138.

文科计算机基础实验教材优化研究
——以知识关联与操作技能为驱动[①]

　　以计算机、微电子和通信技术为核心的现代信息科学和信息技术的迅猛发展及其越来越广泛的应用，使人类社会的经济活动、社会就业和生活方式都发生了前所未有的巨大变化。在信息化社会里，每个人对于信息的获取、存储、传输、处理、控制和应用能力越来越成为一种最基本的生存能力，也被社会作为衡量一个人文化素质高低的重要标准之一。在高等教育中，对于包括文科在内的各个专业的学生，进一步加强计算机知识的教育，已成为培养高素质、跨学科、综合型、具有创新开拓精神的人才不可或缺的重要组成部分。

　　文科计算机课程建设对文科人才的培养起到至关重要的作用，同时对文科其他课程的改革也起着积极的推动和促进作用。计算机技术对各个领域的渗透越来越明显地反映到有关学科的专业课程中，许多新的课程内容将要求学生具有一定的计算机知识基础，而计算机科学是一门理论与实践紧密结合的科学，实验在教学中起着至关重要的作用。因此，实验教材在文科计算机教学中占有十分重要的地位，实验教材质量的好坏直接关系到是否有效实现教学目标，必须从人才培养的角度充分认识到实验教材建设的重要性，认真分析实验教材建设中普遍存在的问题，深化实验教材建设改革研究，以求提高文科学生计算机实验教学质量。

　　教育部非常重视文科计算机基础教育，2002年6月，教育部文科计算机教育教学指导委员会正式成立，该委员会根据计算机技术的发展情况和我国

---

　　① 　本文内容为基金项目——国家级文科综合实验教学示范中心：实验教学改革与实验室建设项目"文科计算机基础实验教学体系改革研究"（〔2011〕10号）。本文由华中师范大学计算机学院杨青、倪敏编写。第一作者杨青是华中师范大学计算机学院公共计算机系主任，副教授。

文科计算机基础教育情况，几乎每两年发布一本《高等学校文科类专业计算机基础教学基本要求》（简称《基本要求》），对文科计算机基础教育提出明确要求。

文科学科门类丰富，在国家 12 个学科门类中，大文科占学科门类半数之上。从本科学科点数及在校人数两方面看大文科数量已超过理工科专业。文科计算机教学关系到半数以上的大学生人才信息素质的培养。

总之，文科计算机教育是人才培养模式改革的重要方面，实验教学又是教学的重要环节，推进实践教学内容、方法、手段、队伍、管理及实践教学模式的改革和创新，可以实现促进学生自主创新兴趣和能力的培养。以倡导启发式教学和研究性学习为核心，探索教学理念、培养模式和管理机制的全方位创新，才能真正达到培养学生的团结协作意识和创新精神的目的。

（一）《基本要求》知识领域与教材结构的关联

文科计算机教学与理科相比有着特殊性。文科学生思维活跃，更擅长于形象思维，因此，在教学内容和实验内容上要体现文科特色，满足专业需求，培养学生的能力。

笔者 2013 年编撰出版发行了《计算机基础课程实验教程》，其中设置的实验按照 2011 年文科计算机教育教学指导委员出版的《基本要求》（第 6 版）的要求，进行了相关内容的比对，对照结果如表 33-1 所示。

表 33-1 教材内容与《基本要求》对照表

《基本要求》		实验教材内容
知识领域：计算机软、硬件基础	知识单元 1 计算机系统的基础知识	第 1 章认识计算机 认识计算机实验；模拟选购与配置计算机实验；微机硬件系统；BIOS 的用法；制作 U 盘启动盘；硬盘分区及格式化；使用 Partition Magic 调整分区大小；用 Ghost 将 C 盘数据备份和还原；注册表优化；最小系统法排除故障；BIOS/CMOS 启动信息与故障判断；内存报警诊断；安全模式的应用
	知识单元 2 计算机硬件	
	知识单元 3 计算机软件	
	知识单元 4 微机操作系统	第 2 章操作系统实验 查看计算机的配置；Windows 7 文件和文件夹操作；Windows 7 的库操作；Windows 7 的跳转列表操作；Windows 7 的任务管理器和资源监视器操作；Windows 7 外观设置；Windows 7 程序设置；Windows 7 的小工具设置
	知识单元 5 计算机应用领域与系统安全	Windows 7 账户设置；用户安全设置方法实验；系统安全设置方法实验；防病毒软件的安装与使用；防火墙的使用

续表

《基本要求》		实验教材内容
知识领域：办公信息处理	知识单元 1 文字处理	第 4 章文字处理实验 Word 图文混排实验；Word 制作表格实验；Word 制作目录实验；Word 高级排版实验
	知识单元 2 电子表格	第 5 章电子表格实验 电子表格的输入方法实验；函数及表达式实验；图表实验；数据透视表实验
	知识单元 3 演示文稿	第 6 章演示文稿实验 演示文稿图片插入和超链接设置实验；版式设置和母版设置实验；演示文稿的动画效果设置实验；演示文稿下拉菜单实验
	知识单元 4 信息检索	网络信息搜索实验
知识领域：计算机网络	知识单元 1 计算机网络基础	第 3 章计算机网络实验 网线制作实验；网络配置实验；网络故障检测实验；网络共享实验；WWW 浏览器实验；收发电子邮件实验；FTP 和 BT 下载实验；即时通信实验
	知识单元 2 局域网基础	
	知识单元 3 Internet 基础	
	知识单元 4 Internet 应用	

本教材在编写的结构上，每章设有知识关联图、知识技能、操作技能和策略技能，每章中的每个实验都设有实验目的、先期知识、实验内容、实验步骤和设计性实验，以便教师布置实验和学生预先学习。

（二）实验教材中知识关联与知识技能设计

文科计算机实验教材建设作为高等院校教材建设的重要环节，对培养文科学生的综合信息能力发挥着其他教学环节不可替代的作用。实验教材是开展实验教学与承载实验内容和教学方法的重要知识工具，是指导学生进行实验训练的主要依据。实验教材中所体现的学术精神和思维模式，不仅是培养学生信息素质的重要保证，更是提升实验教学水平和提高教学质量的重要条件。

实验教材的设计要根据文科学生的特点，改革计算机基础实验教学体系，以激发学生的学习动机，促使学生知识重组，培养学生创新能力和创新精神为目标，培养文科学生的计算思维。为此，在本实验教材中设计了知识关联图和知识技能。

1. 知识关联结构

知识与知识之间就有着千丝万缕的联系，知识关联图能清晰、形象地将知识之间的关系表达出来，能够帮助人们从事物之间的逻辑关系中寻找出解决问题的办法。

在实验教材中，将知识之间的关系用知识关联图表示，能让学生清晰地认识知识之间的联系，例如，在计算机基础实验中，文字处理软件的知识关联图如图 33-1 所示。

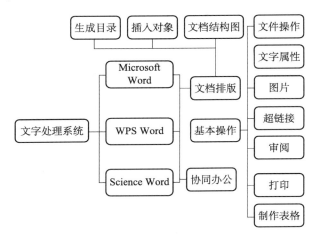

图 33-1　文字处理软件的知识关联图

2. 知识技能

知识是人脑对客观事实的主观表征，技能是人们通过练习而获得的动作方式和动作系统，它主要表现为动作执行方式，因而与知识有很大的差别。由于技能直接控制活动的动作程序的执行，所以是活动的自我调节机制中的又一个组成要素。能力是在掌握知识、获得技能的过程中形成与发展的，离开了学习和训练，任何能力都不可能发展。在教育工作中，不仅要关心学生知识的掌握，而且要关心他们的与知识对应的技能，促使他们将知识转化为能力。

在计算机基础实验教材的设计中，需要考虑到这些因素及其之间的关系。例如，办公自动化中，文字处理软件是使用最广泛的软件，其主要目的是对各类文章进行排版，制作精美文档。在编写实验教材时，不能仅仅介绍 Word 中设置字体字号等具体操作，还要与相关的知识联系起来，如文字的属性等。这样才能达到培养和锻炼学生能力的目的。

（三）实验教材中操作技能设计

"大学计算机"课程注重学习者计算机应用技能的培养，这通常被误解为操作技巧的传授。"技"和"能"并非同一层面的性质。尽管二者的共同指向都是问题解决，但是相异之处在于："技"的基础是建立在经验上的，其指向是具体问题本身，而不泛化到其他问题，目标是快速识别，快速操作，以提高效率。面对陌生问题则无"技"可施。"能"是在问题解决过程中的自我把握和监控，其基础是建立在经验的内化上的。由于其指向是问题解决主体自身，而不是具体问题，故问题可以被泛化。

"大学计算机"课程教学中关于"技"的知识点是显性的，而关于"能"的知识点是隐含的，没有教师的点化或激活，后者是难以被学习者内化的。同样，"大学计算机"课程中的工具属性是显而易见的，可操作的；而方法论属性则并不显见，不易操作，没有关键操作点。但是，规律蕴含于现象之中，二者不可以割裂，是包含关系，不是互斥关系，需要教与学有关的人——师与生去主动发现、积极探究。

例如，文字处理软件的基本操作包括：新建文件，保存文件，插入，删除，选中，复制，移动，查找，替换，文字属性，打印设置，打印等。文字排版操作包括：图文混排的方法，表格制作的方法，分栏排版，简单图形绘制，数学公式输入，图片处理，建立文档结构图，建立目录等。目前出现了协作办公的方法。这些都是具体的操作技巧，可以模仿完成的操作，也是实验教材基本的功能，实验教材指导学生让这些操作提升为操作技能，才是实验教材的目的。对文字处理系统而言，要能运用于学校、工厂、商业、农业、军事等各个部门和不同专业，根据不同的实际运用问题，制定具体问题解决策略。为此，在实验教材中设置策略技能是非常必要的，策略技能帮助学生将操作技巧转换为操作技能。

（四）结束语

文科计算机课程建设对文科人才的培养起到至关重要的作用，是全面提高学生分析问题和解决问题的能力、表达能力、创造能力的重要教学环节，是培养学生的竞争意识、合作意识、科学态度、创新精神的重要环节等。随着电子技术和计算机科学与技术的飞速发展，计算机技术对各个领域的渗透越来越明显地反映到文科类有关学科的专业课程中，许多新的课程内容将要求学生具有一定的计算机知识基础，通过对学生讲述计算机基础课程实验知识关联与知识技能为驱动的基本思想，阐述实验教材中的知识技能结构。就是树立以学生为本的思想，给学生更多的参与机会，让学生在计算机实验教学的活动中动手、动脑，触类旁通，以求提高文科学生计算机实验教学质量，培养具有创新能力的高素质人才。

► 参考文献 --

陈国良，董荣胜 . 2011. 计算思维与大学计算机基础教育 ［J］，中国大学教学，（01）：7-11.

耿国华 . 2010. 文科信息素质培养与《高等学校文科类专业大学计算机教学基本要求》［J］. 中国大学教育，（4）：32-35.

龚沛曾，杨志强 . 2012. 大学计算机基础教学中的计算思维培养 ［J］. 中国大学教育，（05）：51-54.

教育部高等学校文科计算机基础教学指导委员会 . 2011. 高等学校文科类专业：大学计算机教学要求（第6 版·2011 年版）［M］. 北京：高等教育出版社 .

李洁，周苏，师秀清 . 2010. 计算机基础教育的创新设计与教材建设 ［J］. 计算机教育，（10）：153-158.

卢湘鸿 . 2003. 高校文科计算机课程设置 ［J］. 计算机教育，（01）：30-31.

宋秀芹，宁玉富，曹金凤 . 2010. 全国文科计算机大赛对文科计算机基础教学改革的启示 ［J］. 计算机教育，（08）：84-86.

苏惠香 . 2008. 大学计算机基础教学的改革探索与实践 ［J］. 教改纵横，（22）：6-7.

孙中红，邹海林，刘启明 . 2013. 凸现应用型人才培养的大学计算机基础教材建设 ［J］. 计算机教育，（08）：108-110.

衷克定 . 2012. 试论"大学计算机"课程的方法论取向 ［J］. 中国大学教学，（10）：9-12.

《远程教育技术实验》
课程建设探索与实践①

　　远程教育技术是信息时代教师知识与能力结构中不可或缺的组成部分。华中师范大学国家级文科综合实验教学中心教师教育创新实验平台开设了"远程教育技术实验"课程，课程学习对象主要是全校师范生，即既有教育技术学专业师范生，又有非教育技术学专业师范生。为了培养学生远程教育技术的素质技能，多年来，"远程教育技术实验"课程组不断探索与实践，在传授知识、培养能力、提高素质、协调发展的教学过程中，强化了以培养学生实践能力和创新能力为核心的实验教学理念，构建了以学生为主体、教师为主导的实验课程教学体系。本文主要介绍"远程教育技术实验"课程建设探索与实践的经验和体会。

（一）确定实验课程教学目标

　　师范生是未来教育事业的生力军，他们的基本素质如何，将直接影响到人才培养和教育目标的实现，为此，师范生教育的一个重点就是要坚持学科专业教育与教师专业教育的有机结合，使师范生具备良好的知识和技能储备，从而"优化队伍结构，提高教师专业水平和教学能力"。随着教育信息化时代的到来，掌握远程教育技术是师范生应用现代教育技术促进教学质量提升的基础技能之一，也是师范生适应社会发展和满足自身职业需求的必备技能。然而，师范生的专业背景、学习经历和生活环境存在差异，导致其信息素养参差不齐，因此，

　　① 本文内容是基金项目——华中师范大学国家级文科综合实验教学示范中心实验教学改革与实验室建设项目（WZ2011-13）。本文由华中师范大学教育信息技术学院王贵才、李文昊、蒋玲、王艳凤编写。第一作者王贵才是华中师范大学教育信息技术学院高级工程师，研究方向为实验教学和实验室管理。

学生之间的差异要求教育多元化。

课程组在总结多年实验教学改革经验及成果的基础上,为了能够适应学生的个体差异,有效地进行因材施教,满足社会对多样化人才的需要,以优化实验教学,充分培养厚基础、宽口径、强实践、高素质、创新性、研究型的综合型人才为原则,确定"远程教育技术实验"课程教学总体目标如下:教育技术学专业师范生教学目标是,通过本课程的学习,深入理解远程教育系统的技术实现模式,掌握远程教育中的信息处理技术和传输技术,从而对远程教育形态有更深入的了解与体验,培养学习兴趣;非教育技术学专业师范生教学目标是,通过本课程的学习,了解远程教育系统的技术实现模式,掌握运用远程教育技术开展教学活动的技能,从而对远程教育形态有更深入的了解与体验,培养学习兴趣。

(二)构建课内外一体的实验课程教学体系

课内外一体的实验课程教学模式就是把实验课前预习、实验课堂学习、实验课后复习有机地结合起来的教学模式。为了达到实验课程教学目标,课程组经过多年实验教学的探索与实践,构建了分层教学模式、基于项目的教学模式、自主学习教学模式等课内外一体的"远程教育技术实验"课程教学体系。

1. 分层教学模式

分层教学是一种教学组织形式,是教师充分考虑到班级学生客观的差异性,区别对待,进行设计和教学,有针对性地加强对各类型学生的学习指导,使每个学生得到最优发展的教学组织模式。课程组基于分层教学理论,经过探索实践,通过教学内容分层、学生分层、教学目标分层和教学过程分层,旨在满足不同层次学生的需求,使每个学生都能达到自己最大的发展。

教学内容分层。在教学过程中,课程组依据教学规律和培养目标,按照提高师范生综合素质和操作技能的要求,将教学内容分为三个层次:一是基础验证型实验,主要目的是培养学生的基本动手能力,训练基本实验操作技能、实验方法,如卫星地面接收系统的安装与调试、教育有线电视系统的安装与调试等实验。二是综合设计型实验,主要目的是培养学生分析问题、解决问题、知识应用等能力,如校园计算机局域网的设计与安装、网络视频直播教学系统的设计与安装等实验。三是研究创新型实验,主要目的是培养学生创新实践能力,如远教 IP 资源的接收、使用与管理,远教 IP 资源的二次开发等实验。

学生分层。由于学生个体间存在差异，特别是非教育技术学专业师范生差异更大，在教学开始之前，教师通过访谈等形式调查学生的对基础知识的掌握程度、实验操作熟练情况、实验预习情况等多方面因素，把学生分为基础组、普通组和发展组三个层次，并且每个学生每次实验课所在的层次不固定，力求每个学生每次实验课都学有所成。

教学目标分层。在实验教学过程中，课程组根据课程总体教学目标和不同层次学生的实际情况，为各层次学生制定相应的学习目标：基础组的学习目标是，了解远程教育系统的基本组成、信号流程，掌握远程教育系统在教学中的运用，能独立解决自己在使用远程教育系统中出现的简单的故障；普通组的学习目标是，在完成基础组学习目标的基础上，掌握远程教育系统的安装与调试；发展组的学习目标是，在普通组学习目标的基础上，着重提升学习能力、分析和解决问题的能力，能够利用多方案设计与组建远程教育系统，并对其进行维护和故障检测，以及远程教育的资源建设与传输等。

教学过程分层。依据教学内容、学生、教学目标的层次梯度，教师立足于普通组学生、照顾基础组学生、兼顾发展组学生，教学实施中速推进，使不同层次的每一个学生掌握基础知识、提升实验技能。例如，在卫星地面接收系统的安装与调试实验中，分层教学如下：在教学准备阶段，教师提前一周通知学生在实验课程网站上预习实验，了解实验目标、实验原理、实验内容等。在教学阶段，上课前，教师对学生进行分组。在教学中，首先由教师向全班学生讲解卫星地面接收系统的组成、信号流程、原理等，然后分组实验。对基础组，教师引导和帮助学生完成卫星地面接收系统的安装与调试；对普通组，教师指导学生完成卫星地面接收系统的安装与调试；对发展组，教师指导，学生独立完成卫星地面接收系统的安装与调试，以及系统的防雷措施、如何减小高频头的雨衰等。

2. 基于项目的教学模式

项目教学模式集中关注于某一学科的中心概念和原理，旨在把学生融入有意义的任务完成过程中，让学生积极地学习，自主地进行知识的建构，以现实的、学生生成的知识和培养起来的能力为最高成就目标。基于项目的教学模式就是学生在开放式实验教学中充分利用实验资源，以实验项目为基础而进行的有计划、有目的地解决实际问题和实践创新的一种教学活动。这一模式突破了传统意义上的实验教学中以教师为主体、学生被动接受、缺乏自主性与创造性的教学模式。这一模式在培养师范生的基本技能与综合素质中始终坚持依靠综合技能训练、面向社会市场需求。这一培养模式符合"优化人才培养结构，为产业部门提供人才和智力支持"的要求。

课程组依据教学内容，围绕实际应用，以任务驱动学习，通过应用需求激发学生自主学习更多的知识，以及灵活运用已有知识去解决实际问题。例如，校园计算机局域网的设计，首先，教师引导学生学习计算机局域网的相关知识，然后，在实验室进行组建计算机局域网，最后，学生分别选择一所中小学调查学校需求、考察校园实况、进行局域网方案设计。

3. 自主学习教学模式

自主学习教学模式是在教师指导下，学生根据自己的学习能力、学习任务，积极主动地调整自己的学习策略和努力程度而进行学习的一种教学模式；是教师创设由学生自学思考的情境，通过师生之间及学生之间的互相交流与探讨，归结出学习内容的网点和规律性的知识，从而促使学生掌握知识、建构自己的认知结构，激发学习动机，实现"他主性"到"自主性"的转换，开发多元智能的一种教学方法。

在教学中，课程组实施自主学习教学模式的方法：一是要求学生在实验课前自学实验课程的内容、了解实验课程相关信息等；在实验课中，教师尽量少讲，把实验的主动权和时间还给学生。在整个教学过程中，使学生占据学习的主动地位，教师只是起一个引导作用，让学生独立思考问题，解决问题，独立完成实验，同时提倡学生之间多进行交流。二是实验教学内容多样化，有必做、选做、自拟等。学生在完成必做内容后，可以根据自己的兴趣，选择选做内容。同时，实施"实验室开放模式"，鼓励学生利用实验室的仪器和设备，进行教学计划以外自拟的实验。例如，计算机局域网设计与安装实验，必做内容有利用服务器、计算机、交换机、路由器等设备组建局域网，选做内容有 Web、FTP、DNS 服务的搭建等。

（三）开发优质立体化的实验课程教学资源

立体化实验课程教学资源就是从指导性资源、内容性资源、过程性资源和环境性资源四个维度，以文本、图形、图像、音频、视频、动画、专题网站、网络课程、交互和信息共享平台、资源管理平台等多种呈现形式，利用社会化学习资源，为学生提供可持续学习的资源和平台，以满足学生的个性化学习的需求。经过多年的探索与实践，课程组从实验教材、教学课件及课程网站的立

体化建设方面，极大地提高了学生学习的积极性，为学生提供了全方位的立体
化实验课程教学资源。

1. 编写实验课程教材

课程组结合多年实验教学改革实践，从三个层次、五个项目、八个实验的
课程结构体系，编写了《远程教育技术实验》教材，如图 34-1 所示。五个项目
相对独立，分属基础验证型实验、综合设计型实验和研究创新型实验三种层次，
每个项目含有 1～3 次实验，每个项目可以独立开展实验教学。实验课程涵盖了
远程教育三种技术实现方法及应用，满足了不同专业、不同层次的学生的需求。

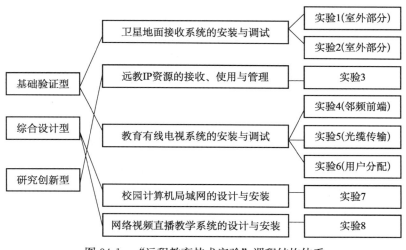

图 34-1 "远程教育技术实验"课程结构体系

2. 研发实验课程教学多媒体课件

为了充分发挥文字、声音、图像、图形、动画等各种媒体的多维集成效应，
创建高效课堂，课程组结合多年的实验教学探索与实践，以突出"三个功能"
"四个方面"研发了实验课程教学多媒体课件。

教学课件具有三个功能：一是指导实验功能，即指导学生实验操作步骤、
实验数据与现象的记录和分析处理、实验报告的完成；二是操作演示功能，即
给动手能力不强或操作不熟练的学生提供操作步骤的演示，从而提高学生的实
验操作技能；三是虚拟实验功能，给学生提供一个实验课前预习与实验课后复
习的自主学习平台。

教学课件由四个方面组成：一是实验目标，提出实验目的、任务要求等；

二是实验原理，主要阐明远程教育系统的组成、信号流程、工作原理，以及实验设备的内部结构、工作原理、使用方法等；三是实验操作，主要是实验所需完成的内容、操作步骤、需要观测的现象与数据；四是实验反思，主要从现象与数据分析处理、实验结论，实验中出现的问题，以及实验内容相关的方面开展讨论。

3. 研发优质网络实验课程教学资源

网络教学资源具有不受时间与空间限制的特点，为学生拓展了一个随时随地自主学习的教学空间。为了充分发挥网络优势，课程组从"三个关系""四个模块"建设了"远程教育技术实验"课程网站，如图 34-2 所示。

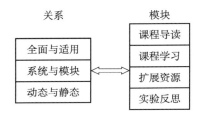

图 34-2   "远程教育技术实验"课程网站框架

"三个关系"是指课程网站资源注重的三个关系：一是网络资源的全面性与适用性的关系，即为学生提供全面丰富的教学资源，满足学生个性化、多样化的学习需求，同时以适合、够用为基本原则，避免资源太多使学生难以快速把握课程的重点，导致课程学习目标的偏离；二是网络资源的系统性与模块化的关系，即通过对知识点的模块化设计将教学资源全面系统地呈现给学生；三是网络资源的静态与动态的关系，即不仅要做好网页、学习课件等静态课程资源建设，还要做好教学过程中各种学习活动的动态资源建设，如教学过程中的互动交流等。

"四个模块"是指构成课程网站资源的四个模块。一是课程导读，包括课程简介、课程教学大纲、课程教学进度安排等；二是课程学习，包括实验指导、实验系统介绍、实验设备介绍、虚拟实验等；三是扩展资源，主要是拓展学生的视野；四是实验反思，主要是提供一个师生之间及学生之间交流体会、讨论问题的平台。

（四）结束语

"远程教育技术实验"课程建设，通过多年的建设和丰厚的历史积累，不断探索与实践，在教学理念、教学条件、教学方法与手段、课程的信息化建设等方面取得了良好成绩，并形成了自身特色。对激发学生的学习兴趣，提高教学质量，培养学生的自主学习能力、实践能力起到了积极的作用，同时也充分提高了实验室资源利用率。然而，实验课程建设是一个长期的系统工程，还需要在教学实践中不断完善、不断改革与创新。

➤ 参考文献 ··

程玮.2007.自主学习教学模式理论初探［J］.黑龙江教育学院学报，26（4）：59-61.

国务院.2010.国家中长期教育改革和发展规划纲要（2010—2020年）［EB/OL］.http：//www.moe.edu.cn/publicfiles/business/htmlfiles/moe/moe_177/201008/93785.htm［2013-6-15］.

教育部，国家发改委，财政部，等.关于进一步加强国家重点领域紧缺人才培养工作的意见［Z］.教高〔2007〕16号.

何明.1996.多层次教学组织模式的研究与实践［J］.中国教育学刊，（5）：39.

胡庆芳，程可拉.2003.美国项目研究模式的学习概论［J］.外国教育研究，30（8）：18-21.

王贵才，杨九民.2011.高校实验室开放模式探讨［J］.实验室研究与探索，30（9）：317-320.

王贵才.2002.优化电子技术实验教学，提高学生综合素质［J］.实验技术与管理，19（2）：130-133.

王贵才.2009.远教IP资源的接收与管理［J］.软件导刊（教育技术），8（6）：84-85.

王辉，华国栋.2004.论差异教学的价值取向［J］.教育研究，（11）：41-45.

杨九民，陈彬，严莉.2012.基于分层教学提升师范生实践能力的研究［J］.现代教育技术，22（11）：38-42.

杨九民，蒋玲，荣先海，等.2010.《现代教育技术》课程优质教学信息资源建设探究［J］.现代教育技术，20（12）：52-56.

殷旭彪，王永花.2010.基于项目的开放式实验教学的实践与思考［J］.现代教育技术，20（5）：125-129.

视觉艺术语言创意表现的实验教学的类型与特点①

（一）视觉艺术语言划分

视觉传达设计（visual communication design）是指利用视觉符号来传递各种信息的设计。设计师是信息的发送者，传达对象是信息的接受者，简称为视觉设计。视觉传达设计这一术语流行于1960年在日本东京举行的世界设计大会上，其内容包括报纸杂志、招贴海报及其他印刷宣传物的设计，还有电影、电视、电子广告牌等传播媒体，它们把有关内容传达给眼睛从而进行造型的表现性设计统称为视觉传达设计电影海报，简而言之，视觉传达设计是"给人看的设计，告知的设计"。

1. 广义视觉

视觉传达设计是通过视觉媒介表现并传达给观众的设计，体现着设计的时代特征图形设计和丰富的内涵。数字化多媒体的出现不断地挑战并充实着传统的视觉传达方式，扩展当代视觉传达设计外延，视觉传达由以往形态上的平面化、静态化，开始逐渐向动态化、综合化方向转变，从单一媒体跨越到多媒体，从二维平面延伸到三维立体和空间，从传统的印刷设计产品更多转化到虚拟信息形象的传达。广告作为视觉传达的重要形式，也在数字多媒体技术的推动下发生了质的飞跃。网络广告、数字影视广告、多媒体电子显示屏、多媒体互动广告等新一代的广告视觉传播方式以飞速发展的趋势渗透到社会生活的各个方

---

① 本文由大连理工大学建筑与艺术学院讲师张耿编写，主要研究方向为视觉传达设计。

面。所谓多媒体，即多种信息媒介的综合。多媒体技术不是各种信息媒介的简
单复合，而是一种把文本、图形、影像、声音、视频、动画等形式的信息结
合在一起，并通过计算机进行综合处理和控制，能支持完成一系列交互式操
作的数字信息技术。在当今信息社会，以计算机科学为标志的数字多媒体技
术给广告设计和传播带来了新的气息，取得了令人瞩目的社会效益和经济效
益。在数字多媒体技术的推动下，广告推广战略也从单纯的品牌推广阶段向
更加细化的市场推广阶段转化，开始注重和选择区域媒体、行业媒体以及更
加细化市场定位的媒体，数字多媒体广告运作和发布的方式也更加多样化和
人性化。

2. 平面视觉

平面视觉可以狭义地等同于平面设计（graphic design），其定义泛指具有艺
术性和专业性，以"视觉"作为沟通和表现的方式。透过多种方式来创造和结
合符号、图片和文字，借此做出用来传达想法或讯息的视觉表现。在现代平面
设计形成前，这个术语泛指各种通过印刷方式形成的平面艺术形式。因此，当
时这个词是与"艺术"连用的，统称为"graphic design"。"平面"这一术语当
时的含义不仅指作品是二维空间的、平面的，它还具有批量生产的，并因此而
与单张、单件的艺术品区别开来。设计这个词，是由日文里以汉字翻译"de-
sign"这个字而成的。

1）艺术创作的基础地位

所谓"视觉符号"，顾名思义就是指人类的视觉器官——眼睛所能看到的、
能表现事物一定性质的符号，如摄影、电视、电影、造型艺术、建筑物、各类
设计、城市建筑，以及各种科学、文字，也包括舞台设计、音乐、纹章学、古
钱币等都是用眼睛能看到的，它们都属于视觉符号。

2）表现媒介广泛，语言丰富

视觉传达是人与人之间利用"看"的形式所进行的交流，是通过视觉语
言进行表达传播的方式。不同的地域、肤色、年龄、性别，说不同语言的人
们，通过视觉及媒介进行信息的传达、情感的沟通、文化的交流，视觉的观
察及体验可以跨越彼此语言不通的障碍，可以消除文字不同的阻隔，凭借对
"图"——图像、图形、图案、图画、图法、图式的视觉共识获得理解与
互动。

3）印刷是基础的表现形式

印刷，作为一种图像与文字复制的技术，其社会意义在于它在复制文字与图像的同时记录和传播着相应的历史文化，因此，最早出现印刷技术的国家必然是人类文明的古国。印刷作为一门用来复制的实用技术是中国人发明的，我们所熟知的印章即是它的早期雏形。印章在我国历史上出现的很早，约在殷代即已经有大量由金属、石、陶、骨等制作的印章。早期的印章多为阴文，即文字凹于印面，后来又出现了阳文印章，即文字凸出于印面，印章在历史上主要的使用功能是作为记号或标记的证明，尚不是以复制为主要目的工艺形式，但是简单的印章中包含了复制技术中凸版及凹版的深刻原理，对于印刷技术的发明在印的观念上以十分重要的启迪。

（二）视觉艺术语言的主要表现形式

视觉传达设计是为现代商业服务的艺术主要包括标志设计、广告设计、包装设计、店内外环境设计、企业形象设计等方面，由于这些设计都是通过视觉形象传达给消费者的，所以称为"视觉传达设计"，它起着沟通企业-商品-消费者桥梁的作用。视觉传达设计主要是以文字、图形、色彩为基本要素的艺术创作，在精神文化领域以其独特的艺术魅力影响着人们的感情和观念，在人们的日常生活中起着十分重要的作用。

专业培养目标：培养有一定艺术素养，掌握视觉传达艺术设计基本理论和专业技能，在各级各类视觉传达艺术设计、出版教育和生产制作单位工作的高级技术应用性专门人才。

专业核心能力：视觉传达艺术设计和应用表现能力。

专业核心课程与主要实践环节：绘画基础、图案基础、平面构成、色彩构成、立体构成、专业水粉技法、国画基础、标志设计、包装装潢设计、包装造型设计、容器造型设计、书籍装帧设计、广告招贴设计、展示设计、广告设计、电脑平面动画设计、绘画技法表达能力训练、电脑设计应用、视觉传达艺术设计、参观实习等，以及各校的主要特色课程和实践环节。

1. 手绘语言——原始而直接

手绘是应用于各个行业手工绘制图案的技术手法，设计类手绘，主要是前期构思设计方案的研究型手绘和设计成果部分的表现型手绘，前期部分被称为草图，成果部分被称为表现图或者效果图。手绘内容很广阔，所以言语无法尽善表达。手绘表现是专业设计师必备的一项技能。手绘表达的过程是设计思维由大脑向手的延伸，并最终艺术化地表达出来的过程，不仅要求设计师们具有专业、深厚的绘画表现功底，还要求设计师具有丰富的创作灵感。手绘效果图作为一种经济产品，要被付诸实现就必须具备一定的科学性。手绘效果图是通过绘画形式来表现设计构思的创意的，具有一定的艺术感染力。当代手绘的发展使手绘作品逐渐升华为一种精神财富，从而具有更高的艺术收藏价值。

2. 摄影语言——快速便捷

"photography"（英文摄影）一词源于希腊语 "$\phi\omega$ phos"（光线）和 "$\gamma\rho\alpha\phi\iota$ graphis"（绘画、绘图）或 "$\gamma\rho\alpha\phi\eta$ graphê"，两字一起的意思是"以光线绘图"。摄影是指使用某种专门设备进行影像记录的过程，一般我们使用机械照相机或者数码照相机进行摄影。有时摄影也会被称为照相，也就是通过物体所反射的光线使感光介质曝光的过程。有人说过一句精辟的语言：摄影家的能力是把日常生活中稍纵即逝的平凡事物转化为不朽的视觉图像。

3. 印刷语言表现丰富、传播量大

印刷工艺也可说是视觉、触觉信息印刷复制的全部过程，包括印前、印刷、印后加工和发送等，是一门集摄影、美术、工艺、化学、电子、电脑软件、硬件科技于一体，环保考量的复杂性和实践性超强的一门技术，即通过统筹、摄影、文字处理和美术设计、编辑、分色、制版、印刷、印后成型加工按需求批量复制美术、文字、图像的技术。根据印刷方式的不同，可以归纳为平、凹、凸、孔四大类印刷方式。

1）凸版印刷

凸版印刷是一种最古老的印刷方法。它是使用具有凸起表面的凸版进行印刷的。印刷时，油墨涂在印版上图文部分高于非图文部分的表面，然后压印到纸张上，墨辊上的油墨只能转移到印版的图文部分，而非图文部分则没有油墨，从而完成印刷品的印刷（图 35-1）。手排印刷、莱诺整行铸排机印刷、铅版印刷、电版印刷和照相凸版印刷都属于凸版印刷。

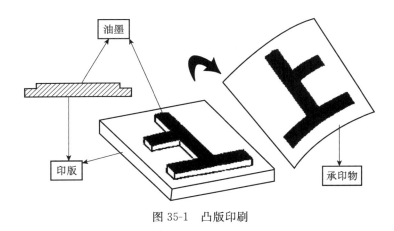

图 35-1　凸版印刷

2）凹版印刷

凹版印刷是通过手工或机械雕刻把线划刻去，使印刷版形成一个凹下去的字或图像的一种印刷方法。印刷时与凸版印刷相反，印版的图文部分低于非图文部分，形成凹槽状。油墨只覆于凹槽内，印版表面没有油墨，将纸张覆在印版上部，印版和纸张通过加压，将油墨从印版凹下的部分传送到纸张上。蚀刻、针刻和照相凹版都属于凹版印刷。凹版印刷的印制品，具有墨层厚实、颜色鲜艳，并且印版具有耐印率高、印品质量稳定、印刷速度快等优点，所以在实际中得到了广泛应用（图 35-2）。

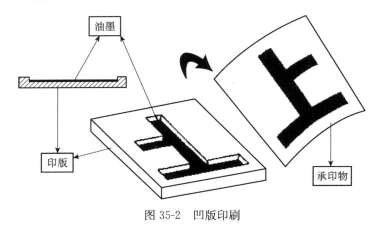

图 35-2　凹版印刷

3）平版印刷

照相版印刷、影印石版和胶印都属于平版印刷。平版印刷有时也叫化学印刷，意思是说印刷图像与印刷版位于同一平面上。它是基于"油水不相混"的原理实现印刷的。此印刷类型早期是通过机械或手工把图像呈在石头或金属表面，然后对该表面进行化学处理使得图像部分亲墨，而其他空白部分不亲墨。印刷时，只有亲墨的图像部分转移到纸张上，形成印迹（图 35-3）。

平版印刷的优点在于制版工作简便、成本低廉、套色装版准确、印刷版复制容易、印刷物柔和软调，可以承印大数量印刷。其缺点是因印刷时水胶之影响，色调再现力减低，鲜艳度缺乏。因此想要达到预期的效果，有时候就必须配合其他的印刷技术，如叠印或是双面印刷加强色泽。

图 35-3　平版印刷品

4）孔版印刷

孔版印刷的原理就是在刮板的作用下，丝网框中的丝印油墨从丝网的网孔（图文部分）中漏至印刷承印物上，由于印版非图文部分的油墨由于丝网网孔被堵塞，油墨不能漏至承印物上，从而完成印刷品的印刷。

凡是包装印刷品上墨层有立体感，并大多应用在瓶罐、曲面载体上的印刷，多属孔版印刷。孔版印刷的优点是油墨浓厚、色调鲜艳，可应用在任何材料、曲面或立体承印物上，其缺点是速度慢、套合差，仅适宜于印小面积的印刷品。主要包括誊写版、镂孔花版、喷花和丝网印刷四种类型，每一分类各有几种不同的制版方法。它们都具有设备轻便、工艺简单、易于操作的特点。

以下主要介绍应用广泛的丝网印刷，其印刷对象可以是纸张、纸板、木质品、塑料、纺织品、陶瓷制品、金属、毛皮和后几种材料的合成材料，它不但可以印刷平面的物体，而且可以印刷圆形、凸形、凹形及不规则形状物体（图35-4、图 35-5）。传统丝网印刷是将丝织物、合成纤维织物或金属丝网绷在网框上，采用手工刻漆膜或光化学制版的方法制作丝网印版。现代丝网印刷技术，则是利用感光材料通过照相制版的方法制作丝网印版（使丝网印版上图文部分的丝网孔为通孔，而非图文部分的丝网孔被堵住，因此在承印物上只有图像部位有印迹）。印刷时通过刮板的挤压，使油墨通过图文部分的网孔转移到承印物上，形成与原稿一样的图文。换言之，丝网印刷实际上是利用油墨渗透过印版进行印刷的。

图 35-4　纸张丝网印刷品

图 35-5　玻璃丝网印刷品
（Evian，法国矿泉水）

4. 喷墨打印——方便快捷

喷墨印刷是一种高效的特种印刷方式，它可以应用于包装工业生产线上，快速打印生产日期、批号和条形码等内容，是一种无接触、无压力、无印版的印刷方式。电子计算机中存储的信息，输入喷墨印刷机即可印刷。

数字技术不断进步，喷墨印刷也有了很快的发展，一些技术问题得到了完美的解决，这使得喷墨印刷产品质量有了质的飞跃。采用最新的 JDF 生产标准，喷墨印刷设备也很容易融入到整个印厂的数字化生产流程中，从而实现更佳的设备控制，实现更高的生产效率。

5. 热转印技术——适用介质广泛

热转印是一项新兴的印刷工艺，由国外传入中国不过 10 多年的时间。该工艺印刷方式分为转印膜印和转印加工两大部分，转印膜印刷采用网点印刷（分辨率达 300DPI），将图案预先印在薄膜表面，印刷的图案层次丰富、色彩鲜艳、千变万化、色差小、再现性好，能达到设计图案者的要求效果，并且适合大批量生产；转印加工通过热转印机一次加工（加热加压）将转印膜上精美的图案转印在产品表面，成型后油墨层与产品表面融为一体，逼真漂亮，大大提高了产品的档次。但由于该工艺技术含量较高，许多材料均需进口。相对于传统的印刷方式，丝印无法根据图片做到所有颜色的过渡，所以丝印出来的效果会颜色界限分明，在两种色彩中间，很难根据画面本身而体现颜色过渡。但是很多产品都需要印刷商标、标志类等高精度、高复杂度的图案，礼品、工艺品行业应用就更加广泛。万能打印机能非常完美地达到该需求，充分体现出了强大的市场潜力。突破了丝网印刷，热转印等印刷方式带来的瓶颈，为客户找到了新的利润增长点。

（三）视觉艺术表现教学特点

1. 动手能力要求较高

视觉艺术实验，将学生的视觉创意语言由电脑前带到了现实的生活中，每一个环节都需要学生亲自动手，小心谨慎地将图形、文字、符号等元素再现到真实的介质中，并在这一过程中训练了学生手、眼、心的相互配合能力，实验的过程本身就是创作的过程。

2. 创意手段丰富

平、凹、凸、孔四大类印刷方式由来已久，配合以喷墨打印、热转印等新兴视觉艺术表现工艺，极大地扩展了视觉作品的表现方式和传播效能，几乎可以将视觉创意应用于任何日常材质，实现了文化创意产业的蓬勃发展。具体到设计类型，可以简单归纳为如下设计种类：字体设计、标志设计、插图设计、编排设计、广告设计、包装设计、展示设计等。各类视觉传达设计拥有各自的含义和特点。

字体设计：人们可以获取大量信息，并很大程度地影响自己的生活观念和生活方式，分为政治性、公益性、文化性、商业性。

包装设计：对书籍的封面及排版等进行艺术化的设计，提高读者的阅读兴趣，从而加深对其思想性、文化性和知识性的认识。

标志设计：以特定的图形象征或代表某一国家、机构、团体、企业或产品的符号，简明、直观、易识别。

图像设计：指运用视觉设计手段，通过标志的造型和特定的色彩等表现手法，使企业的经营理念、行为观念、管理特色、产品包装风格、营销准则与策略形成一种整体形象。

书籍设计：为达到有效传达企业特定信息的目的，对文字的笔画、结构、造型、色彩以及编排等方面进行一定的艺术处理，使其形成鲜明的个性，使人易认易记。

广告设计：各种手工或电脑的绘画手段或影像技术，以及利用复合方式进行创造性的图像设计，构思巧妙，表现独特。

视觉形象识别系统设计：产品与消费者的媒介，它起着保护商品、介绍商品、美化商品、指导消费、便于储运、销售、计量等方面的作用。

3. 学生学习兴趣高

视觉传达是当代新兴起的一个学术概念，视觉就是我们所看到的，传达则是通过某种形式表达出来的。从大的方向主要包括：平面设计、多媒体设计、动画设计、装饰设计等。在创作的整个过程中，学生往往都会保持很高的学习兴趣，创作的产品也异彩纷呈，通过动手实践，将所学的创意设计理论转化成丰富的视觉艺术作品，成功地将理论与实践结合起来，积累了经验，激发了学生学习和创作的动力。

➤ **参考文献**

李慧媛. 2011. 包装设计［M］. 北京：中国轻工业出版社.

林韬. 2012. 影像的创造：北京电影学院摄影系图片摄影创作教学体系［M］. 北京：电子工业出版社.

刘西莉. 2007. 包装设计［M］. 北京：清华大学出版社.

马克·汉普希尔，基斯·斯蒂芬森. 2009. 纸品与平面设计［M］. 北京：中国青年出版社.

王受之. 2002. 世界平面设计史［M］. 北京：中国青年出版社.

杨中华. 2009. 印刷工艺［M］. 重庆：重庆大学出版社.

张朴，侯云汉. 2008. 印刷工艺［M］. 武汉：华中师范大学出版社.

Shaughnessy A. 2008. 当代平面设计新观念［M］. 北京：中国纺织出版社.

高校电子政务
实验课程的教学环节设计[①]

随着经济发展和社会进步，传统由政府全部承担社会管理和公共服务任务的历史阶段已经一去不复返。实现政府、市场、社会多元行动主体的合作治理，已经成为国家进步和公共管理发展的关键路径。为了培养更多从事公共管理实践活动的专业人才，高等学校纷纷设立或调整了公共管理专业，积极培养适合公共领域管理实践活动的专业人才。

同公共管理实践迅猛发展相同，高校公共管理类专业人才培养口径宽、发展快。为了适应公共管理现代化、科学化、专业化的根本需求，我国于 2001 年正式启动了公共管理专业型硕士专业建设项目。经过本科、硕士、博士的学历教育，高等学校公共管理类专业课程体系已经粗具规模。然而，公共管理类实验课程建设和发展仍然局限在几门课程教学环节中。这同管理实践领域的岗位需求相比差距较大，这也在一定程度上影响了公共管理类专业学生的就业质量和效果。

从高等教育学视角，实验类课程是高等学校教学体系的重要环节。然而，考虑到管理学科及其相关专业的特点，相关实验课程或教学环节多属于跨学科领域，包括数学、统计、经济等学科及专业。现有公共管理类专业的实验课程或教学环节主要集中在电子政务、社会调查与统计分析、公共部门人力资源管理、公共政策分析等课程中，但是如何设置并发挥其在人才培养过程中的作用却仍在学术讨论过程中。面对鲜活的公共管理问题，相关课程的授课内容启发

① 本文内容为基金项目——本文系大连理工大学研究生教改课题"应用型导向的公共管理硕士研究生培养模式研究""制度经济学研究中的社会仿真实验方法：教学设计与效果测评""政府电子治理课程的实验教学环节设计"的阶段性研究成果。本文由大连理工大学公共管理与法学学院李鹏、马永驰、刘毅编写。第一作者李鹏是大连理工大学公共管理与法学学院副教授，硕士生指导教师，主要研究方向为电子治理。

性和创新性明显不足，无法发挥出辅助理论教学的关键性作用。为此，重新设计以电子政务为代表的实验课程教学环节，将有助于推动公共管理类实验课程教学改革活动，有助于完善公共管理类课程体系，为完成人才培养任务做出基础性支撑。

（一）实验环节的教学目标设定

1. 形成公共管理实践的基本认识

大多数高校在开设公共管理专业课程时，都将电子政务等相关课程纳入其中，而且随着电子政务教学内容的逐渐成熟，部分教学单位以集中式或者分散化形式建设公共管理类实验室，而电子政务相关实验课程构成了实验课程的关键环节。虽然大量的实验软件和实验仪器设备投入到相关实验室中，但是关于实验教学环节的设计和教改成果仍较为有限，这就需要不断探索电子政务实验教学环节设计或实验课程安排等内容。

2. 具备胜任管理岗位的基本技能

电子政务实验课程属于是一门新兴科目，"综合了公共管理、信息管理、计算机科学等诸多学科的众多理论、技术、方法、工具"。特别是随着信息通信技术的不断发展，传统以计算机课程为基础的电子政务实验环节设计已经跟不上快速发展的政府信息化速度。同样，办公自动化也只能作为公务员考聘过程中的基本素质。那么，该如何培养文理兼招的公共管理专业学生，以适应快速发展的电子政务办公环境呢？这就需要通过重新设计电子政务实验环节，模拟政府行政审批和公共服务的实际环节，使学生认识和了解公共部门，特别是政府部门，业务流程管理和绩效改进的实际情况。

（二）电子政务实验教学的角色定位

1. 教学环节的定位不同

公共管理类本科专业注重从公共管理基本理论出发，由相关信息通信技术的运用，导向实现公共部门公共利益最大化的目标。在由技术操作向协同治理过渡的过程中，学习使用相关信息通信技术本应该成为一项入门工具，即在事先设置好的技术平台之上实现政务信息传输、辅助决策支持，确保有效执行和调动广泛监督。然而，电子政务相关课程在以社会科学为基础的课堂教学中，信息通信技术的相关应用基础较为有限。于是，部分学科归属不明确的实验教学环节，主要定位于信息通信技术的使用、办公软件的操作或相关通信平台的开发和调试。

2. 教学内容的安排不当

教学内容通常是通过教材所反映出来的。与已公开出版的电子政务实验教材比较发现，实验教学内容的差异性非常大。部分教材将政府办公自动化领域的公文流转和电子文档处理列为主要教学内容，忽视了电子政务内部和外部之间的有效沟通和外部环境的不断变化；部分教材将浏览政府网站和查阅政府信息公开内容作为实验内容，忽视了电子政务的技术基础和电子政务的后台功能实现；还有部分教材和理论教学一一对应，将理论授课的内容作为实验环节，其实验环节的具体操作和教学互动将成为实验环节开展的难点。不同的电子政务，实验教材侧重点不同、教学内容安排也不同，最终将会影响到相关人才的培养质量。

3. 教学平台的不确定性

电子政务建设注重统一思想、统一平台、协同分工、整合共享。当然，我国电子政务项目实施过程中也曾出现过分散模式下的重复建设、信息鸿沟的不断扩大、成本效益分析不佳等现象。但是，这些现象不应该再出现于电子政务实验教学环节中，这将影响到人才培养的质量和未来电子政务项目实施的效果。国内的电子政务实验象，似乎是我国电子政务建设中出现的"重硬轻软""重应用系统，轻信息资源"等问题的再现，不利于实验教学效果。

（三）电子政务实验教学环节的设计原则

1. 实验性与实践性的平衡

依托管理信息系统平台，电子政务的实验教学环节应注重平衡实验性和实践性。尤其重要的是，要掌握好课程教学中技术操作和流程管理教学内容的比例关系，教学目标不能单设定为如何更好地掌握技术，还要以相应的就业需求和公务员考聘的相关要求作为实验课程的教学依据；作为实验环节，电子政务实验性则强调对电子政务原理的理解和阐释，学生应具备应对不同平台之上的涉众系统的综合素养。实验性是以理论为导向的，实践性则是以实际为导向的。强调两者平衡就是在实验环节设计上强化实验性，要将技术的运用嵌入不同情境的涉众系统之中，使学生更好地掌握实验知识。

2. 跨学科与专业化的协调

"以电子为手段，以政务为核心"的电子政务研究，不仅明确了电子政务未来的发展方向，也将电子政务在跨学科领域的发展进行了明确规划。电子政务教育教学还要强调专业化，公共管理类专业发展和电子政务教育教学必须要突出问题意识，如何面对公共领域的管理问题，如何形成对公共问题的方法论，科学且合理地管理决策和任务执行。如此，才能为未来的工作岗位和科研岗位输送越来越多的人才。跨学科的实验基础构成了电子政务实验教学的基础，专业化的实验内容支撑了整个实验教学的课程。协调跨学科和专业化属性，就是强调实验教学的博专结合、文理渗透。

3. 以问题为导向的教学环节设计

除了上述电子政务实践应以公共领域的管理问题为导向之外，电子政务实验教学设计也要注意以教学问题为导向。公共管理类专业发展迅速，但现有管理学科和相关学科理论如何交叉融合，仍未能形成定论，这就要求电子政务实验教学内容能从不同的视角，反映出管理问题的深刻性、教学问题的专业性。为了强化电子政务实践教学的专业性，相关教学内容需要重新梳理较为广泛的理论知识，不断突出实验环节和理论授课环节的相辅相成的关系。强调实验环节以拟解决的教学问题为导向，就是要求在理论教学过程中需要强调的重要问题。以教学问题为导向的实验环节设计，可以很好地解决学生在理论教学中的困惑，同时也能增加学生主动思考和实验操作的积极性。

（四）电子政务实验教学环节的实现路径

1. 系统整合电子政务理论授课的知识点

电子政务依托相关信息通信技术平台，所以理论授课应注重从技术平台的输入、结构、输出、效果四个方面组织教学内容。举例来说，通常电子政务教学都包括信息通信技术和社会变革，电子政务和政府管理创新等问题的关系，这些问题既是强调电子政务系统实施的重要性，也是反映电子政务系统功能的设计依据。相关内容虽然和计算机操作无直接关系，但却是学生形成电子政务课程整体认识的关键环节。因此，相应部分应尽可能设计相关的案例研究和国内外相关政府网站的比较分析，以此突出教学重点及强化学生的直观认识。

2. 依据业务流程重新设计实验环节

依据业务流程重新设计实验环节，注重强调行政审批和公共服务从入口到办结的全过程。不同于以行政职能为依据设计实验环节，业务流程需要整合各职能部门的信息资源和权力影响力，依据输入端和输出端的相关教学设计，实现实验教学任务。以行政审批为例，通常访问政府网站的用户可能是检索相应公共信息，这时政务信息公开系统设计就不能以树状目录形式公开政府信息，而应该在网站设计搜索引擎或增加依申请公开系统。学生主要学会如何设定岗位，描述岗位职责，在技术系统中为岗位职能授权，相关业务适用的制度规章，办事的相关资料和依据等内容。实验课程教师主要以用户身份、监督部门、领导督办等角色，考查实验内容的完成情况。

3. 以解决问题作为衡量教学质量的标准

电子政务实验教学质量需要通过衡量有否能力重新认识管理问题和解决管理问题，作为学生评教，教学质量评估的重要依据。实验课程的效果既要能使学生深入理解理论授课中的知识点，也要能结合业务流程的实际运转情况，获得解决问题的思路或途径。这就需要在实验环节中，增加案例教学和技术操作的结合内容，需要通过角色扮演或者情景教学，增加实验教学的趣味性。通过教师的岗位设计、角色扮演、绩效评价等环节，提高学生解决问题的综合能力，并以此促进学生对政府改革和职能转变问题的深入思考。

► 参考文献 ·······

储田子. 2013. 人力资源管理专业应加强实践教学改革 [J]. 实验技术与管理，200（05）：140-142.

教育部，财政部. 2011. 关于实施高等学校本科教学质量与教学改革工程的意见 [Z]. 教高〔2011〕6号.

林家莲. 2011. 文科综合实验教学示范中心建设途径的研究与探索 [J]. 实验技术与管理，28（4）：104-106，109.

刘劲宇，王金红，李莉. 2009. 电子政务实验教学：困境与对策思考 [J]. 电子政务，(7)：32-36.

刘庆龙. 2003. 关于创建电子政务实验室的理性思考 [J]. 实验技术与管理，(2)：1-4.

马强 . 2013. 探索实验教学改革对策，促进实验教学创新 [J] . 实验技术与管理，202（07）：192-194.

任志波，耿强，邓尧 . 2011. 文科实验教学的探索 [J] . 实验技术与管理，28（8）：239-240，256.

吴建强，李琰，齐凤艳 . 2011. 全开放、自主学习模式下实验教学考核方式的探索 [J] . 中国大学教学，（4）：70-72.

严薇，袁云松 . 2009. 加强实验室开放为培养创新人才提供良好支撑 [J] . 实验室研究与探索，28（5）：16-17.

尹立苹，刘雁红，韩聪 . 2009. 高校实验教学考核模式的研究与探索 [J] . 实验科学与技术，（5）：73-75.

张勇，刘军山，黄启来 . 2010. 实验教学模式创新与课堂教学设计 [J] . 实验技术与管理，27（6）：15-18.